普通高等院校土建类应用型人才培养系列规划教材

工程造价法规综合实训教程

主　编　漆明毅

副主编　王胜兰

参　编　应飞燕　陈　慧　卫　娇

　　　　和金兰　王　芳

U0912949

北京理工大学出版社
BEIJING INSTITUTE OF TECHNOLOGY PRESS

内 容 提 要

本书主要内容包括绪论、建设工程基本法律、施工许可法律制度、建设工程发承包法律制度、建设工程合同及其相关法规制度、建设工程安全生产法律制度、建设工程质量法律制度、建设工程施工环境保护与节约能源制度、建设工程纠纷与索赔。

本书可作为普通高等院校土建类专业及相关专业的教材，也可作为相关行业工程技术人员的参考用书。

版权专有 侵权必究

图书在版编目（CIP）数据

工程造价法规综合实训教程/漆明毅主编．—北京：北京理工大学出版社，2018．2（2018．3重印）

ISBN 978－7－5682－5297－3

Ⅰ．①工… Ⅱ．①漆… Ⅲ．①工程造价－建筑法－中国－高等学校－教材 Ⅳ．①D922．297

中国版本图书馆CIP数据核字（2018）第027055号

出版发行／北京理工大学出版社有限责任公司
社　　址／北京市海淀区中关村南大街5号
邮　　编／100081
电　　话／（010）68914775（总编室）
（010）82562903（教材售后服务热线）
（010）68948351（其他图书服务热线）
网　　址／http：//www.bitpress.com.cn
经　　销／全国各地新华书店
印　　刷／北京紫瑞利印刷有限公司
开　　本／787毫米×1092毫米　1/16
印　　张／11
字　　数／256千字
版　　次／2018年2月第1版　2018年3月第2次印刷
定　　价／29.00元

责任编辑／陆世立
文案编辑／赵　轩
责任校对／黄拾三
责任印制／施胜娟

图书出现印装质量问题，请拨打售后服务热线，本社负责调换

前　言

改革开放以来，我国建筑行业经历了一个高速发展的过程，且处于持续扩张状态，这种扩张的态势不仅表现在行业销售额的持续扩张，也表现在从业人数的持续增加，以及行业内有资质公司数量的持续增长。但随着建筑业的发展，大量的弊端也开始出现，如建筑业发展模式粗放，工业化、信息化、标准化水平偏低，管理手段落后；建造资源耗费量大，碳排放量突出；市场主体行为不规范（违规招投标、恶意压价、违法围标等）；建筑业人才匮乏；等等。目前，在我国建筑业从业人员中大专以上学历仅占很小的比例，加之近年来企业效益大多不理想，人才外流严重，技术开发资金投入少（我国企业用于技术研究与开发的投资仅占销售额的0.5%左右；国外为3%～10%），政府监管有待加强。

在工程建设中，建设法规能规范从业者的行为，保护从业者的利益；维护国家公共利益及业主正当权益；能正确处理建设各方的关系，保证工程质量和施工安全，避免工程建设人员“有法不知、有法不依”的现象发生。这也是制定建设法规的基本宗旨和基本要求。

学习建设法规、掌握建设法规、遵守建设法规是建筑行业及相关领域工作者应当具备的素质，土木、建筑类专业学生学习和掌握必要的建筑法律、法规，既是将来工作的需要，也是时代的要求。

本书从建筑行业一线对技能型人才的要求出发，采用国家与行业法律、行政法规，部门规章、规范与相关标准，结合国家注册建造师考试要求，根据高等院校技术应用型人才培养要求及工程实际应用与最新发展动态编写而成，突出实训、实例教学，体现教、学、做相结合。

本书由云南工商学院漆明毅任主编，负责全书审核；王胜兰任副主编，负责全书统稿。具体编写分工为：漆明毅编写绪论第1章和第8章，卫娇编写第2章和第7章，和金兰编写第3章，应飞燕编写第4章，王芳编写第5章，陈慧编写第6章。

本书在编写过程中参考了各高校同类教材以及建筑企业、单位的案例和全国注册一级、二级建造师考试资料等文献资料，在此一并致以衷心的感谢。除参考文献中所列的著作之外，部分著作的名称及作者无法详细核实，故没有注明，在此表示歉意。

由于编者水平有限，加之编写时间仓促，书中错漏之处在所难免，敬请各位专家、同行和读者提出宝贵意见。

编　者

目 录

绪　论

建设法规是通过各种法律规范规定建设工程的基本任务、基本原则、基本方针，以加强建设工程管理，维护建设市场秩序，促进建设行业健康发展，为国民经济各部门提供必需的物质基础，为社会增加财富，推动社会主义各项事业的发展，促进社会主义现代化建设，这也是建筑业管理人员必须掌握的专业知识。

0.1　法的基本情况

0.1.1　法的特征

（1）法是调整人们行为或社会关系的规范。法作为社会规范，与道德规范、宗教规范一样，具有规范性。

（2）法是由国家制定或认可的社会规范。一切法的产生，大体上都是通过制定和认可这两种途径。所谓法的制定，就是国家立法机关按照法定程序创制规范性文件的活动。

（3）法是由国家强制力保证实施的社会规范。一切社会规范（道德、纪律、习惯等）都具有强制性，即借助一定的社会力量强迫人们遵守的性质。

0.1.2　法的分类

根据不同的标准，法可以有不同的分类：按照创制与适用主体不同，可以分为国内法与国际法；按照效力、内容和制定程序不同，可以分为根本法与普通法；按照效力范围不同，可以分为一般法与特别法；按照规定的具体内容不同，可以分为实体法与程序法；按照创新和表达形式不同，可以分为成文法和不成文法。

0.1.3　法的作用

法的作用是指法对人们行为和社会生活产生的影响。法是统治阶级按照自己的意志调整人们行为的工具，用以控制、变革或发展社会，进而建立并维护有利于统治阶级自己和人民的社会关系、社会秩序和社会进程。在本质上，法的作用意味着法作为一种社会工具对主体的用途、功能或对主体需要的某种满足。

0.1.4　法的形式

目前，中国法的形式主要是以宪法为核心的各种制定法，包括宪法、法律、行政法规、地方性法规、经济特区的规范文件、特别行政区的法律法规、国际条约、国际惯例等。

0.1.5 法的效力

法的效力通常有广义和狭义两种理解。广义上法的效力泛指法的约束力和法的强制性。狭义上法的效力是指法的生效范围或适用范围，即法在什么时间、什么地方和对什么人适用，包括法的时间效力、法的空间效力、法对人的效力。正确理解法的效力问题，是适用法的重要条件。本书所讲的法的效力，是就狭义而言的。

0.2 法律关系

法律关系是指由法律规范所确定和调整的人与人或人与社会之间的权利和义务关系。这里的“人”，从法律意义上讲，包括两种意义：一种是指自然人；另一种是指法人。自然人是基于出生而成为民事法律关系主体的有生命的人。自然人作为民事法律关系的主体应当具有相应的民事权利能力和民事行为能力。民事权利能力是法律规定民事主体享有民事权利和承担民事义务的资格，自然人的民事权利能力始于出生，终于死亡，是国家法律直接赋予的。民事行为能力是指民事主体以自己的行为参与民事法律关系，从而取得享受民事权利和承担民事义务的资格。不是所有自然人都具有民事行为能力，根据年龄和精神状态不同，自然人可分为完全民事行为能力人、限制民事行为能力人和无民事行为能力人。法人是法律承认具有民事权利能力和民事行为能力，依法独立享有民事权利和承担民事义务的组织。

0.3 学习建设法规的目的和意义

建设法规是指由有立法权的国家机关或其授权的行政机关制定的，旨在调整政府部门、企事业单位、社会团体、其他经济组织以及公民个人在建设活动中相互之间所发生的各种社会关系的法律规范的总称。

0.3.1 学习建设法规的目的

（1）了解建设行业的基本内容，掌握建设法规所涉及的基本法理。

（2）熟悉建设工程的基本法律、法规和规章，并能在实践中逐渐加深理解和熟练运用。

（3）明确建设法规在建设活动中的地位、作用和实施方法，并能及时掌握我国新颁布的相关法律、法规和规章。

（4）树立法制观念，形成依法从事建筑活动和依法管理的法制意识。

0.3.2　学习建设法规的意义

建设法规对一切工程项目建设活动起到依据和指针作用，是建设专业管理人员必修的内容。学习建设法规具有以下意义：

（1）可以依法进行勘察、设计、施工、监理和监督，以保证建设工程的质量和安全。

（2）可以利用建设法规的知识，维护建设市场秩序，维护国家、企业和人民的利益。

（3）可以利用建设法规的知识，促进我国建设事业的健康发展。

第1章

建设工程基本法律

★学习目标

1. 掌握建设法律体系的形式及其效力；
2. 掌握建设法律责任的种类及其承担形式；
3. 掌握建设活动中的物权制度、法人制度、担保制度、代理制度；
4. 了解我国建设法律体系的基本框架；
5. 了解建设活动中的债权制度、保险制度；
6. 了解《建筑法》的立法宗旨；
7. 熟悉《建筑法》的适用范围；
8. 熟悉《建筑法》的调整对象；
9. 掌握《建筑法》确立的基本制度。

★案例导入

地处A市的某建筑公司与某学校签订了一教学楼施工合同，明确施工单位要保质保量地完成学校教学楼施工任务。工程竣工后，承包方在开学期间向学校提交了竣工报告。学校为了不影响学生上课，未组织验收便擅自投入使用。使用过程中，校方发现该教学楼存在多处质量问题，要求施工单位修理。而施工单位认为工程未经验收便投入使用，这才导致出现质量问题，施工单位不应再承担责任。

问题：应如何具体地分析该工程质量问题的责任及责任的承担方式，为什么？

案例解析：因为校方在未组织竣工验收的情况下就直接投入使用，违反了工程竣工验收方面的有关法律法规，所以一般质量问题应该由校方承担。但是，若涉及结构等方面的质量问题，还是应按照造成质量缺陷的原因分解责任。因为承包方已向学校提交了竣工报告，说明施工单位的自行验收已经通过，学校教学楼仅供学校日常教学使用，不存在不当使用的问题，所以该教学楼的质量缺陷是客观存在的，承包方还是应该承担维修义务，至于产生的费用，应由有关责任方承担，协商不成，可以申请仲裁或诉讼。

1.1　建设工程法律体系

法律体系，法学中有时也称为“法的体系”，是指由一国现行的全部法律规范按照不同的法律部门分类组合而形成的一个呈现体系化的有机联系的统一整体，通常是指一个国家全部现行法律规范分类组合为不同的法律部门而形成的有机联系的统一整体。简单来说，法律体系就是部门法体系。部门法，又称法律部门，是根据一定标准、原则制定的同类规范的总称。

建设工程法律体系是指将已经制定和需要制定的建设法规、建设行政法规和建设部门规章制度衔接起来，形成一个相互联系、相互补充、相互协调的完整统一的框架结构。就广义的建设法规体系而言，该体系包括地方性建设法规和建设行政法规，是我国社会主义法律体系的重要组成部分。

我国法律体系属于社会主义法律体系。一个国家的政治制度，核心是国体、政体，国家性质和国体决定法律体系的性质。宪法关于国家性质的规定，决定了我国法律体系的社会主义性质。按照党的十七大要求，坚持中国特色社会主义道路，要坚持法律体系的社会主义性质。

1. 以人民民主思想为基础

人民是国家和社会的主人，人民当家做主是社会主义民主政治的本质和核心。人民当家做主，最根本、最重要的是掌握国家权力。我国以宪法为统帅的法律体系体现了人民性。

2. 由基本国情决定

我国处于社会主义初级阶段，并将长期处于社会主义初级阶段。初级阶段的基本国情，决定了我国法律体系不同于西方，不能用西方的法律体系套用我国的法律体系。外国法律体系中的成功做法，如符合我国国情、我国需要，应当借鉴，特别是有利于我国经济社会发展和进步的国际社会通行的法治原则与做法，我国应当积极创造条件吸纳。

3. 重视公民基本权利的保障

现代法治重视人权保障。2004 年宪法修正，增加了“国家尊重和保障人权”的规定，表现了国家对人权的重视。1996 年刑事诉讼法的修改，1997 年刑事诉讼法的修订，弱势群体和特殊群体保障法、保护法的颁布实施，都加强了对公民特别是弱势群体基本权利的保障。

4. 强调维护法制的统一性

我国是一个统一的多民族国家，宪法和立法规定，全国人民代表大会及其常务委员会（以下简称全国人大及其常委会）行使国家立法权。法律一经通过并实施，在全国范围内具有统一效力。国务院有权制定行政法规，但不得就犯罪和刑罚、剥夺公民政治权利和限制人身自由的强制措施和处罚、司法制度等规定。地方性法规，不得与宪法、法律、行政法规相抵触。

建设法规体系应做到：必须与国家的宪法和相关法律保持一致；必须保持相对独立、自成体系；必须覆盖建设活动的各个行业、各个领域以及工程建设的全过程，使建设活动的各个方面都有法可依；要注意纵横性、不同层次间的配套和协调，不得出现重复、矛盾和抵触。

1.1.1 法律体系的基本框架

1. 宪法

宪法是国家的根本大法，是特定社会政治经济和思想文化条件综合作用的产物，集中反映政治力量的实际对比关系，确认革命胜利成果和现实的民主政治，规定国家根本任务和根本制度，即社会制度、国家制度的原则和国家政权的组织以及公民的基本权利与义务等内容。

宪法相关法有《中华人民共和国全国人民代表大会组织法》《中华人民共和国地方各级人民代表大会和地方各级人民政府组织法》《中华人民共和国全国人民代表大会和地方各级人民代表大会选举法》《中华人民共和国国籍法》《中华人民共和国国务院组织法》《中华人民共和国民族区域自治法》等。

2. 民法

民法是规定并调整平等主体的公民间、法人间及公民与法人间的财产关系和人身关系的法律规范的总称。民法主要由《中华人民共和国民法通则》和单行民事法律组成，单行民事法律主要包括《中华人民共和国合同法》《中华人民共和国担保法》《中华人民共和国专利法》《中华人民共和国商标法》《中华人民共和国著作权法》《中华人民共和国婚姻法》等。

为了保障公民、法人的合法民事权益，正确调整民事关系，适应社会主义现代化事业发展的需要，根据宪法和我国的实际情况，总结民事活动的实践经验，制定了民法。民法的调整对象是平等主体的公民之间、法人之间及公民与法人之间的财产关系和人身关系。

当事人在民事活动中地位平等。民事活动中地位平等，是指民事活动遵循自愿、公平、等价有偿、诚实守信的原则。公民、法人的合法民事权益受到法律保护，任何组织和个人不得侵犯。民事活动必须遵守法律，法律没有规定的，应当遵守国家政策。

公民从出生时起到死亡时止，具有民事权利能力，依法享有民事权利，承担民事义务。公民的民事权利一律平等。公民的民事行为能力依照公民的年龄与精神状况划分为完全民事行为能力、限制民事行为能力与无民事行为能力。

3. 商法

商法是调整市场经济关系中商人及其商事活动的法律规范的总称。我国采用民商合一的立法模式，商法被认定为民法的特别法和组成部分。商法主要包括《中华人民共和国公司法》《中华人民共和国证券法》《中华人民共和国保险法》《中华人民共和国票据法》《中华人民共和国企业破产法》《中华人民共和国海商法》等。

为了规范公司的组织和行为，保护公司、股东和债权人的合法权益，维护社会经济秩序，促进社会主义市场经济的发展，制定商法。商法所调整的市场经济关系中的主体是公司，主要是指依照商法的规定在中国境内设立的有限责任公司和股份有限责任公司。公司是企业法人，有独立的法人财产，享有法人财产权。公司以其全部财产对公司的债务承担责任。公司股东依法享有资产收益、参与重大决策和选择管理者等权利。

公司从事经营活动，必须遵守法律、行政法规，遵守社会公德、商业道德，诚实守信，接受政府和社会公众的监督，承担社会责任。

4. 经济法

经济法是调整国家在经济管理中发生的经济关系的法律，包括《中华人民共和国建筑法》《中华人民共和国招标投标法》《中华人民共和国反不正当竞争法》《中华人民共和国税法》等。经济法的调整对象是在社会生产和再生产过程中发生的宏观经济调控关系与市场规制关系。宏观经济调控关系也称宏观调控关系，是指国家在对国民经济和社会发展运行进行规划、调节和控制过程中发生的经济关系。

市场规制是指国家通过制定行为规范引导、监督、管理市场主体的经济行为，同时规范、约束政府监管机关的市场监管行为，从而保护消费主体权益，保障市场秩序。具体表现为完善市场规则、有效地反对垄断、制止不正当竞争、保护消费者的权益。

5. 行政法

行政法是调整国家行政管理活动中各种社会关系的法律规范的总和，主要包括《中华人民共和国行政处罚法》《中华人民共和国行政复议法》《中华人民共和国行政监察法》《中华人民共和国治安管理处罚法》等。

行政法规范的重点和核心是行政权；行政法调整的是因行政权的行使所引起的各种社会关系，包括行政管理关系和监督行政关系；行政法规定的内容包括行政权主体、行政权内容、行政权行使以及行政权运行的法律后果等；行政法形式上的重要特征是没有、也不可能有一部包含行政法全部内容的完整法典，这是由行政活动范围的广泛性、行政活动内容的变动性，以及行政关系的复杂性、多层次性决定的，因此，行政法只能是各项法律规范的总和。

行政法的调整对象包括行政关系和监督行政关系。行政关系又称行政管理关系，是指行政主体在行使行政权的过程中与相对一方当事人所发生的各种社会关系，它分为两大类：一类为内部行政关系，包括行政机关相互之间的关系和行政机关与公务员之间的关系；另一类为外部行政关系，即行政机关与公民、法人及其他组织之间的关系。

监督行政关系是指行使行政监督权的国家机关和组织等监督主体，在运用监督权对行政管理权进行监督和制约的过程中，与行政机关之间所形成的各种社会关系。我国对行政权的监督主要包括立法监督、行政监督和司法监督三个方面。

6. 劳动法与社会保障法

劳动法与社会保障法是调整劳动关系、社会保障和社会福利关系的法律规范的总称。它包括《中华人民共和国矿山安全法》《中华人民共和国劳动法》《中华人民共和国职业病防治法》《中华人民共和国安全生产法》《中华人民共和国劳动合同法》。

劳动法与社会保障法相关法律法规的制定，是为了保护劳动者的合法权益，调整劳动关系，建立和维护适应社会主义市场经济的劳动制度，促进经济发展和社会进步。国家机关、事业组织、社会团体和与之建立劳动合同关系的劳动者，适用相关的法律。

劳动者享有平等就业和选择职业的权利、取得劳动报酬的权利、休息休假的权利、获得劳动安全卫生保护的权利、接受职业技能培训的权利、享受社会保险和福利的权利、提请劳动争议处理的权利以及法律规定的其他劳动权利。

劳动者应当完成劳动任务，提高职业技能，执行劳动安全卫生规程，遵守劳动纪律和职业道德。用人单位应当依法建立和完善规章制度，保障劳动者享有劳动权利和履行劳动义务。

劳动合同是劳动者与用人单位确立劳动关系，明确双方权利义务的协议。建立劳动关系应当订立劳动合同。订立劳动合同，应当遵循平等自愿、协商一致的原则，不得违反纪律、行政法规的规定。劳动合同依法订立具有法律约束力，当事人必须履行劳动合同规定的义务。

7. 自然资源与环境保障法

自然资源与环境保障法是关于保护环境和自然资源、防止污染和其他公害的法律。自然资源法主要包括《中华人民共和国土地管理法》《中华人民共和国节约能源法》等；环境保障法主要包括《中华人民共和国环境保护法》《中华人民共和国环境影响评价法》《中华人民共和国噪声污染环境防治法》等。

8. 刑法

刑法是关于犯罪和刑罚的法律规范的总称，主要是《中华人民共和国刑法》。刑法是规定犯罪、刑事责任和刑罚的法律，是掌握国家政权的统治阶级为了维护本阶级政治上的统治和经济上的利益，根据其阶级意志，规定哪些行为是犯罪和应负刑事责任、给予犯罪人何种刑事处罚的法律规范的总称。

刑法有广义和狭义之分。广义的刑法是指规定一切犯罪、刑事责任和刑罚的法律，包括刑法典、单行刑法和附属刑法；狭义的刑法是指刑法典，即《中华人民共和国刑法》。

另外，刑法还可分为普通刑法与特殊刑法。普通刑法是指具有普遍效力的刑法，如刑法典；特殊刑法是指仅适用于特定人、时、地、事的刑法，包括单行刑法和附属刑法。

中华人民共和国刑法的任务是用刑罚同一切犯罪行为做斗争，以保卫国家安全，保卫人民民主专政和社会主义制度，保护国有财产和劳动群众集体所有的财产，保护公民私人所有的财产，保护公民的人身权利、民主权利和其他权利，维护社会秩序、经济秩序，保障社会主义建设事业的顺利进行。

9. 诉讼法

诉讼法是规范诉讼程序的法律的总称，包括《中华人民共和国民事诉讼法》《中华人民共和国刑事诉讼法》《中华人民共和国行政诉讼法》等，非诉讼程序法主要是《中华人民共和国仲裁法》。

民事诉讼是指人民法院在双方当事人及其他诉讼参与人的参加下，审理和解决民事纠纷案件与其他案件的各种活动。

刑事诉讼是公安机关、人民检察院、人民法院在当事人及其他诉讼参与人的参加下，审理和解决民事、经济纠纷案件的活动。

行政诉讼是人民法院在当事人及其他诉讼参与人的参加下，审理国家行政机关所做的具体行政行为是否合法的活动。

本书后面涉及的我国法律统一使用简称，省略中华人民共和国。

1.1.2　法的形式和效力层级、建设法规的作用

★技术提示

目前建筑业伴随国家的高速发展，对国民经济的发展起到了极大的促进作用，相应的问题也层出不穷，这就要求根据社会的发展，不断地建立、健全和完善建筑法律法规，发挥建筑法规在建筑行业发展中的促进作用。

1.1.2.1　法的形式

法的形式分为七类，分别是宪法、法律、行政法规、部门规章、地方性法规与规章、最高人民法院司法解释规范性文件、国际公约。

1. 宪法

宪法是每个民主国家最根本的法的渊源，其法律地位和效力是最高的。我国的宪法是由我国的最高权力机关——全国人民代表大会制定和修改的，任何其他法律、法规都必须符合宪法的规定，不得与之相抵触。宪法是建筑行业的立法依据，同时又明确规定国家基础建设的方针和原则。

宪法以法律的形式确认了我国各族人民奋斗的成果，规定了国家的根本制度和根本任务，是国家的根本法，具有最高的法律效力。全国各族人民、一切国家机关和武装力量、各政党和各社会团体、各企业事业组织，都必须以宪法为根本的活动准则，并且负有维护宪法尊严、保证宪法实施的职责。

2. 法律

作为建筑法规表现形式的法律，分为广义上的法律和狭义上的法律。

广义上的法律泛指《立法法》调整的各类法的规范性文件；狭义上的法律仅指全国人大及其常委会制定的规范性文件。在本书中，仅指狭义上的法律。其法律地位和效力仅次于宪法，在全国范围内具有普遍的约束力。

全国人大及其常委会行使国家立法权，全国人民代表大会制定和修改刑事、民事、国家机构的和其他的基本法律。

3. 行政法规

行政法规是指作为国家最高行政机关的国务院制定和颁布的有关行政管理的规范性文件。行政法规在我国立法体制中具有重要地位，其效力低于宪法和法律，在全国范围内有效，如《建设工程质量管理条例》《建设工程勘察设计管理条例》等。

4. 部门规章

部门规章是指国务院各部门（包括具有行政管理职能的直属机构）根据法律和国务院的行政法规、决定、命令在本部门的权限范围内按照规定的程序所指定的规定、办法、暂行办法、标准等规范性文件的总称。部门规章的法律地位和效力仅次于宪法、法律和行政法规。

5. 地方性法规与规章

地方性法规是指省、自治区、直辖市以及省、自治区人民政府所在地的市和经国务院批准的较大的市的人民代表大会及其常委会，在其法定权限内制定的法律规范性文件。

地方性法规具有地方性，只在本辖区内有效，其效力低于法律和行政法规。

地方性规章是指由省、自治区、直辖市以及省级人民政府所在地的市和经国务院批准的较大的市的人民地方政府制定颁布的规范性文件。

地方性规章的法律地位和效力低于上级和本级的地方性法规。

6. 最高人民法院司法解释规范性文件

最高人民法院对法律的系统性解释文件和对法律适用的说明，对法院审判有约束力，具有法律规范的性质，在司法实践中具有重要的地位和作用。在民事领域，最高人民法院制定的司法解释文件有很多，如《关于贯彻执行〈中华人民共和国民法总则〉若干问题的意见（试行）》《最高人民法院关于审理建设工程施工合同纠纷案件适用法律问题的解释》等。

7. 国际公约

国际公约是指我国作为国际法主体同外国缔结的双边、多边协议和其他具有条约、协议性质的文件。

我国在加入 WTO 后，参加的或者与外国签订的调整经济关系的国际公约和双边条例，还有国际惯例、国际上通用的建筑技术规程都属于建筑法规的范畴，都应当遵守与实施。如 FIDIC《土木工程施工合同条件》非常复杂，它涉及有形贸易、无形贸易、信贷、委托、技术规范、保险等诸多法律关系。这些法律关系的调整必须遵守我国承认的国际公约、国际惯例和国际通用的技术规程和标准。

1.1.2.2 效力层级

（1）宪法至上。宪法具有最高的法律效力，一切法律、行政法规、地方性法规、自治条例和单行条例、规章都不得同宪法相抵触。

（2）上位法优于下位法。中央立法优于地方立法，当中央立法与地方立法发生冲突时，中央立法处于优位、上位，地方立法无效。在法律效力等级问题上，中央立法构成上位法，地方立法构成下位法。因此，全国人大及其常委会制定的基本法律以及国务院制定的行政法规高于地方立法机关制定的地方性法规（省、自治区、直辖市人民政府以及较大的市人大及其常委会制定的地方性法规）和地方政府规章（省、自治区、直辖市人民政府以及较大的市人民政府制定的政府规章）。同级权力机关的立法高于同级行政机关的立法。同类型的立法根据其立法主体的地位确立法律位阶关系。权力机关（这里仅指人民代表大会）及其常设机构（人民代表大会常务委员会）之间，权力机关制定的法规性文件效力等级高于其常设机构制定的法规性文件。

在我国的法律体系中，下位法对上位法做出具体的、可操作的实施性规定不仅必要而且重要，地方性法规更是如此。有学者谈到地方性法规的“实施性规定”必要性时，提道：“法律、行政法规作为最高国家权力机关和最高国家行政机关进行的中央立法，其效力高于地方性法规，各地方都应当一体遵循。但也要看到，由于我国是一个大国，幅员辽阔，各地情况差异很大，东南沿海地区和中西部地区、城市和农村情况很不相同，因此，法律、行政法规的有些规定往往只能比较概括，以适用各地方的不同情况，这就为地方性法规留下了很大的空间。”下位法“实施性规定”这种特殊地位决定了妥善处理其与上位法的适用关系的重要性。

（3）特别法优于一般法。

（4）新法优于旧法。

（5）须有关机关裁决适用的特殊情况。法律之间对同一事项新的一般规定与旧的特别规定不一致，不能确定如何适用时，由全国人民代表大会常务委员会裁决。

行政法规之间对同一事项新的一般规定与旧的特别规定不一致，不能确定如何适用时，由国务院裁决。

地方性法规、规章不一致时，由有关机关依照下列规定权限做出裁决：同一机关制定的新的一般规定与旧的特别规定不一致时，由制定机关裁决；地方性法规与部门规章之间对同一事项的规定不一致，不能确定如何适用时，由国务院提出意见，国务院认为适合地方法规的，就应当决定在该地方适用地方性法规；国务院认为适合部门规章的，应当提请全国人民代表大会常务委员会裁决；部门规章之间、部门规章与地方性规章之间对同一事项的规定不一致时，由国务院裁决。

1.1.2.3　建设法规的作用

建筑业是与社会进步、国家强盛、民族兴衰紧密联系的一个行业。它所从事的活动，不仅为人类自身的生存发展提供了一个最基本的物质环境，而且反映了各个历史时期的社会面貌，反映了各个地区、各个民族科学技术、社会经济和文化艺术的综合发展水平。建筑产品是人类精神文明发展史的一个重要标志。

具体来讲，建设法规的主要作用有：规范指导建筑行为；保护合法建筑行为；处罚违法建筑行为。

1. 规范指导建筑行为

人们所进行的各种具体行为必须遵循一定的准则。只有在法律规定的范围内进行的行为才能得到国家的承认和保护，实现行为人预期的目的。从事各种具体的建筑行动所应遵循的行为规范及建筑法律规范对人们建筑行为的规范性表现如下：

（1）义务性的建筑行为，即有些建筑行为依据法律规定必须做。

（2）禁止性的建筑行为，即有些建筑行为禁止做。

（3）授权性的建筑行为，即法律规定人们有权选择某种建筑行为。它既不禁止人们做出这种建筑行为，也不要求人们必须做出这种建筑行为，而是赋予人们一种权利，做与不做都不违反法律，由当事人自己决定。

正是由于有了上述法律的规定，建筑行为主体才明确了自己可以为、不得为和必须为的建筑行为，并以此指导和制约自己的行为，体现出建筑法规对具体建筑行为的规范和指导作用。

2. 保护合法建筑行为

建筑法规的作用不仅在于对建筑主体的行为加以规范和指导，还在于对一切符合法规的建筑行为加以确认和保护，这种确认和保护一般是通过建筑法规的原则规定反映的。

3. 处罚违法建筑行为

建筑法规要实现对建筑行为的规范和指导作用，必须对违法建筑行为给予应有的处罚。否则，建筑法规所确定的法律制度由于在实施过程中得不到强制手段的法律保障，就会变成毫无意义的规范。

1.1.3 建设法律、建设行政法规和其他相关法律的关系

★技术提示

建设活动还会涉及许多事物和相关的社会关系。建设法律的法律效力最高，越向下法律效力越低。法律效力低的法规不得与法律效力高的法规相抵触，否则其规定无效。

1. 建设法律

建设法律是指全国人大及其常委会制定和颁布的属于国务院建设行政主管部门主管业务范围内的各项法律。

1997 年 11 月 1 日第八届全国人民代表大会常务委员会第二十八次会议通过、1997 年 11 月 1 日中华人民共和国主席令第 91 号公布、自 1998 年 3 月 1 日起施行的《中华人民共和国建筑法》就是目前我国建设行业的法律。

2. 建设行政法规

建设行政法规是指国务院制定和颁布的属于建设行政主管部门主管业务范围内的各项法规。

建设行政法规的法律地位是指建设行政法规在整个法律体系中所处的地位，应属于哪个部门法及其所处的层次。根据《立法法》规定，国务院根据宪法和法律，制定行政法规。行政法规由国务院组织起草。国务院有关部门认为需要制定行政法规的，应当向国务院报请立项。行政法在起草过程中，应当广泛听取有关机关、组织和公民的意见。听取意见可以采取座谈会、论证会、听证会等多种形式。

行政法规在起草工作完成后，起草单位应当将草案及其说明、各方面对草案主要问题的不同意见和其他有关资料送国务院法制机构进行审查。国务院法制机构应当向国务院提出审查报告和草案修改稿，审查报告应当对草案主要问题做出说明。行政法规的决定程序依照《国务院组织法》的有关规定办理。行政法规由总理签署国务院令公布。建设行政法规就是国家关于建设方面的行政法规。常见的建设行政法规有《规划环境影响评价条例》《对外承包工程管理条例》《建设工程安全生产管理条例》《城市房屋拆迁管理条例》《建设工程质量管理条例》等。

3. 其他相关法律

由全国人民代表大会制定的其他相关法律，《合同法》《招标投标法》以及各类经济法和行政法等。

建设行政法规总体属于行政法和经济法。

建设活动中的行政管理关系是建筑行政法规的主要调整对象之一，主要采用行政手段加以调整。例如，建设工程活动中的经济协作关系主要采用行政经济、民事等各种手段相结合的方式加以调整；建设工程活动中的民事关系主要采用民事手段加以调整，包括平等主体之间的关系，如环境保护、文物保护、自然环境保护的关系，土地、矿产、森林、水源等自然资源的利用关系，地震、洪涝、泥石流、台风等自然灾害的关系，招投标、建设标准的关系等。与这些关系相应的法规调整的范围更规范，但不属于建设行政法规，而在建设工程中必须遵守，因此称为建设相关法规。

1.2　建设工程法律责任制度

建设工程法律责任是指建设法律关系中的主体由于违反建设法律规范的行为而依法应当承担的法律后果。建设工程法律责任具有国家强制性，法律责任的设定能够保证法律规定的权利和义务的实现。

1.2.1　法律责任的基本种类和特征

1. 法律责任的基本种类

法律责任根据不同性质的违法行为分为刑事法律责任、民事法律责任和行政法律责任。其中行政法律责任为最主要的法律形式。

2. 法律责任的特征

（1）法律责任是与违法行为相联系的。没有违法行为，就谈不上法律责任。由于违法行为的性质和危害程度不同，因而违法行为所应承担的法律责任也不相同。

（2）法律责任的内容是法律规范明确加以具体规定的。法律责任是一种强制性法律措施，必须由有立法权的机关依照法定程序制定的有关法律、行政法规、地方性法规、部门规章或者地方性规章来加以明文规定，否则就不构成法律责任。

（3）法律责任具有国家强制性。法律责任是以国家强制力为后盾的。所谓国家强制力，主要是指国家司法机关或者国家授权的行政机关采取强制措施强迫违法行为人承担法律责任。但社会责任中的道德责任，只能通过舆论监督等途径保证执行，而不能通过国家强制力保证执行。

（4）法律责任是由国家授权机关依法实施的。对违法行为追究法律责任，实施法律制裁，是国家权力的重要组成部分，必须由国家授权的机关（主要是指国家司法机关和有关的国家行政机关）依法进行，其他任何组织和个人均无权进行。

1.2.2　民事法律责任的种类及承担方式

民事法律责任，简称民事责任，是指民事主体违反民事法律上的约定或规范规定的义务所应承担的对其不利的法律后果，即由《民法通则》规定的对民事违法行为人依法采取的以恢复被损害的权力为目的，并与一定的民事制裁措施相联系的国家强制形式。

1. 民事法律责任的一般构成要件

民事法律责任的一般构成要件包括以下几点：

（1）有违法行为的存在。违法行为又称加害行为，是指行为人做出的导致他人民事权利受到损害的行为。任何一个民事损害事实都与特定的加害行为相联系，亦即民事损害事实都由特定的加害行为造成。没有加害行为，损害就无从发生。从表现形式上看，加害行为可以是作为，也可以是不作为，以不作为构成加害行为的，一般以行为人负有特定的义务为前提。

加害行为就是行为具有违法性。侵害他人的民事权利或受法律保护的民事利益原则上可以定为违法。但有些行为如职务授权行为、正当防卫行为、紧急避险行为等，则应排除其违法性。违法情形包括违反法律规定和违背社会公序良俗。

（2）损害事实的发生。损害事实是指因一定的行为或事件对他人的财产或人身造成的不利影响。损害事实既包括财产损失，也包括非财产损失，如人的死亡、人身伤害、精神损害（痛苦、疼痛）等。作为侵权行为构成要件的损害事实须具备以下特点：损害是侵害合法权益的结果；损害具有可补救性；损害是已经发生确定的事实。依侵权损害的性质和内容，损害结果大致可分为财产损失、人身伤害和精神损害三种。

①财产损失。财产损失是指一切财产上的不利变动，包括财产积极的减少和消极的不增加，主要是指由于行为人对受害人的财产权利施加侵害所造成的经济损失，既包括积极损失，如人身伤害的费用支出，也包括消极损失，如误工减少的收入等。

②人身伤害。人身伤害是指由于行为人对受害人的人身施加侵害所造成的受害人身的损害，具体包括生命的损害、身体的损害、健康的损害三种情况。同时，对自然人人身伤害往往也会导致其财产损失，如伤害他人身体致其因支付医疗费、护理费、交通费和误工减少收入等。

③精神损害。精神损害主要是指自然人因人格受损或人身伤害而导致的精神痛苦，当然广义上还包括法人的商誉损失等。与其他损害不同的是，精神损害具有无形性，难以用金钱来衡量，司法实践也只是补偿责任。

（3）加害行为与损害事实之间有因果关系。因果关系是指社会现象之间的一种客观联系，即一种现象在一定条件下必然引起另一种现象的发生，则该种现象为原因，后一种现象为结果，这两种现象之间的联系，就称为因果关系。理论上对因果关系的认定具体有三种方法：根据事件发生的先后顺序来认定；根据事件的客观性来认定；根据原因现象是结果现象的必要条件规则来认定。

侵权行为只有在加害行为与损害事实之间存在因果关系时，才能构成。如果加害人有加害行为，他人也有民事权益受损害的事实，但二者毫不相干，则仍不能构成侵权行为。因此，加害行为与损害事实之间有因果关系，是构成一般侵权行为的必要条件。

（4）行为人具有法律规定的过错或无过错。过错，是行为人对其行为的一种心理状态。行为人是否有过错直接关系到对其行为性质的认定。根据民法原理，过错分为故意、一般过失和重大过失。行为人明知自己的行为会发生损害他人民事权利的结果而实施行为的，为故意。行为人根据一般人的见识应当预见自己的行为可能损害他人的民事权利但因为疏忽大意而没有预见导致损害结果发生的，为一般过失。一般认为，一个专业人士违反了普通预见的水平，即构成重大过失。衡量行为人对其作为和不作为是否有主观故意或过失，应根据具体的时间、地点和条件等多种因素综合进行确定，这也是侵权行为归责原则应当考虑的因素。

2. 民事法律责任的种类

（1）侵权责任。侵权责任是建筑勘察设计单位、施工单位等，在勘察设计、施工过程中侵犯国家、集体的财产权利以及自然人的财产权利和人身权利时应承担的法律责任。侵权责任包括一般侵权责任和特殊侵权责任。

①一般侵权责任。一般侵权责任是指具备一般侵权行为成立条件，直接由行为人承担的民事责任。一般侵权责任以行为人的过错为承担民事法律责任的归责原则。

②特殊侵权责任。特殊侵权责任是指损害结果发生后，按照法律的直接规定所确定的侵权责任。特殊侵权责任，不以过错的存在判断行为人是否应承担民事责任，或采用推定过错原则判断行为人是否应承担民事法律责任。

特殊侵犯权责任包括以下方面：

a. 高度危险作业致人损害。

b. 环境污染致人损害。

c. 建筑工程或其他设施致人损害。

（2）违约责任。违约责任是指合同当事人不履行合同义务或者履行合同义务不符合约定时，依法应承担的法律责任。

3. 承担民事法律责任的方式及承担建设民事法律责任的情形及其在建设工程中的应用

（1）承担民事法律责任的方式。我国民法将承担民事法律责任的方式规定如下：

①停止侵害。主要用于对知识产权和人身权的侵害。

②排除妨碍。主要用于对财产所有权、经营权、承包权、使用权、相邻权的保护。

③消除危险。主要用于自己的财产和人身可能由于其他人经营活动或财产管理不善而带来的危险。

④返还财产。广泛适用于财产被他人非法占有的情况。

⑤恢复原状。主要是用于侵害他人财产时的一种责任形式。

⑥修理、重做、更换。主要是用于债务人履行合同时，当标的物的质量不合格时所采取的一种民事责任形式。

⑦赔偿损失。这是一种在民法中最普遍使用的形式。侵权责任或违约责任都可以赔偿损失。

⑧支付违约金。这种责任形式只适用于违约责任。

⑨消除影响，恢复名誉。主要适用于名誉权、其他人身权利的侵犯和对知识产权的侵犯。

⑩赔礼道歉。适用于对人身权和知识产权的各种侵犯。

以上承担民事责任的方式，可以单独适用，也可以合并适用。

人民法院审理民事案件，除用上述规定外，还可以予以训诫、责令悔过，收缴进行非法活动的物品和非法所得，并可以依照法律规定处以罚款、拘留。

此外，对应该履行的义务，必要时还要采取强制履行这种责任形式。

（2）承担建设民事法律责任的情形。

①建设施工企业转让、出借资质证书或者以其他方式允许他人以本企业名义承揽工程，对因该项承揽工程不符合规定的质量标准造成的损失，建筑施工企业与使用本企业名义的单位或者个人承担连带赔偿责任。

②承包单位将承包的工程转包的，或者违反法律规定进行分包的，对因转包的工程或者违法分包的工程不符合规定的质量标准造成的损失，承包单位与接受转包或者分包的单位承担连带赔偿责任。

③工程监理单位与建设单位或者建筑施工企业串通，弄虚作假，降低工程质量造成损失的，工程监理单位与建设单位或者建筑施工企业承担连带赔偿责任。

④违反法律规定，对涉及建筑主体或者承重结构变动的装修工程擅自施工，给他人造成损失的，承担赔偿责任。

⑤建筑设计单位不按照建筑工程质量、安全标准进行设计，造成损失的，设计单位承担赔偿责任。

⑥建筑施工企业在施工中偷工减料，使用不合格的建筑材料、建筑构配件和设备，或者有其他不按照工程设计图纸或者施工技术标准施工的行为，造成建筑工程质量不符合规定的质量标准的，负责返工、修理，并赔偿因此造成的损失。

⑦建筑施工企业对在工程保修期内因屋顶、墙面渗漏、开裂等质量缺陷造成的损失，承担赔偿责任。

⑧负责颁发建筑工程施工许可证的部门及其工作人员对不符合施工条件的建筑工程颁发施工许可证的，负责工程质量监督检查或者竣工验收的部门及其工作人员对不合格的建筑工程出具质量合格文件或者按合格工程验收，造成损失的，由该部门承担相应的赔偿责任。

⑨在建筑物的合理使用寿命内，因建筑工程质量不合格受到损害的，受损害方有权向责任者要求赔偿。

⑩工程监理单位不按照委托监理合同的约定履行监理义务，对应当监督检查的项目不检查或者不按规定检查，给建设单位造成损失的，应当承担相应的赔偿责任。工程监理单位与承包单位串通，为承包单位谋取非法利益，给建设单位造成损失的，应当与承包单位承担连带赔偿责任。

⑪建筑施工企业应当在施工现场采取维护安全、防范危险、预防火灾等措施，有条件的，应当对施工现场实行封闭管理。施工现场对毗邻的建筑物、构筑物和特殊作业环境可能造成损害的，建筑施工企业应当采取安全防护措施。未采取相应措施的，对方有权要求消除危险；造成损失的，对方有权要求赔偿。

⑫建设单位应当向建筑施工企业提供与施工现场有关的地下管线资料，建筑施工企业应当采取措施加以保护。否则，受损害方有权要求停止侵害；造成损失的，建筑施工企业应当承担赔偿责任。

⑬建筑施工企业应当遵守有关环境保护和安全生产的法律、法规的规定，采取控制和处理施工现场的各种粉尘、废气、废水、固体废物以及噪声、振动对环境的污染和危害的措施。未采取措施给他人造成损害的，受损害方有权要求停止损害；造成损失的，建筑施工企业应当承担赔偿责任。

1.2.3　行政法律责任的种类及承担方式

行政法律责任是指行政法律关系主体违反行政管理法规应当承担的消极的法律后果。

1. 行政法律责任的特点

（1）承担行政法律责任的主体是行政主体和行政相对人。行政主体是拥有行政管理职权的行政机关及其公职人员，行政相对人是负有遵守行政法义务的普通公民、法人。

（2）产生行政法律责任的原因是行为人有行政违法行为和违反法律规定的特定情况。

（3）通常情况下，实行过错推定的方法。

（4）行政法律责任的承担方式多样化，包括行为责任、精神责任、财产责任和人身责任。

2. 行政处分

行政处分是指国家机关、企事业单位和社会团体依据行政管理法规、规章、章程、纪律等，对其所属人员或者职工的违法失职行为所做的处罚。

对国家公务员的行政处分形式包括警告、记过、记大过、降级、撤职、开除等。

建设工程行政法律责任中，行政处分主要包括以下六种情形：

（1）在工程发包与承包中索贿、受贿、行贿，不构成犯罪的，对直接负责的主管人员和其他直接责任人员给予行政处分。

（2）违反法律规定，对不具备相应资质登记条件的单位颁发资质证书，不构成犯罪的，对直接负责的主管人员和其他直接责任人员给予行政处分。

（3）负责颁发建筑工程施工许可证的部门及其工作人员对不符合施工条件的建筑工程颁发施工许可证的，负责工程质量监督检查或者竣工验收的部门及其工作人员对不合格的建筑工程出具质量合格文件或者按合格工程验收的，由上级机关责令改正，不构成犯罪的，对责任人员给予行政处分。

（4）在招标投标活动中，任何单位违反法律规定干涉招标投标活动的，对单位直接负责的主管人员和其他直接责任人员依法给予行政处分。

（5）依法必须进行招标的项目，不招标或者规避招标的，招标人向他人泄露可能影响公平竞争的有关情况的，招标人与投标人违反法律规定就实质性内容进行谈判的，招标人在评标委员会否决所有投标后自行确定中标人的，对单位直接负责的主管人员和其他直接责任人员依法给予行政处分。

（6）对招标投标活动、建筑工程勘察、设计活动、建筑工程质量监督管理、建筑工程安全监督管理负有行政监督职责的国家机关工作人员徇私舞弊、滥用职权、玩忽职守，不构成犯罪的，依法给予行政处分。

3. 行政处罚

行政处罚是指行政主体依据法定权限和程序，对违反行政法规的行政相对人给予的法律制裁。

行政处罚的种类：警告；罚款；没收违法所得，没收非法财物；责令停产停业；暂扣或者吊销许可证，暂扣或者吊销执照；行政拘留；法律、行政法规规定的其他行政处罚。

建设行政处罚的种类：警告；罚款；没收违法所得，没收违法建筑物、构筑物和其他设施；责令停业整顿，吊销资质证书，吊销执业资格证书和其他许可证、执照；法律、行政法规规定的其他行政处罚。

（1）可以处以罚款的类型。

①未取得施工许可证或者开工报告未经批准擅自开工的。

②建筑施工企业违反规定，对建筑安全事故隐患不采取措施予以消除的。

③建设单位违反规定，要求建筑设计单位或者建筑施工企业违反建筑工程质量、安全标准，降低工程质量的。

④建筑施工企业违反规定，不履行保修义务或者拖延履行保修义务的。

（2）应当处以罚款的情形。

①发包单位将工程发包给不具有相应资质等级的承包单位的，或者违反规定将建筑工程肢解发包的；超越本单位资质等级承揽工程的，或者以欺骗手段取得资质证书的。

②建筑施工企业转让、出借资质证书或者以其他方式允许他人以本企业的名义承揽工

程的。

③承包单位将承包的工程转包的，或者违反规定进行分包的。

④在工程分包与承包中索贿、受贿、行贿，尚未构成犯罪的。

⑤工程监理单位与建设单位或者建筑施工企业串通，弄虚作假、降低工程质量的。

⑥对设计建筑主体或者承重结构变动的装修工程擅自施工的。

⑦建筑设计单位不按照建筑工程质量、安全标准进行设计的。

⑧建筑施工企业在施工中偷工减料的，使用不合格的建筑材料、建筑构配件和设备的，或者有其他不按照工程设计图纸或者施工技术标准施工的行为的。

（3）没收违法所得。没收违法所得是指对违反建筑法规的行为人因其违法行为获得的财产，强制收归国有的处罚。

①超越本单位资质等级承揽工程，或者未取得资质证书承揽工程，有违法所得的。

②建筑施工企业转让、出借资质证书或者以其他方式允许他人以本企业的名义承揽工程，有违法所得的。

③承包单位将承包的工程转包，或者违反规定进行分包，有违法所得的。

④在工程分包与承包中索贿、受贿、行贿的。

⑤工程监理单位与建设单位或者建筑施工企业串通，弄虚作假、降低工程质量，有违法所得的；或者工程监理单位转让监理业务的。

⑥建筑设计单位不按照建筑工程质量、安全标准进行设计，有违法所得的。

（4）责令停业整顿、降低资质等级、吊销资质证书。

①责令停业整顿是指强制违反建筑法规的行为人停止生产经营活动，并要求其整顿的处罚。

②降低资质等级是指对违反建筑法规的行为人剥夺其部分资格能力的处罚。

③吊销资质证书是指对违反建筑法规的行为人剥夺其资格能力的处罚。

a. 超越本单位资质等级承揽工程的，可以责令停业整顿，降低资质等级；情节严重的，吊销资质证书。

b. 建筑施工企业转让、出借资质证书或者以其他方式允许他人以本企业的名义承揽工程的，可以责令停业整顿，降低资质等级；情节严重的，吊销资质证书。

c. 承包单位将承包的工程转包的，或者违反规定进行分包的，可以责令停业整顿，降低资质等级；情节严重的，吊销资质证书。

d. 在工程承包中行贿的承包单位，可以责令停业整顿，降低资质等级或者吊销资质证书。

e. 工程监理单位与建设单位或者建筑施工企业串通，弄虚作假、降低工程质量的，降低资质等级或者吊销资质证书；工程监理单位转让监理业务的，可以责令停业整顿，降低资质等级；情节严重的，吊销资质证书。

f. 建筑施工企业违反规定，对建筑安全事故隐患不采取措施予以消除，情节严重的，责令停业整顿，降低资质等级或者吊销资质证书。

g. 建筑设计单位不按照建筑工程质量、安全标准进行设计，造成工程质量事故的，责令停业整顿、降低资质等级或者吊销资质证书。

h. 建筑施工企业在施工中偷工减料，使用不合格的建筑材料、建筑构配件和建筑设备，或者有其他不按照工程设计图纸或者施工技术标准施工的行为，情节严重的，责令停业整顿、降低资质等级或者吊销资质证书。

4. 行政赔偿

行政赔偿是指行政机关及其工作人员在行使行政职权的过程中，因行为违法或者不作为而侵犯了公民、法人或者其他组织的合法权益并造成实际损害的，由国家给予受害人赔偿的法律制度。

建设行政主管部门和其他相关部门及其工作人员，在对建筑活动实施监督管理的过程中，不履行职责或不正当行使权力，侵犯公民、法人或其他组织的合法利益并造成损失的，应当承担赔偿责任。

1.2.4　刑事法律责任的种类及承担方式

刑事法律责任是指犯罪主体因违反刑法规定，实施犯罪行为应承担的法律责任。

刑事法律责任的承担方式是刑罚，刑罚是刑法规定的由国家审判机关依法对犯罪分子所使用的剥夺或限制其某种权益的最严厉的法律强制方法。

1. 刑事法律责任的特点

（1）产生刑事法律责任的原因在于行为人的行为具有严重的社会危害性。只有行为人的行为具有严重的社会危害性，即构成犯罪，才能追究行为人的刑事责任。

（2）与作为刑事法律责任前提的行为的严重社会危害性相适应，刑事责任是犯罪人向国家所负的一种法律责任。

（3）刑事法律是追究刑事法律责任的唯一法律依据、罪刑法定。

（4）刑事法律责任是一种惩罚性责任，因而是所有法律责任中最严厉的一种。

（5）刑事法律责任基本上是一种个人责任。同时，刑事法律责任也包括集体责任，如“单位犯罪”。

2. 犯罪构成

犯罪是指具有社会危害性、刑事违法性并应受到刑事处罚的违法行为。犯罪构成是指认定犯罪的具体法律标准，是我国刑法规定的某种行为构成犯罪所必须具备的主观要件和客观要件的综合。按照我国犯罪构成的理论，我国刑法规定的犯罪都必须具备犯罪客体、犯罪的客观方面、犯罪主体、犯罪的主观方面这四个要件。

（1）犯罪客体。犯罪客体是指刑法所保护的而被犯罪所侵害的社会关系。

（2）犯罪的客观方面。犯罪的客观方面是指我国刑法所规定的构成犯罪在客观上必须具备的危害社会的行为和由这种行为引起的危害社会的结果。该要件说明了犯罪客体在怎样的条件下，通过怎样的危害行为受到怎样的侵害。

（3）犯罪主体。犯罪主体是指实施了犯罪行为，依法应当承担责任的人。

（4）犯罪的主观方面。犯罪的主观方面是指犯罪主体对自己实施的危害社会的行为及结果所持的心理态度。

3. 刑事法律责任的承担方式

刑罚是刑事法律责任的承担方式，是建筑法规关于法律责任中最严厉的一种处罚。根据刑法规定，刑罚分为主刑和附加刑。

（1）主刑。主刑是基本的刑罚，只能独立使用不能附加使用，对一个罪只能使用一个主刑，不能同时使用两个以上主刑。主刑有管制、拘役、有期徒刑、无期徒刑和死刑五种。

（2）附加刑。附加刑是既可以独立使用又可以附加于主刑使用的刑罚方法。对一个罪可以使用一个附加刑，也可以使用多个附加刑。附加刑有罚金、剥夺政治权利和没收财产三种。

4. 承担建设活动中刑事法律责任的种类

（1）索贿、行贿、受贿的刑事法律责任。企业人员索贿罪是指公司、企业的工作人员利用职务上的便利，索取他人的财物或者非法收受他人财物，为他人谋取利益，数额较大的行为。

公司、企业人员行贿罪是指为谋取不正当利益，给予公司、企业的工作人员以财物，数额较大的行为。

受贿罪是指国家工作人员利用职务上的便利，索取他人财物的，或者非法收受他人财物，为他人谋取利益的行为。

（2）工程重大安全事故的刑事法律责任。工程重大安全事故罪是指建设单位、设计单位、施工单位、工程监理单位违反国家规定，降低工程质量标准，造成重大安全事故的行为。

重大安全事故是指建筑工程在建设中及交付使用后，由于达不到质量标准或者存在严重问题，导致工程倒塌或报废等后果，致人伤亡或者造成了重大经济损失。

（3）重大劳动安全事故的刑事法律责任。重大劳动安全事故罪是指工厂、矿山、林场、建筑企业或者其他企业、事业单位的劳动安全设施不符合国家规定，经有关部门或单位职工提出后，对事故隐患仍不采取措施，因而发生重大伤亡事故或者造成其他严重后果的行为。

重大伤亡事故是指造成三人以上重伤或一人以上死亡的事故。其他严重后果，主要是指造成重大经济损失，产生极坏的影响，引起单位职工强烈不满导致停工等。

（4）重大责任事故的刑事法律责任。重大责任事故罪是指工厂、矿山、林场、建筑企业或者其他企业、事业单位的职工，由于不服管理，违反规章制度，或者强令工人违章冒险作业，因而发生重大伤亡事故或者造成其他严重后果的行为。

（5）滥用职权、玩忽职守的刑事法律责任。滥用职权罪、玩忽职守罪是指国家机关工作人员滥用职权或者玩忽职守，致使公共财产、国家和人民的利益遭受重大损失的行为。

滥用职权的表现形式主要有两种：一种是行为人非法行使本人职务范围内的权力；另一种是行为人超越其职权范围而实施有关行为。

1.3 建设工程法律制度

1.3.1 建设工程法人制度

法人是指具有民事权利能力和民事行为能力，依法独立享有民事权利和承担民事义务的组织。

1. 法人成立具备的条件

（1）依法成立。

（2）有必要的财产和经费。

（3）有自己的名称、组织机构和场所。

（4）能够独立承担相应的民事法律责任。

2. 法人的分类

企业法人和非企业法人（行政法人、社团法人、事业法人）由工商行政管理机关核准登记后成立；企业法人分立、合并或者其他重要的事项变更，应向登记机关办理登记并公告。非企业法人，不需要办理法人登记的，从成立之日起，具有法人资格；需要办理法人登记的，依法办理登记核准后，取得法人资格。

3. 法人在建设工程中的地位和作用

（1）地位。监理、施工、设计勘察单位都具有法人资格，建设单位一般也具有法人资格，但有的也没有（法人是出于需要，由法律拟制为自然人，以确定团体利益的归属，即“拟制人”）。

（2）作用。

①建设工程中的基本主体。

②建设领域国有企业经营权和产权的分立。

4. 企业法人与项目经理部的法律关系

项目经理部是施工企业为了完成某项建设工程任务而设立的组织，是项目经理与技术、生产、材料、成本等管理人员组成的管理班子，是一次性具有弹性的现场生产组织机构；项目经理部不具备法人资格；项目经理是企业法人授权的项目管理者，项目经理部行为的法律后果由企业法人承担。

1.3.2　建设工程代理制度

1. 代理

代理是指代理人于代理权限内，以被代理人的名义向第三人进行意思表示或受领意思表示，该意思表示直接对本人生效的民事法律行为。

2. 代理的法律特征

（1）代理是一种法律行为。

（2）代理是代理人以被代理人的名义进行的，即代替被代理人进行的法律行为。

（3）代理是代理人在授权范围内进行的独立意思表示。

（4）代理人在代理授权范围内进行代理的法律后果由被代理人承担。代理人与第三人确立的权利义务关系（甚至代理的不良后果和损失），均由被代理人承受，从而在被代理人和第三人之间确立了法律关系。

★技术提示

当被代理人死亡后，依然有效的代理行为如下：

（1）代理人不知道被代理人死亡而继续进行代理行为的。

（2）委托书中约定待某一代理事项完成后代理关系终止，而在被代理人死亡时，该事项尚未完成的，代理人继续代理活动。

（3）被代理人的继承人全体承认的代理行为。

（4）被代理人死亡前已经进行而在被代理人死亡后为了被代理人的继承人的利益继续完成的代理活动。

3. 代理的种类

（1）委托代理。委托代理是指代理人的代理权限根据被代理人的委托授权行为而产生。因委托代理中，被代理人是以意思表示的方法将代理权授予代理人的，故又称“意定代理”或“任意代理”。

（2）法定代理。法定代理是指根据法律规定，代理无诉讼行为能力的当事人进行诉讼，直接行使诉讼代理权的人。无诉讼行为能力的公民进行诉讼活动，只能由其监护人为法定代理人代理其进行行政诉讼活动。

（3）指定代理。指定代理是指代理人的代理权限根据人民法院或其他机关的制定而产生。例如，根据我国《民法总则》第16、17条规定，人民法院及村民委员会等有权力为未成年人或精神病人指定监护人，也就是指定法定代理人。由于指定代理人和机关及代理权限都是由法律直接规定的，因此，指定代理不过是法定代理的一种特殊表现。

4. 《民法总则》对有关行为和职责的详细规定

（1）无权代理、超越代理权或代理权已终止仍进行代理的，均为无权代理，均由行为人承担民事责任；如被代理人追认，则由被代理人承担民事责任。本人知道他人以本人名义实施民事行为而不作否认表示的，视为同意。

（2）代理人不履行代理职责而给被代理人造成损害的，应承担民事法律责任。

（3）代理人知道被委托事项违法而仍然进行代理活动，或者被代理人知道代理人代理行为违法却不表示反对，由代理人和被代理人负连带责任。

（4）委托代理转托时，应事先取得被代理人同意，或事后及时告知被代理人取得同意，否则，由代理人负民事法律责任。但在紧急情况下为保护被代理人的利益而转托的不在此限。

5. 代理的终止

代理关系终止的共同原因有两个：

（1）被代理人死亡。

（2）代理人死亡或者丧失行为能力。

1.3.3 建设工程物权制度

1. 物权的概念及特征

物权是指权利人依法对特定的物享有直接支配和排他的权利，包括所有权、用益物权和担保物权。物权是和债权对应的一种民事权利，它们共同组成民法最基本的财产权利。与债权相比，物权具有如下特征：

（1）物权的权利主体特定，义务主体不特定。物权是指特定主体所享有的排除权利主体外的一切其他人侵害的财产权利。作为一种绝对权（对世权），权利人以外的任何其他人都负有不得非法干涉和侵害物权的义务，而债权只是发生在债权人和债务人之间，权利主体和义务主体都是特定的。债权人的请求权只对特定的债务人发生效力，因此被称为对人权。

（2）物权内容是直接支配一定的物并排除他人干涉。作为直接支配，是权利人无须借助他人的行为就能够行使自己的权利。权利人可以依据自己的意志直接依法占有、使用其物或财物其他支配方式。所谓排除他人干涉，是指物具有不容他人侵犯的性质。

2. 物权的分类

（1）所有权与他物权。所有权是指所有人依法可以对物进行占有、使用、收益和处分的权利。所有权是物权中最完整、最充分的权利。他物权是指所有权以外的物权，也称限制物权、定限物权。他物权是所有权的部分权能与所有性发生分离，由所有人以外的主体对物享有一定程度的直接支配权。他物权与所有权一样，具有直接支配物并排斥他人干涉的性质。

（2）用益物权和担保物权。根据设立物权的目的不同，传统民法将物权分为用益物权和担保物权。

用益物权是指以物的使用收益为目的的物权，包括土地使用权、土地承包经营权、地役权等。

担保物权是指在接待、买卖等民事活动中，债务人或者第三人将自己所有的财产作为履行债务的担保，债务人未履行债务时，债权人依照法律规定的程序就该财产优先受偿的权利。担保物权包括抵押权、质权和留置权，主要是以确保债务的履行为目的的物权。

用益物权和担保物权的区别表现在：第一，用益物权注重物的使用价值，担保物权注重物的交换价值。第二，用益物权一般是在不动产上成立的物权，虽然《物权法》为动产的用益物权留下了发展的空间，但《物权法》规定的具体的用益物权只是在不动产上设立的；担保物权既可以在不动产上设立，也可以在动产上设立。第三，用益物权除地役权外，均为主物权；担保物权是从物权，需以主债权的存在为前提。

（3）动产物权和不动产物权。按物权客体的不同将物权分为动产物权和不动产物权。

3. 物权的设立、变更、转让、消灭和保护

（1）不动产的设立、变更、转让、消灭依法律规定登记，自记载于不动产登记簿时发生效力。依法登记发生效力，不登记不发生效力，但法律另有规定的除外，如依法属于国家所有的自然资源，所有权可以不登记。

（2）动产的设立、转让，动产物权以占有和交付为公示手段。动产物权的设立与转让以交付日发生效力。但法律另有规定的除外，如船舶、航空器、机动车辆的物权未经登记，不得对抗善意第三人。

（3）物权的保护，可以通过协商、调节、和解、诉讼、仲裁等途径解决；侵害物权，除承担相应的民事法律责任外，违反行政规定的，应承担相应的行政责任，构成犯罪的，依法追究刑事法律责任。

1.3.4　建设工程债权制度

1. 债的概念及特征

根据《民法总则》规定，债是按照合同的约定或者依照法律的规定，在当事人之间产

生的特定的权利和义务关系。例如，在建设工程合同关系中，承包人有请求发包人按照合同约定支付工程价款的权利，而发包人则相应地有按照合同约定向承包人支付工程价款的义务。又如，根据《民法总则》有关规定，在公共场所、道旁或者通道上挖坑、修缮安装地下设施等，没有设置明显标识或者采取安全措施造成他人损害的，施工人依法应当承担赔偿损失等民事法律责任，而受害人则相应地具有依法要求施工人赔偿损失的权利。这些都是特定当事人之间的民事法律关系，都是债的关系。

2. 债的法律关系

享有权利的是债权人，负有义务的是债务人；债权人有权要求债务人按照合同约定或者法律规定履行义务。

债的内容是指主体双方的权利与义务，即债权人享有权利，债务人负有义务，即债权与债务；债权为请求特定人为特定行为作为与不作为的权利。债权与物权不同，物权是绝对权，债权是相对权。相对性的内涵为：①债权的主体相对性；②债权的内容相对性；③债权的责任相对性。

3. 债的发生依据

（1）合同。合同是平等主体的自然人、法人和其他组织之间设立、变更、终止民事权利义务关系的协议。当事人之间通过订立合同设立的以债权债务为内容的民事法律关系，称为合同之债。

（2）不当得利。不当得利是指没有合法依据，取得不当权利，造成他人损失。当发生不当得利时，由于一方取得的利益没有法律或合同根据且给他人造成损害，在这种情况下，受损失一方依法有请求不当得利人返还其所有利益的权利，而不当得利人则依法负有返还义务。这样，在当事人之间即发生债权债务关系。这种因不当得利所发生的债，称为不当得利之债。

（3）无因管理。无因管理是指没有法定的或者约定的义务，为避免他人利益受损失而进行管理或者服务的行为。无因管理发生后，管理人依法有权要求受益人偿付因其实施无因管理而支付的必要费用。这种由于无因管理而产生的债，称为无因管理之债。

（4）侵权行为。侵权行为是指侵害他人财产或人身权利的违法行为。在民事活动中，一方实施侵权行为时，根据法律规定，受害人有权要求侵害人承担赔偿损失等责任，而侵害人则有负责赔偿的义务，因此，侵权行为会引起侵害人和受害人之间的债权债务关系。这种因侵权行为而产生的债，称为侵权行为之债。

4. 建设工程之债常见的类型

建设工程之债常见的类型有施工合同债、买卖合同债、侵权之债。

1.3.5 建设工程知识产权制度

知识产权制度是保护科学技术和文化艺术成果的重要法律制度，它伴随人类文明与商品经济的发展而诞生，并日益成为各国保护智力成果、促进科学技术和社会经济发展、进行国际竞争的有力措施。知识产权制度作为一种保护治理成果的法律制度，其保护对象十分广泛，其内涵、外延也随着科学技术和文化事业的发展不断拓展。

1. 知识产权的基本特征

（1）财产和人身权的双重属性。

（2）专有性。

（3）地域性。

（4）期限性。

2. 知识产权的内容

（1）版权法律制度。版权法律制度即著作权法律制度。著作权包括人身权和财产权两大类。人身权是指与作者本身密不可分的权利，又称精神权利。它包括发表权、署名权、修改权和保护作品完整权。财产权是指作者对于自己所创作的作品享有使用和获得报酬的权利，也称经济权利。它是指以复制、表演、广播、出租、展览、发行、放映、摄制、信息网络传播或改编、翻译、注释、编辑等方式使用作品的权利，以及许可他人以上述方式使用作品，并由此获得报酬的权利。

（2）专利法律制度。受专利法律制度保护的发明创造包括专利发明、实用新型和外观设计专利等。《专利法》是专利法律制度的核心。专利法律制度就是国家运用法律手段，通过《专利法》的实施，借助授予发明创造以专利权来鼓励和保护发明创造，从而促进科学进步、促进经济发展的法律制度。在关于《专利法（草案）的说明》中，把专利制度概括为“国际上通行的一种利用法律和经济的手段促进技术进步的管理制度。这个制度的基本内容是依据《专利法》，对申请专利的发明，经过审查和批准，授予专利权。同时把申请专利的发明内容公之于世，以便进行技术情报交流和技术的有偿转让”。专利制度的主要特征是：第一，法律保护。法律保护就是依据《专利法》授予发明创造以专利权。对授予专利权的发明创造，专利人享有制造、使用和销售的独占实施权，未经专利人许可，任何单位或个人不得实施该发明创造。否则，即构成专利侵权行为，应追究法律责任。专利法律制度正是通过这种法律保护形式，保障发明创造所有人的正当权益，激励人们发明创造的积极性，以促进科技进步、经济发展。第二，科学审查。1970 年，美国制定的《美国专利法》，最先采用了审查制。现在大多数国家都纷纷效仿，这是专利法律制度现代化的一个重要标志。第三，公开通报专利法律制度，一方面通过法律保护发明创造专利权、“独占权”；另一方面又要依法将申请专利的发明创造的内容以专利说明书的形式公之于世，公开通报。

（3）商标法律制度。商标法是国家对注册商标专用权及使用过程中所发生的社会关系进行调整的法律规范的总称。《商标法》于 1982 年 8 月 23 日通过，1983 年 3 月 1 日开始实行。《商标法》的颁布和实施，是我国商标工作法治化的重要标志。

《商标法》规定，注册商标的有效期为 10 年。有效期限自该商标核准注册之日起计算。对已经注册的商标有争议的，可以自该商标核准注册之日起一年内，向商标评审委员会申请裁定。对核准注册前已经提出异议并经过裁定的商标，不得再以相同的事实和理由申请裁定。

注册商标有效期满需要继续使用的，应当在期满前 6 个月内申请续展注册，在此期间未能提出申请的，可以给予 6 个月的宽展期。宽展期满仍未提出申请的，注销其注册商标。

注册商标所有权可以转让。转让形式有两种：一为合同转让；二为继承转让。无论何种转让都必须依法办理转让手续。注册商标的所有人还可以通过合同方式允许他人有偿使用注册商标。经许可使用他人注册商标的，必须在使用该注册商标的商品上标明被许可人的名称和产品产地。

1.3.6 建设工程担保制度

1. 担保的概念

担保是指依法律规定或当事人约定而产生的，促使债务人履行债务并保障债权人实现债权的法律措施或制度。

2. 担保的特点

担保的特点如下：

（1）担保的从属性。

（2）担保的补充性或连带性。

（3）担保的相对独立性。

（4）担保的自愿性（留置担保除外）。

3. 担保的种类

（1）按照担保的形态分为人保、物保、金钱担保。

（2）按照担保的方式分为保证、抵押、质保、留置、定金。

（3）按照担保的形式分为法定担保和约定担保。

4. 保证

（1）保证的概念。保证是指担保人和债权人约定，当债务人不履行债务时，保证人按照约定履行债务或者承担责任的行为。

（2）保证的特点。

①保证属于人保。

②保证人为主合同当事人以外的第三人。

③保证人必须具有代为清偿债务的能力、信誉和不特定财产。

（3）一般保证。当事人在保证合同中约定，债务人不能履行债务时，由保证人承担保证责任的，为一般保证。

（4）连带责任保证。当事人在保证合同中约定保证人与债务人对债务承担连带责任的，为连带责任保证。另外，当事人对保证方式没有约定或者约定不明确的，按照连带责任保证承担保证责任。

5. 抵押

抵押是指债务人或者第三人不转移对财产的占有，将该财产抵押给债权人，债务人不履行到期债务或者发生当事人约定的实现抵押权的情形时，债权人有权依法以该财产折价或者以拍卖、变卖该财产的价款优先受偿。抵押中提供财产担保的债务人或者第三人为抵押人，债权人为抵押权人，提供担保的财产为抵押物。

（1）抵押权的性质。抵押权作为担保物权的一种，具有从属性、不可分性和物上代位性。另外，抵押权是不专一标的物占有的一种担保物权。是否转移标的物的占有是抵押权与其他担保物权的重要区别。由于抵押权的设定不需要转移占有，因此，抵押权的设定不能采用占有转移的公示方法，而必须采用登记或其他方法公示。

（2）抵押权的设定。抵押权的取得主要通过法律行为取得，但也可以基于法律行为以外的法律事实取得，如基于继承或者善意取得制度取得抵押权。基于法律行为取得抵押权的，就是抵押权的设定，抵押权的设定是由双方当事人签订抵押合同，抵押合同应当采用书面形式。抵押当事人包括抵押权人和抵押人，其中抵押权人就是债权人，抵押人即抵押财产的所有人，既可能是债务人，也可能是第三人。设定抵押权属于处分财产的行为，因此，抵押人必须对设定抵押的财产享有所有权或处分权。

在债务履行期届满前，抵押权人不得与抵押人约定债务人不履行到期债务时抵押财产归债权人所有。双方当事人的抵押合同有这样的条款，该条款无效。该条款的无效不影响抵押合同其他条款的效力。

6. 质押

质押是指债务人或者第三人将其动产或权利移交债权人占有，将该财产作为债的担保，当债务人不履行债务或者发生当事人约定时限抵押权的情形时，债权人有权依法以该财产变价所得优先受偿。

质押权是一种担保物权，因此同样具备担保物权的特征，即从属性、不可分性和物上代位性。但与抵押权相比，有一定的区别，具体如下：

（1）质押的标的物可以是动产或者权利，但不能是不动产；抵押的标的物既可以是动产，也可以是不动产。

（2）质押权的设定必须转移质押物的占有，抵押权的设定不要求转移抵押物的占有。

（3）由于抵押权的设定不移转占有，因此，抵押人可以继续对抵押物占有、使用、收益；由于质押转移标的物的占有，因此，质押人虽然享有对标的物的所有权，但不能直接对质押物进行占有、使用、收益。

质押分为动产质押和权利质押。质押权分为动产质权和权利质权。动产质权是指可移动并因此不损害其效用的物的质权；权利质权是指以可转让的权利为标的物的质权。

7. 留置

留置权是指债权人合法享有债务人的动产，在债务人不履行到期债务时，债权人有权依法留置该动产，并依照法律的规定将动产折价或者以拍卖、变卖后的价款优先受偿的权利。

留置权有如下特征：

（1）留置权属于担保物权，因此具有担保物权的从属性、不可分性和物上代位性等。

（2）留置权属于法定的担保物权。留置权的产生不是依据当事人之间的约定，而是在符合法律规定的条件下产生的，但当事人可以通过合同约定排除留置权适用。

1.3.7　建设工程保险制度

1. 保险

保险是指投保人根据合同约定，向保险人支付保险费，保险人对于合同约定的可能发生的事故因其发生所造成的财产损失承担赔偿保险金责任，或者当被保险人死亡、伤残、疾病或者达到合同约定的年龄、期限等条件时承担给付保险金责任的商业保险行为。

保险是一种受法律保护的分散危险、消化损失的法制制度，因此危险的存在是保险的前提，保险制度上的危险具有损失发生的不确定性（包括是否发生不确定性、发生时间不确定性、发生后果不确定性）。

2. 保险合同

保险合同是指投保人、保险人约定法律权利与义务的协议。

（1）投保人。投保人是指与保险人签订保险合同，并按照合同要求支付保险费的义务人。

（2）保险人。保险人是指与投保人签订保险合同，并承担赔偿和支付保险金义务的责任人。

（3）被保险人。被保险人是指其财产或者人身受保险合同保障，享有保险金请求权的人。

（4）受益人。受益人是指人身保险合同中由投保人或被保险人指定的享有保险金请求权的人。

保险合同一般分为财产保险合同和人身保险合同。

（1）财产保险合同。财产保险合同是以财产及有关利益为保险标的的保险合同。财产保险合同的转让，必须通知保险人，经保险人同意继续承保后，依法转让合同。在保险合同期间，保险标的危险程度加大时，要及时通知保险人；保险人可以按照合同规定增加保险费用或解除保险合同（建筑工程一切险、安装工程一切险属于财产保险合同）。

建筑工程一切险是对建筑工程项目提供全面保险，它既对各种建筑工程及其施工过程中的物料、机器设备遭受的损失予以保险，也对因工程建设给第三者造成的人身、财产伤害承担经济赔偿责任。

安装工程一切险是以各种机器设备和钢结构为标的，并为机器设备的安装及钢结构工程的实施提供尽可能全面的专门保险，属于一种技术险种。

（2）人身保险合同。人身保险合同是以人的寿命和身体为保险标的的保险合同。投保人应向保险人如实地申报姓名、年龄、身体状况，投保人于合同成立后，可以向保险人一次性支付保险费用，也可以按合同规定分期支付，受益人是投保人或者被保险人指定的。保险人对人身保险的保险费，不得用诉讼方式要求投保人支付。

3. 保险的索赔

（1）投保人进行索赔时需要提供必要的有效证明。

（2）投保人应当及时提出保险索赔。

（3）计算损失大小。

1.4 《建筑法》的立法宗旨、适用范围和调整对象

1.4.1 《建筑法》的立法宗旨

为了加强对建筑活动的监督管理，维护建筑市场秩序，保护建筑工程的质量和安全，促进建筑业健康发展，制定本法。（《建筑法》总则第一条）

建筑业在国民经济和社会发展中有着十分重要的地位和作用，目前已经发展成为我国的一项重要支柱产业。但是，我国建筑市场各方主体行为不规范，建筑市场秩序混乱，建筑工程质量堪忧，建筑安全生产问题突出，这些问题都需要《建筑法》的规范。通过制定《建

筑法》，规定从事建筑活动和对建筑活动进行监督管理必须遵守的行为规范，以法律的强制力保证实施，为加强对建筑活动的有效监督管理提供法律依据和法律保障；通过制定《建筑法》，确立建筑市场运行必须遵守的基本规则，要求参与建筑市场活动的各个方面都必须遵循，对违反建筑市场法定规则的行为依法追究法律责任；《建筑法》将保证建筑工程的质量和安全作为立法宗旨与立法重点，从总则到分则做了若干重要规定，对保证建筑工程的质量和安全具有重要意义，有利于促进建筑业持续、稳定、快速发展。

1.4.2　《建筑法》的适用范围

《建筑法》规定，建筑活动是指各类房屋建筑及其附属设施的建造和与其配套的线路、管道、设备的安装活动。但是，全国人民代表大会常务委员会也认为，不能将一般工业与民用建筑工程与专业建筑工程带有共性的、需要共同遵守的规则分别制定几个法律，又在《建筑法》的附则中规定："关于施工许可、建筑施工企业资质审查和建筑工程发包、承包、禁止转包，以及建筑工程监理、建筑工程安全和质量管理的规定，适用于其他专业建筑工程的建筑活动。"因此，《建筑法》的主要内容适用于所有的工程建设，包括公路、桥梁、港口、铁路等。从这一角度来说，《建筑法》的主要内容对建筑工程具有普遍的规范意义。而且《建筑法》的地域范围（或称空间效力范围）是中华人民共和国境内及中华人民共和国主权所及的全部领域。但是，按照我国香港、澳门两个特别行政区基本法的规定，即香港和澳门的建筑立法，应由这两个特别行政区的立法机关自行制定。

1.4.3　《建筑法》的调整对象

★技术提示

《建筑法》是我国第一部全面规范建筑活动的基本法律，这部法律对建筑活动的范围、行为准则均做了具体的规定。法律一经颁布实施就必须执行遵守，从事建筑活动和监督管理建筑活动也不例外。《建筑法》实际上将建筑活动界定在两个方面：一方面是各类房屋建筑及其附属设施的建造活动。这里的各类房屋建筑包括作为居住房屋的建筑、作为公共场所的房屋建筑和作为工业用房屋的建筑。附属设施是指与房屋建筑有必然联系的依附于房屋存在的一些构筑物，如供水、供暖设施等。另一方面是与各类房屋建筑及其附属设施配套的线路、管道、设施的安装活动，如水暖管道、电线、防火设备等。

《建筑法》的调整对象，主要存在两种社会关系：一是在从事建筑活动过程中所形成的一定的社会关系；二是在实施建筑活动管理过程中所形成的一定的社会关系。从性质上来看，前一种属于平等主体的民事关系，即平等主体的建设单位、勘察设计单位、建筑安装企业、监理单位、建筑材料供应单位之间，在建筑活动中所形成的民事关系。后一种属于行政管理关系，即建设行政主管部门对建筑活动进行的计划、组织、监督的关系。因此，《建筑法》的主体范围包括一切从事建筑活动的主体和依法负有对建筑活动实施监督管理职责的各级政府机关。

一切从事《建筑法》所称的建筑活动的主体，包括从事建筑工程的勘察、设计、施工、监理等活动的国有企业事业单位、集体所有制的企业事业单位、中外合资经营企业、中外合作经营企业、外资企业、合伙企业、私营企业以及依法可以从事建筑活动的个人，不论其经济性质如何、规模大小如何，只要从事《建筑法》规定的建筑活动，都应遵守《建筑法》的各项规定，违反《建筑法》规定的行为都将受到法律的追究。

行政机关依法行政是社会主义法治建设的基本要求。各级依法负有对建筑活动实施监督管理职责的政府机关，包括建设行政主管部门和其他有关主管部门，都应当依照《建筑法》的规定，对建筑活动实施监督管理。包括依照《建筑法》的规定，对从事建筑活动的施工企业、勘察单位、设计单位和工程监理单位进行资质审查，依法颁发资质等级证书；对建筑工程的招标投标活动是否符合公开、公正、公平的原则，是否遵守法定程序进行监督，但不应代替建设单位组织招标投标；对建筑工程的质量和建筑安全生产依法进行监督管理；以及对违反《建筑法》的行为实施行政处罚等。对建筑活动负有监督管理职责的机关及其工作人员不依法履行职责，玩忽职守或者滥用职权的，将受到法律的追究。

这里需要特别指出的是，关于建筑活动，《建筑法》和其他法律有特别规定的还应执行特别规定。例如，根据《建筑法》第 83 条的规定，省、自治区、直辖市人民政府确定的小型房屋建筑工程的建筑活动不直接适用《建筑法》，而是参照适用。依法核定作为文物保护的纪念建筑物和古建筑等的修缮，依照文物保护的有关法律规定执行。也就是说，关于纪念建筑物和古建筑等的修缮，有关文物保护方面的法律规定适用《建筑法》的，就应当适用《建筑法》；规定不适用而适用其他法律的就应当适用其他法律。抢险救灾及其他临时性房屋建筑和农民自建低层住宅的建筑活动，不适用《建筑法》。根据《建筑法》第 84 条的规定，军用房屋建筑工程建筑活动的具体管理办法，由国务院、中央军事委员会依据《建筑法》制定。这里《建筑法》做出了授权性规定。另外，需要指出的是，在各类房屋的建造中包括了装饰装修。《建筑法》第 49 条专门对涉及主体和承重结构变动的装修工程做了规定。《建筑法》第 81 条还规定，《建筑法》的法律制度，适用于其他专业建筑工程。专业建筑工程是指冶金、有色金属、石油、化工、水利水电、航务航道、公路、邮电、通信等。具体办法由国务院规定。

1.5 《建筑法》确立的基本制度

1.5.1 建筑许可

1. 建筑工程施工许可

建筑工程施工许可是指由国家授权的有关行政主管部门，在建设工程开工之前对其是否符合法定的开工条件进行审核，对符合条件的建设工程允许其开工建设的项目制度。

建筑工程开工前，建设单位应当按照国家有关规定向工程所在地县级以及人民政府建设行政主管部门申请领取施工许可证；但是，国务院建设行政主管部门确定的限额以下的小型工程除外。

按照国务院规定的权限和程序批准开工报告的建筑工程，不再领取施工许可证。

2. 从业资格制度

从业资格制度是指对具有一定专业学历和资历并从事特定专业技术活动的专业技术人员通过考试和注册确定其职业的技术资格获得相应文件签字权的一种制度。

1.5.2　建筑工程发包与承包

（1）建筑工程的发包单位与承包单位应当依法订立书面合同，明确双方的权利和义务。发包单位和承包单位应当全面履行合同约定的义务。不按照合同约定履行义务的，依法承担违约责任。

（2）建筑工程发包与承包的招标投标活动，应当遵循公开、公正、平等竞争的原则，择优选择承包单位。建筑工程的招标投标，《建筑法》没有规定的，适用有关招标投标法律的规定。

（3）发包单位及其工作人员在建筑工程发包中不得收受贿赂、回扣或者索取其他好处。承包单位及其工作人员不得利用向发包单位及其工作人员行贿、提供回扣或者给予其他好处等不正当手段承揽工程。

（4）建筑工程造价应当按照国家有关规定，由发包单位与承包单位在合同中约定。公开招标发包的，其造价的约定，须遵守招标投标法律的规定。发包人应当按照合同的约定，及时拨付工程款项。

1.5.3　建筑工程监理

（1）国家推行建筑工程监理制度。国务院可以规定实行强制监理的建筑工程的范围。

（2）实行监理的建筑工程，由建设单位委托具有相应资质条件的工程监理单位监理。建设单位与其委托的工程监理单位应当订立书面委托监理合同。

（3）建筑工程监理应当依照法律、行政法规及有关的技术标准、设计文件和建筑工程承包合同，对承包单位在施工质量、建设工期和建设资金使用等方面，代表建设单位实施监督。工程监理人员发现工程施工不符合工程设计要求、施工技术标准和合同约定的，有权要求建筑施工企业改正。工程监理人员发现工程设计不符合建筑工程质量标准或者合同约定的质量要求的，应当报告建设单位要求设计单位改正。

（4）实施建筑工程监理前，建设单位应当将委托的工程监理单位、监理的内容及监理权限，书面通知被监理的建筑施工企业。

（5）工程监理单位应当在其资质等级许可的监理范围内，承担工程监理业务。工程监理单位应当根据建设单位的委托，客观、公正地执行监理任务。工程监理单位与承包单位以及建筑材料、建筑构配件和设备供应单位不得有隶属关系或者其他利害关系。工程监理单位不得转让工程监理业务。

（6）工程监理单位不按照委托监理合同的约定履行监理义务，对应当监督检查的项目不检查或者不按照规定检查，给建设单位造成损失的，应当承担相应的赔偿责任。工程监理单位与承包单位串通，为承包单位谋取非法利益，给建设单位造成损失的，应当与承包单位承担连带赔偿责任。

1.5.4 建筑工程安全生产管理

（1）建筑工程安全生产管理必须坚持安全第一、预防为主的方针，建立、健全安全生产责任制度和群防群治制度。

（2）建筑工程设计应当符合按照国家规定制定的建筑安全规程和技术规范，保证工程的安全性能。

（3）建筑施工企业在编制施工组织设计时，应当根据建筑工程的特点制定相应的安全技术措施；对专业性较强的工程项目，应当编制专项安全施工组织设计，并采取安全技术措施。

（4）建筑施工企业应当在施工现场采取维护安全、防范危险、预防火灾等措施；有条件的，应当对施工现场实行封闭管理。施工现场对毗邻的建筑物、构筑物和特殊作业环境可能造成损害的，建筑施工企业应当采取安全防护措施。

（5）建设单位应当向建筑施工企业提供与施工现场相关的地下管线资料，建筑施工企业应当采取措施加以保护。

（6）建筑施工企业应当遵守有关环境保护和安全生产的法律、法规的规定，采取控制和处理施工现场的各种粉尘、废气、废水、固体废物以及噪声、振动对环境的污染和危害的措施。

（7）有下列情形之一的，建设单位应当按照国家有关规定办理申请批准手续：

①需要临时占用规划批准范围以外场地的。

②可能损坏道路、管线、电力、邮电、通信等公共设施的。

③需要临时停水、停电、中断道路交通的。

④需要进行爆破作业的。

⑤法律、法规规定需要办理报批手续的其他情形。

（8）建设行政主管部门负责建筑工程安全生产的管理，并依法接受劳动行政主管部门对建筑工程安全生产的指导和监督。

（9）建筑施工企业必须依法加强对建筑工程安全生产的管理，执行安全生产责任制度，采取有效措施，防止伤亡和其他安全生产事故的发生。建筑施工企业的法定代表人对本企业的安全生产负责。

（10）施工现场安全由建筑施工企业负责。实施施工总承包的，由总承包单位负责。分包单位向总承包单位负责，服从总承包单位对施工现场的安全生产管理。

（11）建筑施工企业应当建立、健全劳动安全生产教育培训制度，加强对职工安全生产的教育培训；未经安全生产教育培训的人员，不得上岗作业。

（12）建筑施工企业和作业人员在施工过程中，应当遵守有关安全生产的法律、法规和建筑行业安全规章、规程，不得违章指挥或违章作业。作业人员有权对影响人身健康的作业程序和作业条件提出改进意见，有权获得安全生产所需的防护用品。作业人员对危及生命安全和人身健康的行为有权提出批评、检举和控告。

（13）建筑施工企业应当依法为职工参加工伤保险缴纳工伤保险费。鼓励企业为从事危险作业的职工办理意外伤害保险，支付保险费。

（14）涉及建筑主体和承重结构变动的装修工程，建设单位应当在施工前委托原设计单位或者具有相应资质条件的设计单位提出设计方案；没有设计方案的，不得施工。

（15）房屋拆除应当由具备保证安全条件的建筑施工单位承担，由建筑施工单位负责人对安全负责。

（16）施工中发生事故时，建筑施工企业应当采取紧急措施减少人员伤亡和事故损失，并按照国家有关规定及时向有关部门报告。

1.5.5　建筑工程质量管理

（1）建筑工程勘察、设计、施工的质量必须符合国家有关建筑工程安全标准的要求，具体管理办法由国务院规定。有关建设工程安全的国家标准不能适应确保建筑安全的要求时，应当及时修订。

（2）国家对从事建设活动的单位推行质量体系认证制度。从事建筑活动的单位根据自愿原则可以向国务院产品质量监督管理部门或者国务院产品质量监督管理部门授权的部门认可的认证机构申请质量体系认证。经认证合格的，由认证机构颁发质量体系认证证书。

（3）建筑单位不得以任何理由，要求建筑设计单位或者建筑施工企业在工程设计或者施工作业中，违反法律、行政法规和建筑工程质量、安全标准，降低工程质量。建筑设计单位和建筑施工企业对建设单位违反前款规定提出的降低工程质量的要求，应当予以拒绝。

（4）建筑工程实行总承包的，工程质量由工程总承包单位负责，总承包单位将建筑工程分包给其他单位的，应当对分包工程的质量与分包单位承担连带责任。分包单位应当接受总承包单位的质量管理。

（5）建筑工程的勘察设计单位必须对其勘察、设计的质量负责。勘察、设计文件应当符合有关法律、行政法规的规定和建筑工程质量、安全标准、建筑工程勘察、设计技术规范以及合同的约定。设计文件选用的建筑材料、建筑构配件和设备，应当注明其规格、型号、性能等技术指标，其质量要求必须符合国家标准的规定。

（6）建筑设计单位对设计文件选用的建筑材料、建筑构配件和设备不得指定生产厂家和供应商。

（7）建筑施工企业对工程的施工质量负责。建筑施工企业必须按照工程设计图纸和施工技术标准施工，不得偷工减料。工程设计的修改由原设计单位负责，建筑施工企业不得擅自修改工程设计。

（8）建筑施工企业必须按照工程设计的要求、施工技术标准和合同的约定，对建筑材料、建筑构配件和设备进行检验，不合格的不得使用。

（9）建筑物在合理使用寿命内，必须确保地基基础工程和主体结构的质量。建筑工程竣工时，屋顶、墙面不得留有渗漏、开裂等质量缺陷；对已经发现的质量缺陷，建筑施工企业应当修复。

（10）交付竣工验收的建设工程，必须符合规定的建设工程质量标准，有完整的工程技术经济资料和经签署的工程保修书，并具备国家规定的其他竣工条件。建设工程竣工验收合格后，方可交付使用；未经验收或者验收不合格的，不得交付使用。

（11）建筑工程实行质量保修制度。建筑工程的保修范围应当包括地基基础工程、主体结构工程、屋面防水工程和其他土建工程，以及电线管线、上下水管线的安装工程，供热、供冷系统工程等项目；保修的期限应当按照保证建筑物合理寿命年限内正常使用，维护使用者合法权益的原则确定。具体的保修范围和最低的保修期限由国务院规定。

（12）任何单位和个人对建设工程的质量事故、质量缺陷都有权向建设行政主管部门或者有关部门进行检举、控告、投诉。

本章练习题

1. 简述建设工程法律体系及其组成。
2. 简述建设工程法规的表现形式及其效力。
3. 简述代理的特征及其种类。
4. 简述建设工程中债发生的原因及其分类。
5. 简述《建筑法》的适用范围及其调整对象。
6. 《建筑法》的立项目的和基本原则分别是什么？
7. 建筑工程安全生产管理的基本制度，以及对建筑施工企业保证生产安全的要求分别有哪些？

第2章

施工许可法律制度

★学习目标

1. 掌握施工许可证的申请条件；
2. 了解施工许可证的延期和核验；
3. 了解办理施工许可证的违法行为应承担的法律责任；
4. 掌握工程建设执业资格制度的模式；
5. 掌握施工企业的资质序列和等级标准；
6. 了解建筑业企业资质的申请、企业资质证书的延续和变更。

★案例导入

某29层写字楼工程建设项目，其初步设计已经完成，建设用地和筹资也已落实，某300人的建筑工程公司，凭借具有150名工程技术人员、10名国家一级资质的项目经理的雄厚实力，以及近5年来的优秀业绩，与另一个一级企业联合，通过竞标取得了该项目的总承包任务，并签订了工程承包合同。

问题：该项目由该企业承包是否可行？为什么？

案例解析：

该项目的承包方案不可行，因为该企业资质不符合规定。

根据规定，29~40层的高层建筑应该由一级施工总承包企业承包。一级施工总承包企业的标准如下：

（1）企业近5年承担过下列6项中的4项以上工程的施工总承包或主体工程承包，工程质量合格。①25层以上的房屋建筑工程；②高度100米以上的构筑物或建筑物；③单体建筑面积3万平方米以上的房屋建筑工程；④单跨跨度30米以上的房屋建筑工程；⑤建筑面积10万平方米以上的住宅小区或建筑群体；⑥单项建安合同额1亿元以上的房屋建筑工程。

（2）企业经理具有10年以上从事工程管理工作经历或具有高级职称；总工程师具有10

年以上从事建筑施工技术管理工作经历并具有本专业高级职称；总会计师具有高级会计职称；总经济师具有高级职称。

（3）企业有职称的工程技术和经济管理人员不少于300人，其中工程技术人员不少于200人；工程技术人员中具有高级职称的人员不少于10人，具有中级职称的人员不少于60人。企业具有的一级资质项目经理不少于12人。

（4）企业注册资本金5 000万元以上；企业净资产6 000万元以上；企业近3年最高年工程结算收入2亿元以上；企业具有与承包工程范围相适应的施工机械和质量检测设备。

可见，该企业150名工程技术人员不足200名，10名一级资质项目经理不满足不少于12名的要求。该企业属于二级企业，即使与另一个一级企业联合，也应该按照二级企业的标准承接任务。

2.1 建筑工程施工许可制度

在中华人民共和国境内从事各类房屋建筑及其附属设施的建造、装修装饰和与其配套的线路、管道、设备的安装，以及城镇市政基础设施工程的施工，凡工程投资额在30万元以上或者建筑面积在300平方米以上的建筑工程，建设单位在开工前应当依法向工程所在地的县级以上地方人民政府住房城乡建设主管部门申请领取施工许可证。

2.1.1 施工许可证的申请

1. 施工许可证的申请主体

《建筑法》规定，建设单位应当按照国家有关规定向工程所在地县级以上人民政府建设行政主管部门申请领取施工许可证。

2. 申请施工许可证的条件

《建筑法》规定，申请领取施工许可证，应当具备下列条件：

（1）已经办理该建筑工程用地批准手续。建设项目需要使用国有建设用地的，建设单位应当向有批准权的县级以上人民政府土地行政主管部门提出建设用地申请，经土地行政主管部门审查，报本级人民政府批准。

（2）在城市规划区的建筑工程，已经取得规划许可证。在城市、镇规划区内，规划许可证包括建设用地规划许可证和建设工程规划许可证。

（3）需要拆迁的，其拆迁进度符合施工要求。施工场地应该具备的基本施工条件，通常要根据建设工程项目的具体情况决定。例如，已进行场区的施工测量，设置永久性经纬坐标桩、水准基桩和工程测量控制网；搞好“三通一平”或“五通一平”或“七通一平”；施工使用的生产基地和生活基地，包括附属企业、加工厂站、仓库堆场，以及办公、生活、福利用房等；强化安全管理和安全教育，在施工现场要设安全纪律牌、施工公告牌、安全标志牌等。

房屋征收是一项复杂的综合性工作，必须按照计划和施工进度进行，过早或过迟都会造成损失和浪费。需要先期进行征收的，征收进度必须能满足建设工程开始施工和连续施工的要求。

（4）已经确定建筑施工企业。在建设工程开工前，建设单位必须依法通过招标或直接发包的方式确定承包该建设工程的施工企业，并签订建设工程承包合同，明确双方的责任、权利和义务。

（5）有满足施工需要的施工图及技术资料。施工图设计文件已按规定进行了审查，施工图是实行建设工程的最根本的技术文件，也是在施工过程中保证建设工程质量的重要依据。技术资料一般包括地形、地质、水文、气象等自然条件资料和主要原材料、燃料来源，水电供应和运输条件等技术经济条件资料。掌握客观、准确、全面的技术资料，是实现建设工程质量和安全的重要保证。

我国已建立施工图设计文件审查制度，不仅要对施工图设计文件是否满足施工需要进行审查，还应当按照规定对其涉及公共利益、公众安全、工程建设强制性标准的内容进行审查。

（6）有保证工程质量和安全的具体措施。

（7）建设资金已经落实。建设工期不足 1 年的，到位资金原则上不得少于工程合同价的 50%；建设工期超过 1 年的，到位资金原则上不得少于工程合同价的 30%。

（8）法律、行政法规规定的其他条件。国务院规定必须实行监理的建设工程已委托监理：①国家重点建设工程；②大中型公用事业工程；③成片开发建设的住宅小区工程；④利用外国政府或者国际组织贷款、援助资金的工程；⑤国家规定必须实行监理的其他工程。

应当经公安机关消防机构进行消防设计审核的建设工程，必须依法进行审核，未经依法审核或者审核不合格的，负责审批该工程施工许可的部门不得给予施工许可，建设单位、施工单位不得施工，其他建设工程取得施工许可后经依法抽查不合格的，应当停止施工。

2.1.2　施工许可证的管理

1. 施工许可证的延期

建设单位应当自领取施工许可证之日起 3 个月内开工。因故不能按期开工的，应当向发证机关申请延期；延期以两次为限，每次不超过 3 个月。既不开工又不申请延期或者超过延期时限的，施工许可证自行废止。

2. 施工许可证的核验

在建的建筑工程因故中止施工的，建设单位应当自中止施工之日起 1 个月内，向发证机关报告，并按照规定做好建筑工程的维护管理工作。建筑工程恢复施工时，应当向发证机关报告；中止施工满 1 年的工程恢复施工前，建设单位应当报发证机关核验施工许可证。

2.1.3　违法行为应承担的法律责任

办理施工许可证的违法行为应承担的主要法律责任如下：

1. 未经许可擅自开工应承担的法律责任

未取得施工许可证或者开工报告未经批准擅自施工的，责令改正；对不符合开工条件的，责令停止施工，可以处以罚款。

建设单位未取得施工许可证或者开工报告未经批准，擅自施工的，责令停止施工，限期改正，处工程合同价款1%以上2%以下的罚款。

2. 规避办理施工许可证应承担的法律责任

未取得施工许可证或者为规避办理施工许可证将工程项目分解后擅自施工的，由有管辖权的发证机关责令停止施工，限期改正，对建设单位处工程合同价款1%以上2%以下罚款；对施工单位处3万元以下罚款。

3. 骗取和伪造施工许可证应承担的法律责任

建设单位采用欺骗、贿赂等不正当手段取得施工许可证的，由原发证机关撤销施工许可证，责令停止施工，并处1万元以上3万元以下罚款；构成犯罪的，依法追究刑事责任。

建设单位隐瞒有关情况或者提供虚假材料申请施工许可证的，发证机关不予受理或者不予许可，并处1万元以上3万元以下罚款；构成犯罪的，依法追究刑事责任。

建设单位伪造或者涂改施工许可证的，由发证机关责令停止施工，并处1万元以上3万元以下罚款；构成犯罪的，依法追究刑事责任。

2.2 工程建设执业资格制度

2.2.1 工程建设执业资格制度概述

1. 工程建设执业资格制度的模式

工程建设执业资格制度是指只有事先依法取得相应的资质或资格的单位和个人，才允许其在法律所规定的范围内从事一定建筑活动的制度。

现阶段，我国工程建设执业资格制度是单位执业资格制度和个人执业资格制度并存的模式，即市场准入的“双重控制”。

单位执业资质：建筑业企业资质、监理企业资质、工程建设项目招标代理机构资格、房地产开发企业资质、建设工程设计企业资质、建设工程勘察企业资质。

个人执业资质：注册建造师、注册造价工程师、注册监理工程师、注册建筑师、注册结构工程师、注册城市规划师、注册岩土工程师、注册房地产评估师、注册规划师、注册风景园林师、注册物业管理师。

2. 工程建设执业资格制度的必要性

建设工程只能由掌握一定的工程建设专业知识和具有一定工程建设实践经验的技术人员及其所组建的单位来承担，这是目前世界上很多国家和地区采取的通行做法。与国际接轨，必须实行工程建设执业资格制度。

3. 工程建设执业资格相关法规

《建筑法》规定，我国工程建设实行执业单位资质管理和执业人员资格管理。

除此之外，还颁发了大量行政法规、部门规章及规范性文件。例如：

《工程监理企业资质管理规定》（建设部令第158号）；

《建筑业企业资质管理规定》（住房和城乡建设部令第22号）；
《建设工程勘察设计企业资质管理规定》（建设部令第160号，2015年修订）；
《房地产开发企业资质管理规定》（建设部令第77号，2015年修订）；
《工程咨询单位资格认定办法》（发改委〔2005〕第29号令，2015年修订）；
《工程建设项目招标代理机构资格认定办法》（建设部令第154号，2015年修订）。

2.2.2 工程建设从业单位的资质等级

工程建设活动不同于一般的经济活动，其从业单位所具备条件的高低直接影响到建设工程质量和安全生产。因此，从事工程建设活动的单位必须符合相应的资质条件。

1. 工程建设从业单位的资质等级划分条件

（1）注册资本。

（2）专业技术人员的数量和等级。

（3）技术装备。

（4）已完成的工程业绩。

每一类从业单位的资质等级标准，都由相应的法规做出了具体的规定。

2. 工程建设从业单位的资质等级划分情况

根据现行法规，我国各类工程建设从业单位的资质等级划分情况如下：

（1）房地产开发企业资质。房地产开发企业资质分为一级、二级、三级、四级、五级，共5级。

（2）工程勘察企业资质。工程勘察企业资质分为工程勘察综合资质、工程勘察专业资质、工程勘察劳务资质。其中，工程勘察综合资质只设甲级；工程勘察专业资质设甲级、乙级，根据工程性质和技术特点，部分专业可以设丙级；工程勘察劳务资质不分等级。

（3）工程设计企业资质。工程设计企业资质分为工程设计综合资质、工程设计行业资质、工程设计专业资质、工程设计专项资质。其中，工程设计综合资质只设甲级；工程设计行业资质、工程设计专业资质、工程设计专项资质设甲级、乙级。根据工程性质和技术特点，个别行业、专业、专项资质可以设丙级，建筑工程设计专业资质可以设丁级。

（4）工程监理企业资质。工程监理企业资质分为综合资质、专业资质和事务所资质。其中，专业资质按照工程性质和技术特点划分为若干工程类别；综合资质、事务所资质不分级别。专业资质设甲级、乙级，其中，房屋建筑、水利水电、公路和市政公用专业资质可设丙级。

（5）建筑业企业资质。建筑业企业资质分为施工总承包、专业承包和劳务分包三个序列。其中，施工总承包序列设有12个类别，一般分为4个等级（特级、一级、二级、三级）；专业承包序列设有36个类别，一般分为3个等级（一级、二级、三级）；劳务分包序列不分类别和等级。

3. 建筑业企业的资质

（1）施工总承包企业资质。施工总承包企业是指从事工程施工阶段总承包活动的企业。施工总承包企业资质序列设有12个类别，分别是建筑工程施工总承包、公路工程施工总承包、铁路工程施工总承包、港口与航道工程施工总承包、水利水电工程施工总承包、电力工程施工总承包、矿山工程施工总承包、冶金工程施工总承包、石油化工工程施工总承包、市政公用工程施工总承包、通信工程施工总承包、机电工程施工总承包。

施工总承包企业资质一般分为 4 个等级，即特级、一级、二级和三级。

①施工总承包企业资质特级标准。

a. 企业资信能力。企业注册资本金 3 亿元以上；企业净资产 3.6 亿元以上；企业近 3 年上缴建筑业营业税均在 5 000 万元以上；企业银行授信额度近 3 年均在 5 亿元以上。

b. 管理人员要求。企业经理具有 10 年以上从事工程管理工作经历；技术负责人具有 15 年以上从事工程技术管理工作经历，且具有工程序列高级职称及一级注册建造师或注册工程师执业资格，主持完成过两项及以上施工总承包一级设计资质要求的代表工程的技术工作或甲级设计资质要求的代表工程或合同额 2 亿元以上的工程总承包项目；财务负责人具有高级会计师职称及注册会计师资格；企业具有注册一级建造师（一级项目经理）50 人以上；企业具有本类别相关的行业工程设计甲级资质标准要求的专业技术人员。

c. 科技进步水平。企业具有省部级（或相当于省部级水平）及以上的企业技术中心；企业近 3 年科技活动经费支出平均达到营业额的 0.5% 以上；企业具有国家级工法 3 项以上；近 5 年具有与工程建设相关的、能够推动企业技术进步的专利 3 项以上，累计有效专利 8 项以上，其中至少有 1 项发明专利；企业近 10 年获得过国家级科技进步奖项或主编过工程建设国家或行业标准；企业已建立内部局域网或管理信息平台，实现了内部办公、信息发布、数据交换的网络化；企业已建立并开通了外部网站，使用了综合项目管理信息系统和人事管理系统、工程设计相关软件，实现了档案管理和设计文档管理。

d. 代表工程业绩。近 5 年承担过下列 5 项工程总承包或施工总承包项目中的 3 项，工程质量合格。高度 100 米以上的建筑物；28 层以上的房屋建筑工程；单体建筑面积 5 万平方米以上房屋建筑工程；钢筋混凝土结构单跨跨度 30 米以上的建筑工程或钢结构单跨跨度 36 米以上的房屋建筑工程；单项建安合同额 2 亿元以上的房屋建筑工程。

②施工总承包企业资质一级标准。

a. 企业近 5 年承担过下列 6 项中的 4 项以上工程的施工总承包或主体工程承包，工程质量合格。

25 层以上的房屋建筑工程；高度 100 米以上的构筑物或建筑物；单体建筑面积 3 万平方米以上的房屋建筑工程；单跨跨度 30 米以上的房屋建筑工程；建筑面积 10 万平方米以上的住宅小区或建筑群体；单项建安合同额 1 亿元以上的房屋建筑工程。

b. 企业经理具有 10 年以上从事工程管理工作经历或具有高级职称；总工程师具有 10 年以上从事建筑施工技术管理工作经历并具有本专业高级职称；总会计师具有高级会计职称；总经济师具有高级职称。

企业有职称的工程技术和经济管理人员不少于 300 人，其中工程技术人员不少于 200 人；工程技术人员中，具有高级职称的人员不少于 10 人，具有中级职称的人员不少于 60 人。

企业具有的一级资质项目经理不少于 12 人。

c. 企业注册资本金 5 000 万元以上，企业净资产 6 000 万元以上。

d. 企业近 3 年最高年工程结算收入 2 亿元以上。

e. 企业具有与承包工程范围相适应的施工机械和质量检测设备。

③施工总承包企业资质二级标准。

a. 企业近5年承担过下列6项中的4项以上工程的施工总承包或主体工程承包，工程质量合格。

12层以上的房屋建筑工程；高度50米以上的构筑物或建筑物；单体建筑面积1万平方米以上的房屋建筑工程；单跨跨度21米以上的房屋建筑工程；建筑面积5万平方米以上的住宅小区或建筑群体；单项建安合同额3 000万元以上的房屋建筑工程。

b. 企业经理具有8年以上从事工程管理工作经历或具有中级以上职称；技术负责人具有8年以上从事建筑施工技术管理工作经历并具有本专业高级职称；财务负责人具有中级以上会计职称。

企业有职称的工程技术和经济管理人员不少于150人，其中工程技术人员不少于100人；工程技术人员中，具有高级职称的人员不少于2人，具有中级职称的人员不少于20人。

企业具有的二级资质以上项目经理不少于12人。

c. 企业注册资本金2 000万元以上，企业净资产2 500万元以上。

d. 企业近3年最高年工程结算收入8 000万元以上。

e. 企业具有与承包工程范围相适应的施工机械和质量检测设备。

④施工总承包企业资质三级标准。

a. 企业近5年承担过下列5项中的3项以上工程的施工总承包或主体工程承包，工程质量合格。

6层以上的房屋建筑工程；高度25米以上的构筑物或建筑物；单体建筑面积5 000平方米以上的房屋建筑工程；单跨跨度15米以上的房屋建筑工程；单项建安合同额500万元以上的房屋建筑工程。

b. 企业经理具有5年以上从事工程管理工作经历；技术负责人具有5年以上从事建筑施工技术管理工作经历并具有本专业中级以上职称；财务负责人具有初级以上会计职称。

企业有职称的工程技术和经济管理人员不少于50人，其中工程技术人员不少于30人；工程技术人员中，具有中级以上职称的人员不少于10人。

企业具有的三级资质以上项目经理不少于10人。

c. 企业注册资本金600万元以上，企业净资产700万元以上。

d. 企业近3年最高年工程结算收入2 400万元以上。

e. 企业具有与承包工程范围相适应的施工机械和质量检测设备。

（2）专业承包企业资质。专业承包企业是指从事工程施工承包活动的企业。专业承包企业资质序列设有36个类别，分别是地基基础工程专业承包、起重设备安装工程专业承包、预拌混凝土专业承包、电子与智能化工程专业承包、消防设施工程专业承包、防水防腐保温工程专业承包、桥梁工程专业承包、隧道工程专业承包、钢结构工程专业承包、模板脚手架专业承包、建筑装修装饰工程专业承包、建筑机电安装工程专业承包、建筑幕墙工程专业承包、古建筑工程专业承包、城市及道路照明工程专业承包、公路路面工程专业承包、公路路基工程专业承包、公路交通工程专业承包、铁路电务工程专业承包、铁路铺轨架梁工程专业承包、铁路电气化工程专业承包、机场场道工程专业承包、民航空管工程及机场弱电系统工程专业承包、机场目视助航工程专业承包、港口与海岸工程专业承包、航道工程专业承包、通航建筑物工程专业承包、港航设备安装及水上交管工程专业承包、水工金属结构制作与安装工程专业承包、水利水电机电安装工程专业承包、河湖整治工程专业承包、输变电工程专业承包、核工程专业承包、海洋石油工程专业承包、环保工程专业承包、特种工程专业承包。

专业承包企业资质一般分为 3 个等级，即一级、二级、三级。

（3）劳务分包企业资质。劳务分包企业是指从事工程施工专项分包活动和承包限额以下小型工程活动的企业。限额以下小型工程的范围，由各省、自治区、直辖市人民政府建设行政主管部门确定。获得劳务分包资质的企业，可以承接施工总承包企业或专业承包企业分包的劳务作业，但只能进行劳务分包，不得从事工程施工总承包及分包活动。

2.2.3 建筑业企业资质的管理

1. 企业资质的申请

《建筑业企业资质管理规定》中规定，建筑业企业可以申请一项或多项建筑业企业资质；企业首次申请或增项申请资质，应当申请最低等级资质。

企业申请建筑业企业资质，应当提交以下材料：

（1）建筑业企业资质申请表及相应的电子文档。

（2）企业营业执照正副本复印件。

（3）企业章程复印件。

（4）企业资产证明文件复印件。

（5）企业主要人员证明文件复印件。

（6）企业资质标准要求的技术装备的相应证明文件复印件。

（7）企业安全生产条件有关材料复印件。

（8）按照国家有关规定应提交的其他材料。

2. 企业资质证书的延续

资质证书有效期为 5 年。建筑业企业资质证书有效期届满，企业继续从事建筑施工活动的，应当于资质证书有效期届满 3 个月前，向原资质许可机关提出延续申请。

资质许可机关应当在建筑业企业资质证书有效期届满前做出是否准予延续的决定；逾期未做出决定的，视为准予延续。

3. 企业资质证书的变更

在资质证书有效期内，企业名称、地址、注册资本、法定代表人等发生变更的，应当在工商部门办理变更手续后 1 个月内办理资质证书变更手续。

由国务院住房城乡建设主管部门颁发的建筑业企业资质证书的变更，企业应当向企业工商注册所在地省、自治区、直辖市人民政府住房城乡建设主管部门提出变更申请，省、自治区、直辖市人民政府住房城乡建设主管部门应当自受理申请之日起 2 日内将有关变更证明材料报国务院住房城乡建设主管部门，由国务院住房城乡建设主管部门在 2 日内办理变更手续。

4. 不予批准企业资质升级申请和增项申请的规定

企业申请建筑业企业资质升级、资质增项，在申请之日起前 1 年至资质许可决定做出前，有下列情形之一的，资质许可机关不予批准其建筑业企业资质升级申请和增项申请：

（1）超越本企业资质等级或以其他企业的名义承揽工程，或允许其他企业或个人以本企业的名义承揽工程的。

（2）与建设单位或企业之间相互串通投标，或以行贿等不正当手段谋取中标的。

（3）未取得施工许可证擅自施工的。

（4）将承包的工程转包或违法分包的。

（5）违反国家工程建设强制性标准施工的。

（6）恶意拖欠分包企业工程款或者劳务人员工资的。

（7）隐瞒或谎报、拖延报告工程质量安全事故，破坏事故现场，阻碍对事故调查的。

（8）按照国家法律、法规和标准规定需要持证上岗的现场管理人员和技术工种作业人员未取得证书上岗的。

（9）未依法履行工程质量保修义务或拖延履行保修义务的。

（10）伪造、变造、倒卖、出租、出借或者以其他形式非法转让建筑业企业资质证书的。

（11）发生过较大以上质量安全事故或者发生过两起以上一般质量安全事故的。

（12）其他违反法律、法规的行为。

2.2.4　违法行为应承担的法律责任

施工企业资质违法行为应承担的主要法律责任如下：

1. 企业申请办理资质违法行为应承担的法律责任

以欺骗手段取得资质证书的，吊销资质证书，处以罚款；构成犯罪的，依法追究刑事责任。

申请人隐瞒有关情况或者提供虚假材料申请建筑业企业资质的，不予受理或者不予行政许可，并给予警告，申请人在1年内不得再次申请建筑业企业资质。

以欺骗、贿赂等不正当手段取得建筑业企业资质证书的，由县级以上地方人民政府建设主管部门或者有关部门给予警告，并依法处以罚款，申请人在3年内不得再次申请建筑业企业资质。

建筑业企业未按照规定及时办理资质证书变更手续的，由县级以上地方人民政府建设主管部门责令限期办理；逾期不办理的，可处1 000元以上1万元以下的罚款。

2. 无资质承揽工程应承担的法律责任

《建筑法》规定，发包单位将工程发包给不具有相应资质条件的承包单位的，或者违反《建筑法》规定将建筑工程肢解发包的，责令改正，处以罚款。未取得资质证书承揽工程的，予以取缔，并处罚款；有违法所得的，予以没收。

《建设工程质量管理条例》进一步规定，建设单位将建设工程发包给不具有相应资质等级的勘察、设计、施工单位或者委托给不具有相应资质等级的工程监理单位的，责令改正，处50万元以上100万元以下的罚款。

未取得资质证书承揽工程的，予以取缔，对施工单位处工程合同价款2%以上4%以下的罚款；有违法所得的，予以没收。

2011 年 1 月住房和城乡建设部经修改后发布的《住宅室内装饰装修管理办法》规定，装修人违反《住宅室内装饰装修管理办法》规定，将住宅室内装饰装修工程委托给不具有相应资质等级企业的，由城市房地产行政主管部门责令改正，处 500 元以上 1 000 元以下的罚款。

3. 超越资质等级承揽工程应承担的法律责任

超越本单位资质等级承揽工程的，责令停止违法行为，处以罚款，可以责令停业整顿，降低资质等级；情节严重的，吊销资质证书；有违法所得的，予以没收。

勘察、设计、施工、工程监理单位超越本单位资质等级承揽工程的，责令停止违法行为；对施工单位处工程合同价款 2% 以上 4% 以下的罚款，可以责令停业整顿，降低资质等级；情节严重的，吊销资质证书；有违法所得的，予以没收。

4. 允许其他单位或者个人以本单位名义承揽工程应承担的法律责任

建筑施工企业转让、出借资质证书或者以其他方式允许他人以本企业的名义承揽工程的，责令改正，没收违法所得，并处罚款，可以责令停业整顿，降低资质等级；情节严重的，吊销资质证书。对因该项承揽工程不符合规定的质量标准造成的损失，建筑施工企业与使用本企业名义的单位或者个人承担连带赔偿责任。

勘察、设计、施工、工程监理单位允许其他单位或者个人以本单位名义承揽工程的，责令改正，没收违法所得；对施工单位处工程合同价款 2% 以上 4% 以下的罚款；可以责令停业整顿，降低资质等级；情节严重的，吊销资质证书。

5. 违法分包应承担的法律责任

承包单位将承包的工程转包的，或者违反《建筑法》规定进行分包的，责令改正，没收违法所得，并处罚款，可以责令停业整顿，降低资质等级；情节严重的，吊销资质证书。承包单位有以上规定的违法行为的，对因转包工程或者违法分包的工程不符合规定的质量标准造成的损失，与接受转包或者分包的单位承担连带赔偿责任。

承包单位将承包的工程转包或者违法分包的，责令改正，没收违法所得；对施工单位处工程合同价款 0.5% 以上 1% 以下的罚款；可以责令停业整顿，降低资质等级；情节严重的，吊销资质证书。

本章练习题

1. 申请施工许可证的条件有哪些？
2. 施工许可证的有效期是多长时间？
3. 办理施工许可证的违法行为有哪几种？
4. 简述工程建设执业资格制度的模式。
5. 工程建设从业单位的资质等级划分条件有哪些？
6. 建筑业企业的资质序列有哪几项？

第3章

建设工程发承包法律制度

★学习目标

1. 掌握招标基本程序；
2. 掌握投标人以及投标保证金的相关规定；
3. 掌握建设工程分包的规定；
4. 熟悉建设工程招标的范围以及招标方式；
5. 熟悉禁止肢解发包、限制、排斥投标人的规定；
6. 熟悉禁止串通投标和其他不正当竞争行为的规定；
7. 熟悉建设工程总承包的相关规定；
8. 熟悉建设工程承包的规定；
9. 了解投标文件的规定；
10. 了解违法行为应承担的法律责任。

★案例导入

某国有资金投资的大型建设项目，建设单位采用工程量清单公开招标方式进行施工招标，建设单位委托具有相应资质的招标代理机构编制了招标文件，招标文件包括以下规定：

(1) 招标人设有最高投标限价和最低投标限价，高于最高投标限价和低于最低投标限价的投标人报价均按废标处理；

(2) 招标人将在投标截止日后的90日内完成评标和公布中标候选人工作。

在投标和评标过程中发生了如下事件：

事件1：投标人B在投标截止时间前10分钟以书面形式通知招标人撤回已递交的投标文件，并要求招标人5日内退还已递交的投标保证金。

事件2：在评标过程中，投标人D主动对自己的投标文件向评标委员会提出了书面澄清、说明。

事件3：在评标过程中，评标委员会发现投标人E和投标人F的投标文件中载明的项目管理成员中有一人为同一人。

问题：

1. 招标文件中（1）（2）项规定是否妥当？

2. 针对事件1～事件3该如何处理？

案例解析：

1. 根据《招标投标实施条例》规定，招标人可以设定最高投标限价，不得规定最低投标限价。根据《建设工程量清单计价规范》规定，国有资金投资建设项目必须编制招标控制价，高于招标控制价的投标人报价按废标处理；招标人根据项目实际情况（规模、技术复杂程度等）合理确定评标时间。

2. 根据《招标投标法》规定，招标人应允许投标人B撤回投标文件并应在收到投标人书面撤回通知书之日起5日内退还已收取的投标保证金；评标委员会不得接受投标人主动提出的澄清和说明；投标人E和投标人F视为串通投标，按废标处理。

3.1 建设工程招投标制度

3.1.1 建设工程法定招标的范围、招标方式

1. 建设工程必须招标的范围

《招标投标法》规定，在中华人民共和国境内进行下列工程建设项目包括项目的勘察、设计、施工、监理以及与工程建设有关的重要设备、材料等的采购，必须进行招标：

（1）大型基础设施、公用事业等关系社会公共利益、公众安全的项目；

（2）全部或者部分使用国有资金投资或者国家融资的项目；

（3）使用国际组织或者外国政府贷款、援助资金的项目。经国务院批准、国家发展计划委员会发布的《工程建设项目招标范围和规模标准规定》进一步规定，关系社会公共利益、公众安全的基础设施项目包括：①煤炭、石油、天然气、电力、新能源等能源项目；②铁路、公路、管道、水运、航空以及其他交通运输业等交通运输项目；③邮政、电信枢纽、通信、信息网络等邮电通信项目；④防洪、灌溉、排涝、引（供）水、滩涂治理、水土保持、水利枢纽等水利项目；⑤道路、桥梁、地铁和轻轨交通、污水排放及处理、垃圾处理、地下管道、公共停车场等城市设施项目；⑥生态环境保护项目；⑦其他基础设施项目。

关系社会公共利益、公众安全的公用事业项目包括：①供水、供电、供气、供热等市政工程项目；②科技、教育、文化等项目；③体育、旅游等项目；④卫生、社会福利等项目；⑤商品住宅项目，包括经济适用住房；⑥其他公用事业项目。

使用国有资金的项目包括：①使用各级财政预算资金的项目；②使用纳入财政管理的各种政府性专项建设基金的项目；③使用国有企业事业单位自有资金，并且国有资产投资者实

际拥有控制权的项目。

国家融资的项目包括：①使用国家发行债券所筹资金的项目；②使用国家对外借款或者担保所筹资金的项目；③使用国家政策性贷款的项目；④国家授权投资主体融资的项目。

使用国际组织或者外国政府贷款、援助资金的项目包括：①使用世界银行、亚洲开发银行等国际组织贷款资金的项目；②使用外国政府及其机构贷款资金的项目；③使用国际组织或者外国政府援助资金的项目。

2. 建设工程必须招标的规模标准

按照《工程建设项目招标范围和规模标准规定》的规定，必须招标范围内的各类工程建设项目，达到下列标准之一的，必须进行招标：

（1）施工单项合同估算价在200万元人民币以上的；

（2）重要设备、材料等货物的采购，单项合同估算价在100万元人民币以上的；

（3）勘察、设计、监理等服务的采购，单项合同估算价在50万元人民币以上的；

（4）单项合同估算价低于第（1）（2）（3）项规定的标准，但项目总投资额在3 000万元人民币以上的。

《招标投标法》规定，依法必须进行招标的项目，其招标投标活动不受地区或者部门的限制。任何单位和个人不得违法限制或者排斥本地区、本系统以外的法人或者其他组织参加投标，不得以任何方式非法干涉招标投标活动。

3. 可以不进行招标的建设工程项目

《招标投标法》规定，涉及国家安全、国家秘密、抢险救灾或者属于利用扶贫资金实行以工代赈、需要使用农民工等特殊情况，不适宜进行招标的项目，按照国家有关规定可以不进行招标。

《招标投标法实施条例》还规定，除《招标投标法》规定可以不进行招标的特殊情况外，有下列情形之一的，可以不进行招标：

（1）需要采用不可替代的专利或者专有技术；

（2）采购人依法能够自行建设、生产或者提供；

（3）已通过招标方式选定的特许经营项目投资人依法能够自行建设、生产或者提供；

（4）需要向原中标人采购工程、货物或者服务，否则将影响施工或者功能配套要求；

（5）国家规定的其他特殊情形。

4. 建设工程招标方式

《招标投标法》规定，招标分为公开招标和邀请招标。

公开招标是指招标人以招标公告的方式邀请不特定的法人或者其他组织投标。依法必须进行招标的项目的招标公告，应当通过国家指定的报纸、杂志、信息网络或者其他媒介发布。《招标投标法实施条例》明确规定，国有资金占控股或者主导地位的依法必须进行招标的项目，应当公开招标。

邀请招标是指招标人以投标邀请书的方式邀请特定的法人或者其他组织投标。《招标投标法》规定，招标人采用邀请招标方式的，应当向三个以上具备承担招标项目的能力、资信良好的特定的法人或者其他组织发出投标邀请书。

国务院发展计划部门确定的国家重点项目和省、自治区、直辖市人民政府确定的地方重点项目不适宜公开招标的，经国务院发展计划部门或者省、自治区、直辖市人民政府批准，可以进行邀请招标。

《招标投标法实施条例》进一步规定，国有资金占控股或者主导地位的依法必须进行招标的项目，应当公开招标；但有下列情形之一的，可以邀请招标：①技术复杂或有特殊要求、涉及专利权保护、受自然环境或资源限制、新技术等原因只有少量潜在投标人可供选择；②采用公开招标方式的费用占项目合同金额的比例过大。

3.1.2 招标基本程序和禁止肢解发包、限制、排斥投标人的规定

1. 招标基本程序

《招标投标法》规定，招标投标活动应当遵循公开、公平、公正和诚实信用的原则。

建设工程招标的基本程序主要包括招标项目审批手续、委托招标代理机构、编制招标文件、发布招标公告或投标邀请书、资格审查、开标、评标、中标、签订合同和终止招标等。

（1）招标项目审批手续。《招标投标法》规定，招标项目按照国家有关规定需要履行项目审批手续的，应当先履行审批手续，取得批准。招标人应当有进行招标项目的相应资金或者资金来源已经落实，并应当在招标文件中如实载明。

按照国家有关规定需要履行项目审批、核准手续的依法必须进行招标的项目，其招标范围、招标方式、招标组织形式应当报项目审批、核准部门审批、核准。项目审批、核准部门应当及时将审批、核准确定的招标范围、招标方式、招标组织形式通报有关行政监督部门。

（2）委托招标代理机构。《招标投标法》规定，招标人具有编制招标文件和组织评标能力的，可以自行办理招标事宜。任何单位和个人不得强制其委托招标代理机构办理招标事宜。依法必须进行招标的项目，招标人自行办理招标事宜的，应当向有关行政监督部门备案。

招标代理机构是依法设立、从事招标代理业务并提供相关服务的社会中介组织。《招标投标法》规定，招标人有权自行选择招标代理机构，委托其办理招标事宜。招标代理机构应当具备下列条件：①有从事招标代理业务的营业场所和相应资金；②有能够编制招标文件和组织评标的相应专业力量。

招标代理机构资格等级分为甲级、乙级和暂定级。甲级招标代理机构可以承担各类工程的招标代理业务，乙级招标代理机构只能承担工程总投资 1 亿元人民币以下的工程的招标代理业务，暂定级招标代理机构只能承担工程总投资 6 000 万元人民币以下的工程的招标代理业务。

按照《招标投标法实施条例》的规定，招标代理机构在其资格许可和招标人委托的范围内开展招标代理业务，任何单位和个人不得非法干涉。招标代理机构不得在所代理的招标项目中投标或者代理投标，也不得为所代理的招标项目的投标人提供咨询。

（3）编制招标文件。《招标投标法》规定，招标人应当根据招标项目的特点和需要编制招标文件。招标文件应当包括招标项目的技术要求、对投标人资格审查的标准、投标报价要求和评标标准等所有实质性要求和条件以及拟签订合同的主要条款。招标文件的内容一般包括：①投标人须知；②招标项目的性质、数量、技术规格和标准；③投标价格的要求及其计

算方式；④评标的标准和方法；⑤交货、竣工或提供服务的时间；⑥投标人应当提供的有关资格的资信证明文件；⑦投标保证金的数额或其他形式的担保；⑧投标文件的编制要求，提供投标文件的方式、地点和截止时间；⑨开标、评标、定标的日程安排；⑩主要合同条款。

招标文件不得要求或者标明特定的生产供应者以及含有倾向或者排斥潜在投标人的其他内容。招标人对已发出的招标文件进行必要的澄清或者修改的，应当在招标文件要求提交投标文件截止时间至少 15 日前，以书面形式通知所有招标文件收受人。该澄清或者修改的内容为招标文件的组成部分。

招标人应当确定投标人编制投标文件所需要的合理时间；但是，依法必须进行招标的项目，自招标文件开始发出之日起至投标人提交投标文件截止之日止，最短不得少于 20 日。

《招标投标法实施条例》进一步规定，招标人可以对已发出的招标文件或者资格预审文件进行必要的澄清或者修改。澄清或者修改的内容可能影响资格预审申请文件或者投标文件编制的，招标人应当在提交资格预审申请文件截止时间至少 3 日前，或者投标截止时间至少 15 日前，以书面形式通知所有获取资格预审文件或者招标文件的潜在投标人；不足 3 日或者 15 日的，招标人应当顺延提交资格预审申请文件或者投标文件的截止时间。

潜在投标人或者其他利害关系人对招标文件有异议的，应当在投标截止时间 10 日前提出。招标人应当自收到异议之日起 3 日内做出答复；做出答复前，应当暂停招标投标活动。招标人编制招标文件的内容违反法律、行政法规的强制性规定，违反公开、公平、公正和诚实信用原则，影响潜在投标人投标的，依法必须进行招标的项目的招标人应当在修改招标文件后重新招标。

（4）发布招标公告或投标邀请书。《招标投标法》规定，招标人采用公开招标方式的，应当发布招标公告。招标公告应当载明招标人的名称和地址，招标项目的性质、数量、实施地点和时间以及获取招标文件的办法等事项。

招标人采用邀请招标方式的，应当向 3 个以上具备承担招标项目的能力、资信良好的特定的法人或者其他组织发出投标邀请书。投标邀请书也应当载明招标人的名称和地址，招标项目的性质、数量、实施地点和时间以及获取招标文件的办法等事项。

招标人可以根据招标项目本身的要求，在招标公告或者投标邀请书中，要求潜在投标人提供有关资质证明文件和业绩情况，并对潜在投标人进行资格审查。招标人不得以不合理的条件限制或者排斥潜在投标人，不得对潜在投标人实行歧视待遇。

招标人不得向他人透露已获取招标文件的潜在投标人的名称、数量以及可能影响公平竞争的有关招标投标的其他情况。招标人设有标底的，标底必须保密。招标人根据招标项目的具体情况，可以组织潜在投标人踏勘项目现场。

招标人应当按照资格预审公告、招标公告或者投标邀请书规定的时间、地点发售资格预审文件或者招标文件。资格预审文件或者招标文件的发售期不得少于 5 日。招标人发售资格预审文件、招标文件收取的费用应当限于补偿印刷、邮寄的成本支出，不得以营利为目的。

（5）资格审查。资格审查分为资格预审和资格后审。资格预审是指在投标前对潜在投标人进行的资格审查。资格后审是指在开标后对投标人进行的资格审查。进行资格预审的，一般不再进行资格后审，但招标文件另有规定的除外。

招标人采用资格预审办法对潜在投标人进行资格审查的，应当发布资格预审公告、编制资格预审文件。招标人应当合理确定提交资格预审申请文件的时间。依法必须进行招标的项目提交资格预审申请文件的时间，自资格预审文件停止发售之日起不得少于5日。资格预审结束后，招标人应当及时向资格预审申请人发出资格预审结果通知书。未通过资格预审的申请人不具有投标资格。通过资格预审的申请人少于3人的，应当重新招标。

招标人采用资格后审办法对投标人进行资格审查的，应当在开标后由评标委员会按照招标文件规定的标准和方法对投标人的资格进行审查。

（6）开标。《招标投标法》规定，开标应当在招标文件确定的提交投标文件截止时间的同一时间公开进行；开标地点应当为招标文件中预先确定的地点。

开标由招标人主持，邀请所有投标人参加。开标时，由投标人或者其推选的代表检查投标文件的密封情况，也可以由招标人委托的公证机构检查并公证；经确认无误后，由工作人员当众拆封，宣读投标人名称、投标价格和投标文件的其他主要内容。招标人在招标文件要求提交投标文件的截止时间前收到的所有投标文件，开标时都应当当众予以拆封、宣读。开标过程应当记录，并存档备查。

《招标投标法实施条例》进一步规定，招标人应当按照招标文件规定的时间、地点开标。投标人少于3个的，不得开标；招标人应当重新招标。投标人对开标有异议的，应当在开标现场提出，招标人应当当场做出答复，并制作记录。

（7）评标。评标由招标人依法组建的评标委员会负责。招标人应当采取必要的措施，保证评标在严格保密的情况下进行。任何单位和个人不得非法干预、影响评标的过程和结果。

依法必须进行招标的项目，其评标委员会由招标人的代表和有关技术、经济等方面的专家组成，成员人数为单数5人以上，其中技术、经济等方面的专家不得少于成员总数的2/3。与投标人有利害关系的人不得进入相关项目的评标委员会；已经进入的应当更换。评标委员会成员的名单在中标结果确定前应当保密。

评标委员会可以要求投标人对投标文件中含义不明确的内容做必要的澄清或者说明，但是澄清或者说明不得超出投标文件的范围或者改变投标文件的实质性内容。评标委员会应当按照招标文件确定的评标标准和方法，对投标文件进行评审和比较。评标委员会完成评标后，应当向招标人提出书面评标报告，并推荐合格的中标候选人。评标委员会经评审，认为所有投标都不符合招标文件要求的，可以否决所有投标。依法必须进行招标的项目的所有投标被否决的，招标人应当依法重新招标。

《招标投标法实施条例》进一步规定，评标委员会成员应当依照《招标投标法》和《招标投标法实施条例》的规定，按照招标文件规定的评标标准和方法，客观、公正地对投标文件提出评审意见。招标文件没有规定的评标标准和方法不得作为评标的依据。评标委员会成员不得私下接触投标人，不得收受投标人给予的财物或者其他好处，不得向招标人征询确定中标人的意向，不得接受任何单位或者个人明示或者暗示提出的倾向或者排斥特定投标人的要求，不得有其他不客观、不公正履行职务的行为。

有下列情形之一的，评标委员会应当按废标处理：①投标文件未经投标单位盖章和单位负责人签字；②投标联合体没有提交共同投标协议；③投标人不符合国家或者招标文件规定的资格条件；④同一投标人提交两个以上不同的投标文件或者投标报价，但招标文件要求提交备选投标的除外；⑤投标报价低于成本或者高于招标文件设定的最高投标限价；⑥投标文件没有对招标文件的实质性要求和条件做出响应；⑦投标人有串通投标、弄虚作假、行贿等违法行为。

投标文件中有含义不明确的内容、明显文字或者计算错误，评标委员会认为需要投标人做出必要澄清、说明的，应当书面通知该投标人。投标人的澄清、说明应当采用书面形式，并不得超出投标文件的范围或者改变投标文件的实质性内容。评标委员会不得暗示或者诱导投标人做出澄清、说明，不得接受投标人主动提出的澄清、说明。

评标完成后，评标委员会应当向招标人提交书面评标报告和中标候选人名单。中标候选人不应当超过3个，并应当标明排序。评标报告应当由评标委员会全体成员签字。对评标结果有不同意见的评标委员会成员应当以书面形式说明其不同意见和理由，评标报告应当注明该不同意见。评标委员会成员拒绝在评标报告上签字又不书面说明其不同意见和理由的，视为同意评标结果。

（8）中标。《招标投标法》规定，招标人根据评标委员会提出的书面评标报告和推荐的中标候选人确定中标人。招标人也可以授权评标委员会直接确定中标人。

中标人确定后，招标人应当向中标人发出中标通知书，并同时将中标结果通知所有未中标的投标人。中标通知书对招标人和中标人具有法律效力。中标通知书发出后，招标人改变中标结果或中标人放弃中标项目的，应当依法承担法律责任。

（9）签订合同。招标人和中标人应当自中标通知书发出之日起30日内，按照招标文件和中标人的投标文件订立书面合同。招标人和中标人不得再行订立背离合同实质性内容的其他协议。

《招标投标法实施条例》进一步规定，招标人和中标人应当依照《招标投标法》和《招标投标法实施条例》的规定签订书面合同，合同的标的、价款、质量、履行期限等主要条款应当与招标文件和中标人的投标文件的内容一致。

（10）终止招标。《招标投标法实施条例》规定，招标人终止招标的，应当及时发布公告，或者以书面形式通知被邀请的或者已经获取资格预审文件、招标文件的潜在投标人。已经发售资格预审文件、招标文件或者已经收取投标保证金的，招标人应当及时退还所收取的资格预审文件、招标文件的费用，以及所收取的投标保证金及银行同期存款利息。

2. 禁止肢解发包的规定

肢解发包是指建设单位将本应由一个承包单位整体承建完成的建设工程肢解成若干部分，分别发包给不同承包单位的行为。在实践中，由于一些发包单位肢解发包工程，使施工现场缺乏应有的组织协调，不仅承建单位之间容易出现推诿扯皮与掣肘，还会造成施工现场秩序混乱、责任不清，工期拖延，成本增加，甚至发生严重的建设工程质量和安全问题。肢解发包还往往与发包单位有关人员徇私舞弊、收受贿赂、索拿回扣等违法行为有关。

为此，《招标投标法》规定，招标项目需要划分标段、确定工期的，招标人应当合理划分标段、确定工期，并在招标文件中载明。《建筑法》还规定，提倡对建筑工程实行总承包，禁止将建筑工程肢解发包。建筑工程的发包单位可以将建筑工程的勘察、设计、施工、设备采购一并发包给一个工程总承包单位，也可以将建筑工程的勘察、设计、施工、设备采购的一项或者多项发包给一个工程总承包单位，但是，不得将应当由一个承包单位完成的建筑工程肢解成若干部分发包给几个承包单位。

《建设工程质量管理条例》进一步规定，建设单位不得将建设工程肢解发包。建设单位将建设工程肢解发包的，责令改正，处工程合同价款0.5%以上1%以下的罚款；对全部或者部分使用国有资金的项目，可以暂停项目执行或者暂停资金拨付。

3. 禁止限制、排斥投标人的规定

《招标投标法》规定，依法必须进行招标的项目，其招标投标活动不受地区或者部门的限制。任何单位和个人不得违法限制或者排斥本地区、本系统以外的法人或者其他组织参加投标，不得以任何方式非法干涉招标投标活动。

《招标投标法实施条例》进一步规定，招标人不得以不合理的条件限制、排斥潜在投标人或者投标人。招标人有下列行为之一的，属于以不合理条件限制、排斥潜在投标人或者投标人：①就同一招标项目向潜在投标人或者投标人提供有差别的项目信息；②设定的资格、技术、商务条件与招标项目的具体特点和实际需要不相适应或者与合同履行无关；③依法必须进行招标的项目以特定行政区域或者特定行业的业绩、奖项作为加分条件或者中标条件；④对潜在投标人或者投标人采取不同的资格审查或者评标标准；⑤限定或者指定特定的专利、商标、品牌、原产地或者供应商；⑥依法必须进行招标的项目非法限定潜在投标人或者投标人的所有制形式或者组织形式；⑦以其他不合理条件限制、排斥潜在投标人或者投标人。

招标人不得组织单个或者部分潜在投标人踏勘项目现场。

3.1.3 投标人、投标文件与投标保证金

1. 投标人

《招标投标法》规定，投标人是响应招标、参加投标竞争的法人或者其他组织，不包括自然人。投标人应当具备承担招标项目的能力；国家有关规定对投标人资格条件或者招标文件对投标人资格条件有规定的，投标人应当具备规定的资格条件。

与招标人存在利害关系可能影响招标公正性的法人、其他组织或者个人，不得参加投标。单位负责人为同一人或者存在控股、管理关系的不同单位，不得参加同一标段投标或者未划分标段的同一招标项目投标。违反以上规定的，相关投标均无效。

投标人发生合并、分立、破产等重大变化的，应当及时书面告知招标人。投标人不再具备资格预审文件、招标文件规定的资格条件或者其投标影响招标公正性的，其投标无效。

联合体投标是一种特殊的投标人组织形式，一般适用于大型的或结构复杂的建设项目。《招标投标法》规定，两个以上法人或者其他组织可以组成一个联合体，以一个投标人的身份共同投标。联合体各方均应当具备承担招标项目的相应能力；国家有关规定或者招标文件对投标人资格条件有规定的，联合体各方均应当具备规定的相应资格条件。由同一专业的单位组成的联合体，按照资质等级较低的单位确定资质等级。

联合体各方应当签订共同投标协议，明确约定各方拟承担的工作和责任，并将共同投标协议连同投标文件一并提交招标人。联合体中标的，联合体各方应当共同与招标人签订合同，就中标项目向招标人承担连带责任。

招标人应当在资格预审公告、招标公告或者投标邀请书中载明是否接受联合体投标。招

标人接受联合体投标并进行资格预审的，联合体应当在提交资格预审申请文件前组成。资格预审后联合体增减、更换成员的，其投标无效。联合体各方在同一招标项目中以自己名义单独投标或者参加其他联合体投标的，相关投标均无效。

2. 投标文件

（1）投标文件的内容要求。投标人应当按照招标文件的要求编制投标文件。投标文件应当对招标文件提出的实质性要求和条件做出响应。

投标文件应包括下列内容：①投标函及投标函附录；②法定代表人身份证明或附有法定代表人身份证明的授权委托书；③联合体协议书；④投标保证金；⑤已标价工程量清单；⑥施工组织设计；⑦项目管理机构；⑧拟分包项目情况表；⑨资格审查资料；⑩投标人须知前附表规定的其他材料。但是，投标人须知前附表规定不接受联合体投标的，或投标人没有组成联合体的，投标文件不包括联合体协议书。

（2）投标文件的修改与撤回。《招标投标法》规定，投标人在招标文件要求提交投标文件的截止时间前，可以补充、修改或者撤回已提交的投标文件，并书面通知招标人。补充、修改的内容为投标文件的组成部分。

《招标投标法实施条例》进一步规定，投标人撤回已提交的投标文件，应当在投标截止时间前书面通知招标人。

（3）投标文件的送达与签收。投标人应当在招标文件要求提交投标文件的截止时间前，将投标文件送达投标地点。招标人收到投标文件后，应当签收保存，不得开启。投标人少于3个的，招标人应当依法重新招标。在招标文件要求提交投标文件的截止时间后送达的投标文件，招标人应当拒收。

《招标投标法实施条例》进一步规定，未通过资格预审的申请人提交的投标文件，以及逾期送达或者不按照招标文件要求密封的投标文件，招标人应当拒收。招标人应当如实记载投标文件的送达时间和密封情况，并存档备查。

3. 投标保证金

投标保证金是指投标人按照招标文件的要求向招标人出具的，以一定金额表示的投标责任担保。其实质是为了避免因投标人在投标有效期内随意撤回、撤销投标或中标后不能提交履约保证金和签署合同等行为而给招标人造成损失。

《招标投标法实施条例》规定，招标人在招标文件中要求投标人提交投标保证金的，投标保证金不得超过招标项目估算价的2%；投标保证金有效期应当与投标有效期一致；依法必须进行招标的项目的境内投标单位，以现金或者支票形式提交的投标保证金应当从其基本账户转出；招标人不得挪用投标保证金。（《招标投标法实施条例》规定：2%、两期限一致；《建设工程招标投标管理办法》规定：2%、80万元，前期超后期30天。）

招标人终止招标，已经收取投标保证金的，招标人应当及时退还所收取的投标保证金及银行同期存款利息。投标人撤回已提交的投标文件，招标人已收取投标保证金的，应当自收到投标人书面撤回通知之日起5日内退还。投标截止后投标人撤销投标文件的，招标人可以不退还投标保证金。

招标人最迟应当在书面合同签订后5日内向中标人和未中标的投标人退还投标保证金及银行同期存款利息。

3.1.4 禁止串通投标和其他不正当竞争行为的规定

在建设工程招标投标活动中，投标人的不正当竞争行为主要包括投标人相互串通投标、招标人与投标人串通投标、投标人以行贿手段谋取中标、投标人以低于成本的报价竞标、投标人以他人名义投标或者以其他方式弄虚作假骗取中标。

1. 投标人相互串通投标

有下列情形之一的，属于投标人相互串通投标：①投标人之间协商投标报价等投标文件的实质性内容；②投标人之间约定中标人；③投标人之间约定部分投标人放弃投标或者中标；④属于同一集团、协会、商会等组织成员的投标人按照该组织要求协同投标；⑤投标人之间为谋取中标或者排斥特定投标人而采取的其他联合行动。

有下列情形之一的，视为投标人相互串通投标：①不同投标人的投标文件由同一单位或者个人编制；②不同投标人委托同一单位或者个人办理投标事宜；③不同投标人的投标文件载明的项目管理成员为同一人；④不同投标人的投标文件异常一致或者投标报价呈规律性差异；⑤不同投标人的投标文件相互混装；⑥不同投标人的投标保证金从同一单位或者个人的账户转出。

2. 招标人与投标人串通投标

《招标投标法》规定，招标人不得与投标人串通投标，损害国家利益、社会公共利益或者他人的合法权益。

有下列情形之一的，属于招标人与投标人串通投标：①招标人在开标前开启投标文件并将有关信息泄露给其他投标人；②招标人直接或者间接向投标人泄露标底、评标委员会成员等信息；③招标人明示或者暗示投标人压低或者抬高投标报价；④招标人授意投标人撤换、修改投标文件；⑤招标人明示或者暗示投标人为特定投标人中标提供方便；⑥招标人与投标人为谋求特定投标人中标而采取的其他串通行为。

3. 投标人以行贿手段谋取中标

禁止投标人以向招标人或者评标委员会成员行贿的手段谋取中标。

投标人以行贿手段谋取中标是一种严重的违法行为，其法律后果是中标无效，有关责任人和单位要承担相应的行政责任或刑事责任，给他人造成损失的还应承担民事赔偿责任。

4. 投标人以低于成本的报价竞标

低于成本的报价竞标不仅属于不正当竞争行为，还易导致中标后的偷工减料，影响建设工程质量。《建筑工程施工发包与承包计价管理办法》中规定，投标报价低于工程成本或者高于最高投标限价总价的，评标委员会应当否决投标人的投标。

5. 投标人以他人名义投标或以其他方式弄虚作假骗取中标

《反不正当竞争法》规定，经营者不得采用下列不正当手段从事市场交易，损害竞争对手：①假冒他人的注册商标；②擅自使用知名商品特有的名称、包装、装潢，或者使用与知名商品近似的名称、包装、装潢，造成和他人的知名商品相混淆，使购买者误认为是该知名商品；③擅自使用他人的企业名称或者姓名，引人误认为是他人的商品；④在商品上伪造或者冒用认证标志、名优标志等质量标志，伪造产地，对商品质量作引人误解的虚假表示。

《招标投标法》规定，投标人“不得以他人名义投标或者以其他方式弄虚作假，骗取中标”。《招标投标法实施条例》进一步规定，使用通过受让或者租借等方式获取的资格、资质证书投标的，属于《招标投标法》规定的以他人名义投标。投标人有下列情形之一的，属于弄虚作假的行为：①使用伪造、变造的许可证件；②提供虚假的财务状况或者业绩；③提供虚假的项目负责人或者主要技术人员简历、劳动关系证明；④提供虚假的信用状况；⑤其他弄虚作假的行为。

3.2 建设工程发包与承包

3.2.1 建设工程发包的基本规定

《建筑法》规定，建筑工程实行招标发包的，发包单位应当将建筑工程发包给依法中标的承包单位。建筑工程实行直接发包的，发包单位应当将建筑工程发包给具有相应资质条件的承包单位。

按照合同约定，建筑材料、建筑构配件和设备由工程承包单位采购的，发包单位不得指定承包单位购入用于工程的建筑材料、建筑构配件和设备或者指定生产厂、供应商。

存在下列情形之一的，属于违法发包：①建设单位将工程发包给个人的；②建设单位将工程发包给不具有相应资质或安全生产许可的施工单位的；③未履行法定发包程序，包括应当依法进行招标未招标，应当申请直接发包未申请或申请未核准的；④建设单位设置不合理的招投标条件，限制、排斥潜在投标人或者投标人的；⑤建设单位将一个单位工程的施工分解成若干部分发包给不同的施工总承包或专业承包单位的；⑥建设单位将施工合同范围内的单位工程或分部分项工程又另行发包的；⑦建设单位违反施工合同约定，通过各种形式要求承包单位选择其指定分包单位的；⑧法律法规规定的其他违法发包行为。

3.2.2 建设工程承包的基本规定

《建筑法》规定，承包建筑工程的单位应当持有依法取得的资质证书，并在其资质等级许可的业务范围内承揽工程。禁止建筑施工企业超越本企业资质等级许可的业务范围或者以任何形式用其他建筑施工企业的名义承揽工程。禁止建筑施工企业以任何形式允许其他单位或者个人使用本企业的资质证书、营业执照，以本企业的名义承揽工程。

建设工程承包制度包括总承包、共同承包、分包等制度。

1. 建设工程总承包的规定

总承包通常分为工程总承包和施工总承包两大类。

《建筑法》规定，建筑工程的发包单位可以将建筑工程的勘察、设计、施工、设备采购一并发包给一个工程总承包单位，也可以将建筑工程勘察、设计、施工、设备采购的一项或者多项发包给一个工程总承包单位。

工程总承包是指从事工程总承包的企业受建设单位的委托，按照工程总承包合同的约定，对工程项目的勘察、设计、采购、施工、试运行（竣工验收）等实行全过程或若干阶段的承包。施工总承包是指发包人将全部施工任务发包给具有施工总承包资质的建筑业企业，由施工总承包企业按照合同的约定向建设单位负责，承包完成施工任务。

（1）工程总承包的方式。工程总承包是国际通行的工程建设项目组织实施方式，有利于发挥具有较强技术力量和组织管理能力的大承包商的专业优势，综合协调工程建设中的各种关系，强化统一指挥和组织管理，保证工程质量和进度，提高投资效益。

按照建设部发布的《关于培育发展工程总承包和工程项目管理企业的指导意见》，工程总承包主要有下列方式：

①设计采购施工（EPC）/交钥匙总承包。设计采购施工总承包是指工程总承包企业按照合同约定，承担工程项目的设计、采购、施工、试运行服务等工作，并对承包工程的质量、安全、工期、造价全面负责。交钥匙总承包是设计采购施工总承包业务和责任的延伸，最终是向建设单位提交一个满足使用功能、具备使用条件的工程项目。

②设计—施工总承包（D—B）。设计—施工总承包是指工程总承包企业按照合同约定，承担工程项目的设计和施工工作，并对承包工程的设计和施工的质量、安全、工期、造价负责。

③设计—采购总承包（E—P）。设计—采购总承包是指工程总承包企业按照合同约定，承担工程项目的设计和采购工作，并对工程项目的设计和采购的质量、进度等负责。

④采购—施工总承包（P—C）。采购—施工总承包是指工程总承包企业按照合同约定，承担工程项目的采购和施工工作，并对承包工程的采购和施工的质量、安全、工期、造价负责。

（2）总承包企业的资质管理。我国对工程总承包不设立专门的资质。凡具有工程勘察、设计或施工总承包资质的企业，均可依法从事资质许可范围内相应等级的建设工程总承包业务。但是，承接施工总承包业务的，必须是取得施工总承包资质的企业。

（3）工程总承包单位与工程项目管理。工程项目管理是指从事工程项目管理的企业受建设单位委托，按照合同约定，代表建设单位对工程项目的组织实施进行全过程或若干阶段的管理和服务。工程项目管理企业不直接从事该工程项目的勘察、设计、施工等，也不与该工程项目的总承包企业或勘察、设计、供货、施工等企业签订合同，但可以按合同约定，协助业主与工程项目的总承包企业或勘察、设计、供货、施工等企业签订合同，并受业主委托监督合同的履行。

（4）总承包单位的责任。《建筑法》规定，建筑工程总承包单位按照总承包合同的约定对建设单位负责；分包单位按照分包合同的约定对总承包单位负责。总承包单位和分包单位就分包工程对建设单位承担连带责任。

《建设工程质量管理条例》进一步规定，建设工程实行总承包的，总承包单位应当对全部建设工程质量负责；建设工程勘察、设计、施工、设备采购的一项或者多项实行总承包的，总承包单位应当对其承包的建设工程或者采购的设备的质量负责。总承包单位依法将建设工程分包给其他单位的，分包单位应当按照分包合同的约定对其分包工程的质量向总承包单位负责，总承包单位与分包单位对分包工程的质量承担连带责任。

据此，无论是工程总承包还是施工总承包，由于承包合同的签约主体都是建设单位和总承包单位，总承包单位均应按照承包合同约定的权利义务向建设单位负责。如果分包工程发生问题，总承包单位不得以分包工程已分包他人为由推卸自己的总承包责任，而应与分包单位就分包工程承担连带责任。

连带责任是我国民事立法中的一项重要民事责任制度。《民法通则》第 87 条规定：“负有连带义务的每个债务人，都负有清偿全部债务的义务，履行了义务的人，有权要求其他负有连带义务的人偿付他应当承担的份额。”总承包单位与分包单位对分包工程承担连带责任，就是当分包工程发生了质量责任或者违约责任时，建设单位可以向总承包单位请求赔偿，也可以向分包单位请求赔偿，总承包单位或分包单位在进行赔偿后，方有权依据分包合同对于不属于自己责任的赔偿向另一方进行追偿。连带责任也不仅限于连带赔偿责任，还有其他履行工程义务的连带责任。因此，总承包单位除了应加强自行完成工程部分的管理外，还有责任强化对分包单位分包工程的监管。

2. 建设工程共同承包的规定

共同承包是指由两个以上具备承包资格的单位共同组成非法人的联合体，以共同的名义对工程进行承包的行为。这是在国际工程发承包活动中较为通行的一种做法，可有效地规避工程承包风险。采用这种方式进行承包有以下优越性：①利用各自优势进行联合投标可以减弱互相间的竞争，增加中标的机会；②减少承包风险，争取更大的利润；③有助于企业之间相互学习先进技术与管理经验，促进企业发展。

（1）共同承包的适用范围。《建筑法》规定，大型建筑工程或者结构复杂的建筑工程，可以由两个以上的承包单位联合共同承包。

大型的建筑工程或结构复杂的建筑工程，一般是指投资额大、技术要求复杂和建设周期长的工程，潜在风险较大，如果采取联合共同承包的方式，有利于更好地发挥各承包单位在资金、技术、管理等方面的优势，增强抗风险能力，保证工程质量和工期，提高投资效益。至于中小型或结构不复杂的工程，则无须采用共同承包方式，完全可由一家承包单位独立完成。

（2）共同承包的资质要求。《建筑法》规定，两个以上不同资质等级的单位实行联合共同承包的，应当按照资质等级低的单位的业务许可范围承揽工程。这主要是为了防止以联合共同承包为名而进行“资质挂靠”的不规范行为。

（3）共同承包的责任。《招标投标法》规定，联合体中标的，联合体各方应当共同与招标人签订合同，就中标项目向招标人承担连带责任。《建筑法》也规定，共同承包的各方对承包合同的履行承担连带责任。

共同承包各方应签订联合承包协议，明确约定各方的权利、义务以及相互合作、违约责任承担等条款。各承包方就承包合同的履行对建设单位承担连带责任。如果出现赔偿责任，建设单位有权向共同承包的任何一方请求赔偿，而被请求方不得拒绝，被请求方在支付赔偿后有权依据联合承包协议及有关各方过错大小，对超过自己应赔偿的那部分份额向其他方进行追偿。

3. 建设工程分包的规定

建设工程施工分包可分为专业工程分包与劳务作业分包。

专业工程分包是指施工总承包企业将其所承包工程中的专业工程发包给具有相应资质的

其他建筑业企业完成的活动。

劳务作业分包是指施工总承包企业或者专业承包企业将其承包工程中的劳务作业发包给劳务分包企业完成的活动。

（1）分包工程的范围。《建筑法》规定，建筑工程总承包单位可以将承包工程中的部分工程发包给具有相应资质条件的分包单位。禁止承包单位将其承包的全部建筑工程转包给他人，禁止承包单位将其承包的全部建筑工程肢解以后以分包的名义分别转包给他人。施工总承包的建筑工程主体结构的施工必须由总承包单位自行完成。

总承包单位承包工程后可以全部自行完成，也可以将其中的部分工程分包给其他承包单位完成，但依法只能分包部分工程，并且是非主体、非关键性工作；如果是施工总承包，其主体结构的施工则须由总承包单位自行完成。这主要是防止以分包为名而发生转包行为。

（2）分包单位的条件与认可。《建筑法》规定，建筑工程总承包单位可以将承包工程中的部分工程发包给具有相应资质条件的分包单位；但是，除总承包合同中约定的分包外，必须经建设单位认可。禁止总承包单位将工程分包给不具备相应资质条件的单位。《招标投标法》也规定，接受分包的人应当具备相应的资质条件。

承包工程的单位须持有依法取得的资质证书，并在资质等级许可的业务范围内承揽工程。这一规定同样适用于工程分包单位。不具备资质条件的单位不允许承包建设工程，也不得承接分包工程。严禁个人承揽分包工程业务。

总承包单位如果要将所承包的工程再分包给他人，应当依法告知建设单位并取得认可。这种认可应当依法通过两种方式：①在总承包合同中规定分包的内容；②在总承包合同中没有规定分包内容的，应当事先征得建设单位的同意。分包工程须经建设单位认可，并不等于建设单位可以直接指定分包人，对于建设单位推荐的分包单位，总承包单位有权做出拒绝或者采用的选择。

（3）分包单位不得再分包。《建筑法》规定，禁止分包单位将其承包的工程再分包，这是为了防止层层分包、“层层剥皮”，难以保障工程质量安全和工期等。为此，《房屋建筑和市政基础设施工程施工分包管理办法》中规定，除专业承包企业可以将其承包工程中的劳务作业发包给劳务分包企业外，专业分包工程承包人和劳务作业承包人都必须自行完成所承包的任务。

（4）转包和违法分包的界定。按照我国法律的规定，转包是必须禁止的，而依法实施的工程分包则是允许的。因此，违法分包同样是在法律的禁止之列。

《建设工程质量管理条例》规定，违法分包，是指下列行为：①总承包单位将建设工程分包给不具备相应资质条件的单位的；②建设工程总承包合同中没有约定，又未经建设单位认可，承包单位将其承包的部分建设工程交由其他单位完成的；③施工总承包单位将建设工程主体结构的施工分包给其他单位的；④分包单位将其承包的建设工程再分包的。

转包是指承包单位承包建设工程后，不履行合同约定的责任和义务，将其承包的全部建设工程转给他人或者将其承包的全部建设工程肢解以后以分包的名义分别转给其他单位承包的行为。

（5）分包单位的责任。《建筑法》规定，建筑工程总承包单位按照总承包合同的约定对建设单位负责；分包单位按照分包合同的约定对总承包单位负责。总承包单位和分包单位就分包工程对建设单位承担连带责任。《招标投标法》也规定，中标人应当就分包项目向招标人负责，接受分包的人就分包项目承担连带责任。

我国对工程总分包、联合承包的连带责任均是由法律做出的规定，属法定连带责任。连带责任通常可分为约定连带责任和法定连带责任。约定连带责任是依照当事人之间事先的相互约定而产生的连带责任；法定连带责任则是根据法律规定而产生的连带责任。

3.2.3　违法行为应承担的法律责任

建设工程承包活动中违法行为应承担的主要法律责任如下：

1. 发包单位违法行为应承担的法律责任

《建筑法》规定，发包单位将工程发包给不具有相应资质条件的承包单位的，或者违反《建筑法》规定将建筑工程肢解发包的，责令改正，处以罚款。

《建设工程质量管理条例》规定，建设单位将建设工程发包给不具有相应资质等级的勘察、设计、施工单位或者委托给不具有相应资质等级的工程监理单位的，责令改正，处 50 万元以上 100 万元以下的罚款。建设单位将建设工程肢解发包的，责令改正，处工程合同价款 0.5% 以上 1% 以下的罚款；对全部或者部分使用国有资金的项目，可以暂停项目执行或者暂停资金拨付。

2. 承包单位违法行为应承担的法律责任

《建筑法》规定，超越本单位资质等级承揽工程的，责令停止违法行为，处以罚款，可以责令停业整顿，降低资质等级；情节严重的，吊销资质证书；有违法所得的，予以没收。未取得资质证书承揽工程的，予以取缔，并处罚款；有违法所得的，予以没收。

建筑施工企业转让、出借资质证书或者以其他方式允许他人以本企业的名义承揽工程的，责令改正，没收违法所得，并处罚款，可以责令停业整顿，降低资质等级；情节严重的，吊销资质证书。对因该项承揽工程不符合规定的质量标准造成的损失，建筑施工企业与使用本企业名义的单位或者个人承担连带赔偿责任。

承包单位将承包的工程转包的，或者违反本法规定进行分包的，责令改正，没收违法所得，并处罚款，可以责令停业整顿，降低资质等级；情节严重的，吊销资质证书。承包单位有以上规定的违法行为的，对因转包工程或者违法分包的工程不符合规定的质量标准造成的损失，与接受转包或者分包的单位承担连带赔偿责任。

《建设工程质量管理条例》规定，勘察、设计、施工、工程监理单位超越本单位资质等级承揽工程的，责令停止违法行为，对勘察、设计单位或者工程监理单位处合同约定的勘察费、设计费或者监理酬金 1 倍以上 2 倍以下的罚款；对施工单位处工程合同价款 2% 以上 4% 以下的罚款，可以责令停业整顿，降低资质等级；情节严重的，吊销资质证书；有违法所得的，予以没收。未取得资质证书承揽工程的，予以取缔，依照以上规定处以罚款；有违法所得的，予以没收。

勘察、设计、施工、工程监理单位允许其他单位或者个人以本单位名义承揽工程的，责令改正，没收违法所得，对勘察、设计单位和工程监理单位处合同约定的勘察费、设计费和监理酬金 1 倍以上 2 倍以下的罚款；对施工单位处工程合同价款 2% 以上 4% 以下的罚款；可以责令停业整顿，降低资质等级；情节严重的，吊销资质证书。

承包单位将承包的工程转包或者违法分包的，责令改正，没收违法所得，对勘察、设计单位处合同约定的勘察费、设计费25%以上50%以下的罚款；对施工单位处工程合同价款0.5%以上1%以下的罚款；可以责令停业整顿，降低资质等级；情节严重的，吊销资质证书。

3. 其他违法行为应承担的法律责任

《建筑法》规定，在工程发包与承包中索贿、受贿、行贿，构成犯罪的，依法追究刑事责任；不构成犯罪的，分别处以罚款，没收贿赂的财物，对直接负责的主管人员和其他直接责任人员给予处分。对在工程承包中行贿的承包单位，除依照以上规定处罚外，可以责令停业整顿，降低资质等级或者吊销资质证书。

本章练习题

一、单项选择题

1. 下列工程项目中，除(　　)以外都属于依法必须招标的项目。
   A. 成片开发的商品住房建设项目
   B. 民间投资建设的非公用事业、非基础设施项目
   C. 利用国际援助建设的生态环保项目
   D. 全部使用国有企业自有资金建设的工业厂房
2. 应当公开招标的建设工程项目出现下列情形时，经批准可以进行邀请招标的是(　　)。
   A. 项目技术比较复杂　　B. 拟进行公开招标的费用比较多
   C. 项目被确定为地方政府的重点项目　D. 因特殊要求只有少数几家投标人可供选择的
3. 依法必须招标的项目，自招标文件开始发出之日起至投标人提交投标文件截止之日止，最短不得少于(　　)日。
   A. 5　　B. 10　　C. 15　　D. 20
4. 甲、乙两个施工单位组成联合体投标某图书馆工程，甲为施工总承包一级资质，乙为施工总承包二级资质，下列说法错误的是(　　)。
   A. 该施工联合体应该按施工总承包二级资质等级确定
   B. 如果该工程联合体中标，甲、乙应就各自承担的工程与建设单位签订合同
   C. 如果该工程联合体中标，甲、乙应就中标项目向建设单位承担连带责任
   D. 以联合体牵头人名义提议的投标保证金，对其各方成员具有约束力
5. 某工程招标项目估算价为5 000万元，按照《招标投标实施条例》规定，其投标保证金不得超过(　　)万元。
   A. 20　　B. 50　　C. 80　　D. 100
6. 某住宅项目进行公开招标，投标人在提交投标文件截止时间后，招标人发现投标人少于3人，此时(　　)。
   A. 应正常开标　B. 依法重新招标　C. 可进行议标　D. 可改为邀请招标
7. 根据《招标投标法》有关规定，评标委员会中技术、经济方面的专家不得少于成员总数的(　　)。
   A. 1/2　　B. 2/3　　C. 1/3　　D. 1/4

8. 下列选项中除(　　)以外都属于投标人的不正当竞争行为。

A. 相互串通投标　　B. 以行贿手段谋取中标

C. 谋求低价中标　　D. 以他人名义投标

9. 我国对工程总承包不设立专门的资质，但承接施工总承包业务的企业，必须取得(　　)总承包资质。

A. 勘察　　B. 设计　　C. 施工　　D. 项目管理

10.《建筑法》及相关法规规定，禁止分包单位将其承包的工程再分包，但以下分包中，(　　)例外。

A. 专业分包单位将其承包工程中的非关键工作分包给了同等资质的单位

B. 为了赶工期，劳务分包企业将其承包的部分施工作业分包给了同类企业

C. 专业分包单位将其承包工程中的劳务作业分包给了劳务分包企业

D. 分包工程的发包人将所承包的工程肢解后全部发包给他人

二、简答题

1. 按照《招标投标法》及相关法律的规定，工程项目中的哪些施工任务可以进行合法分包?
2. 工程项目招标人的哪些行为属于以不合理的条件限制、排斥潜在投标人或投标人?
3. 按《招标投标法》规定，联合体投标的特点有哪些?

第4章

建设工程合同及其相关法规制度

★学习目标

1. 了解建设工程施工合同的法定形式和内容；
2. 掌握建设工程工期和工程价款支付的规定；
3. 掌握无效建设工程合同和效力待定建设工程合同的规定；
4. 熟悉合同的履行、变更、转让、解除和终止的相关规定；
5. 掌握违约责任及违约责任的免除；
6. 掌握劳动合同订立的规定；
7. 熟悉劳动合同的履行、变更、解除和终止的相关规定；
8. 熟悉劳动保护的规定；
9. 熟悉劳动争议的解决方法和途径。

★案例导入

某房地产公司与某建筑公司签订了《建筑工程施工合同》，对工程内容、工程价款、支付时间、工程质量、工期、违约责任等做了具体约定。在合同履行期间，发生了如下事件：

事件1：在商谈施工合同时，该建筑公司为了获得签约，答应了垫资的要求，但对垫资作何处理没有做出特别约定。当工程完工后，该建筑公司要求房地产公司除支付工程款外，还应将先前的工程垫资款按照借款处理，并支付相应利息。

事件2：工程开工前，房地产公司没有按时交付图纸，致使工期拖延。

事件3：竣工验收时，房地产公司对部分工程质量提出了异议。经双方协商无果，房地产公司向法院提起了诉讼，要求该建筑公司因工期延误和部分工程质量问题承担违约责任。

事件4：建筑公司对工程质量问题进行了补修，使其达到了质量标准，并验收合格。房地产公司还欠建筑公司工程款500万元。建筑公司多次催要，但房地产公司以还欠另一公司的债务为由，拒绝支付其尚欠的工程价款。

问题：

1. 该建筑公司要求房地产公司将工程垫资按借款处理并支付相应的利息是否可以得到法律的支持?

2. 建筑公司应当承担哪些法律责任?

3. 对工期的延误，建筑公司是否应当承担违约责任?

4. 房地产公司不向建筑公司支付工程价款的理由是否成立?

案例解析：

1.《最高人民法院关于审理建设工程施工合同纠纷案件适用法律问题的解释》第 6 条规定：“当事人对垫资和垫资利息有约定，承包人请求按照约定返还垫资及其利息的，应予支持，但是约定的利息计算标准高于中国人民银行发布的同期同类贷款利率的部分除外。当事人对垫资没有约定的，按照工程欠款处理。当事人对垫资利息没有约定，承包人请求支付利息的，不予支持。”依据上述规定，该建筑公司要求房地产公司支付工程垫资款的要求可以得到法律支持，但其按照借款并支付利息的要求不符合司法解释的规定，不能得到法律的支持。

2. 依据《合同法》的相关规定和合同中约定的质量标准，该建筑公司应当承担部分工程质量问题的违约责任。

3. 对于工期的延误，该建筑公司不应当承担违约责任。因为在开工前，是房地产公司没有按时交付施工图，导致了工期延误，建筑公司不应当为此而承担违约责任。

4. 房地产公司不向建筑公司支付工程价款的理由不能成立。《合同法》第 286 条规定：“发包人未按照约定支付价款的，承包人可以催告发包人在合理期限内支付价款。发包人逾期不支付的，除按照建设工程的性质不宜折价、拍卖的以外，承包人可以与发包人协议将该工程折价，也可以申请人民法院将该工程依法拍卖。建设工程的价款就该工程折价或者拍卖的价款优先受偿。”《最高人民法院关于建设工程价款优先受偿权问题的批复》第 1 条规定：“人民法院在审理房地产纠纷案件和办理执行案件中，应当依照《合同法》第 286 条的规定，认定建筑工程的承包人的优先受偿权优于抵押权和其他债权。”依据上述规定，房地产公司以欠另一公司债务而不向建筑公司支付工程价款的理由不能成立。

4.1　建设工程合同制度

合同是平等主体的自然人、法人及其他组织之间设立、变更、终止民事权利义务的表示一致的协议，是反映交易的法律形式。

建设工程合同是建设工程法律关系中的当事人为了实现完成建设工程的经济目的，明确相互权利义务关系而达成的协议。在传统民法上，建设工程合同属于承揽合同的一种，是承包人进行工程建设，发包人支付价款的合同，一般分为工程勘察合同、设计合同、施工合同。

由于建设工程合同是合同的一种，因此它的签订、履行、变更和消灭，除了受到《建筑法》的约束外，也受到《合同法》的约束。

4.1.1 合同的基本特征、建设工程合同的特征及合同订立原则

1. 合同的基本特征

（1）合同的主体可以是自然人、法人或其他组织。

（2）合同主体订立合同的目的在于通过双方享受权利、履行义务来实现各自的经济目的。

（3）合同的内容是有关设立、变更和终止民事权利义务关系的约定，是合同主体协商一致的结果，是通过合同条款来体现、明确双方的权利和义务。

（4）法律对依法成立的合同有约束力。

2. 建设工程合同的特征

与其他合同相比，建设工程合同具有如下特征：

（1）合同客体的特殊性。建设工程合同的客体是完成建设工程项目的工作或者任务，而建筑活动产出的建筑产品除了与其他产品一样具有性能、寿命、可靠性、安全性、经济性5项质量特征外，还具有与一般产品不同的特征，如建筑产品形成之后，是一个与土地相衔接的不可分割的整体，不能异地交换，每件产品都具有不同的使用价值，与周围环境相协调，同时又影响着周围的景观，这些都使建设工程合同具有与普通合同不同的法律特征。

（2）合同主体的特殊性。工程建设技术含量较高，社会影响很大，所以法律对建设工程合同主体的资格有严格的限制，只有经国家主管部门审查，具有相应资质等级，并登记注册，持有营业执照的单位，才具有签约承包的能力，任何不具有签约资格的个人和其他单位不得承包建设工程。

（3）合同形式的特殊性。工程建设周期长，专业技术性强，涉及因素多，当事人之间的权利义务关系非常复杂，仅有口头约定不足以固定当事人之间的权利义务关系，所以我国法律明文规定建设工程合同必须采用书面的形式。

（4）合同监督管理的特殊性。由于建设工程合同本身具有的特殊性，国家对建设工程合同的监督管理也十分严格。例如，工程承发包双方的资质要接受有关部门的审查；部分建设工程合同签订后，还须经有关建设行政主管部门审查批准后才能生效等。

3. 合同订立原则

（1）合同当事人法律地位平等原则。

（2）当事人自愿订立合同原则。

（3）公平原则。

（4）诚实信用原则。

（5）遵守法律、尊重社会道德、不损害他人及社会公共利益原则。

4.1.2 合同的基本分类

1. 以工作性质为标准分类

（1）建设工程勘察、设计合同。勘察合同是指发包人与勘察人就完成建设工程地理、

地质状况的调查研究工作而达成的协议，勘察合同就是反映并调整发包人与受托地质工程单位之间关系的依据。设计合同实际上包括两个合同：初级设计合同和施工设计合同。初级设计合同是为项目立项进行初步的勘察、设计，为主管部门进行项目决策而订立的合同；施工设计合同是指在项目决策确立之后，为进行具体的施工而订立的合同。

（2）建设工程施工合同。建设工程施工合同即筹建单位与施工单位就完成项目建设的建筑、安装而达成的合同。施工单位依照合同的规定完成建设安装工作，筹建单位接受建筑物及其安装的设施并支付报酬。建设工程施工合同都是在平等自愿的基础上由双方当事人协商签订的，合同成立一般不需要批准。

2. 以合同主体为标准分类

（1）国内工程合同。国内工程合同是指合同双方都属于同一国的建设工程合同。

（2）国际工程合同。国际工程合同是指一国的建筑工程发包人与他国的建筑工程承包人之间，为承包建筑工程项目，就双方权利义务达成一致的协议。国际工程承包合同的主体一方或双方是外国人，其标的是特定的工程项目，如道路建设、油田和矿井的开发、水利设施建设等。合同内容是双方当事人依据有关国家的法律和国际惯例并依据特定的为世界各国所承认的国际工程招标投标程序，确立的为完成本项特定工程的双方当事人之间的权利义务。这一合同又可分为工程咨询合同、建设施工合同、工程服务合同以及提供设备和安装合同。

4.1.3　合同的订立与成立

1. 合同订立

合同订立是指讨价还价的整个动态过程和静态协议。

当事人订立合同，应当具有相应的民事权利能力和民事行为能力，当事人依法可以委托代理人订立合同。当事人订立合同，有书面形式、口头形式和其他形式。法律、行政法规规定采用书面形式的，应当采用书面形式；当事人约定采用书面形式的，应当采用书面形式。

2. 合同成立

合同成立是指订约当事人就合同主要条款达成合意。合同成立须具备以下条件：

（1）存在双方以上的订约当事人。

（2）订约当事人对合同主要条款达成一致意见。

合同的成立一般要经过要约和承诺两个阶段。《合同法》规定，当事人订立合同，采取要约、承诺方式。

（1）要约。《合同法》规定，要约是希望和他人订立合同的意思表示，该意思表示应当符合下列规定：

①内容具体确定。

②表明经受要约人承诺，要约人即受该意思表示约束。

要约邀请是希望他人向自己发出要约的意思表示。

要约到达受要约人时生效，如投标人向招标人发出的投标文件，自到达招标人起生效。

要约可以撤回，但撤回要约的通知应当在要约到达受要约人之前或者与要约同时到达受要约人。

要约可以撤销，撤销要约的通知应当在受要约人发出承诺通知之前到达受要约人。有下列情形之一的，要约不得撤销：

①要约人确定了承诺期限或者以其他形式明示要约不可撤销。

②受要约人有理由认为要约是不可撤销的，并已经为履行合同做了准备工作。

有下列情形之一的，要约失效：

①拒绝要约的通知到达要约人。

②要约人依法撤销要约。

③承诺期限届满，受要约人未做出承诺。

④受要约人对要约的内容做出实质性变更。

（2）承诺。承诺是受要约人同意要约的意思表示。

承诺通知到达要约人时生效。承诺不需要通知的，根据交易习惯或者要约的要求做出承诺的行为时生效。

承诺可以撤回，所谓承诺撤回，指要约人在发出承诺通知后，在承诺正式生效之前撤回承诺。根据《合同法》第 27 条规定：“承诺可以撤回。撤回承诺的通知应在承诺通知到达要约人之前或者与承诺通知同时到达要约人。”

4.1.4 建设工程施工合同基本内容

建设工程施工合同的内容在形式上分为三部分：合同协议书、通用合同条款与专用合同条款。

合同协议书是对双方就建设工程施工合同内容达成合意的书面确认，主要包括工程概况、合同工期、质量标准、签约合同价和合同价格形式、项目经理、合同文件构成、承诺以及合同生效条件等重要内容，集中约定了合同当事人基本的合同权利义务。虽然合同协议书文字表述不多，但它规定了合同当事人最主要的义务，经合同当事人签字盖章，就对双方当事人产生法律约束力，而且在所有施工合同文件组成中它具有最优的解释权。

通用合同条款是合同当事人根据《建筑法》《合同法》等法律法规的规定，就工程建设的实施及相关事项，对合同当事人的权利义务做出的原则性约定。

专用合同条款是对通用合同条款原则性约定的细化、完善、补充、修改或另行约定的条款。合同当事人可以根据不同建设工程的特点及具体情况，通过双方的谈判、协商对相应的专用合同条款进行修改、补充。

《建设工程施工合同（示范文本）》规定了施工合同文件的组成及解释顺序。组成建设工程施工合同的文件包括以下内容：

（1）施工合同协议书。

（2）中标通知书。

（3）投标函及其附录。

（4）专用合同条款及其附件。

（5）通用合同条款。

（6）技术标准和要求。

（7）图纸。

（8）已标价工程量清单或预算书。

（9）其他合同文件。

上述各项合同文件包括合同当事人就该项合同文件所做出的补充和修改，属于同一类内容的文件，应以最新签署的为准。

在合同订立及履行过程中形成的与合同有关的文件均构成合同文件组成部分，并根据其性质确定优先解释顺序。

4.1.5　建设工程工期和工程价款支付的规定

1. 建设工程工期

（1）开工及开工日期。开工及开工日期包括计划开工日期和实际开工日期。计划开工日期是指合同协议书约定的开工日期；实际开工日期是指监理人在计划开工日期 7 日前向承包人发出的开工通知中载明的开工日期。

（2）暂停施工。

①暂停施工的程序。监理人认为有必要时，并经发包人批准后，可向承包人做出暂停施工的指示，承包人应按监理人指示暂停施工。

因紧急情况需暂停施工，且监理人未及时下达暂停施工指示的，承包人可先暂停施工，并及时通知监理人。监理人应在接到通知后 24 小时内发出指示，逾期未发出指示的，视为同意承包人暂停施工。监理人不同意承包人暂停施工的，应说明理由，承包人对监理人的答复有异议，按照争议解决约定处理。

②暂停施工后的责任承担。

a. 因发包人原因引起暂停施工的，监理人经发包人同意后，应及时下达暂停施工指示。情况紧急且监理人未及时下达暂停施工指示的，按照紧急情况下的暂停施工执行。

因发包人原因引起的暂停施工，发包人应承担由此增加的费用和（或）延误的工期，并支付承包人合理的利润。

b. 因承包人原因引起的暂停施工，承包人应承担由此增加的费用和（或）延误的工期，且承包人在收到监理人复工指示后 84 日内仍未复工的，视为承包人违约的情形。

（3）工期顺延。在合同履行过程中，因下列情况导致工期延误和（或）费用增加的，由发包人承担由此延误的工期和（或）增加的费用，且发包人应支付承包人合理的利润：

①发包人未能按合同约定提供图纸或所提供图纸不符合合同约定的。

②发包人未能按合同约定提供施工现场、施工条件、基础资料、许可、批准等开工条件的。

③发包人提供的测量基准点、基准线和水准点及其书面资料存在错误或疏漏的。

④发包人未能在计划开工日期之日起 7 日内同意下达开工通知的。

⑤发包人未能按合同约定日期支付工程预付款、进度款或竣工结算款的。

⑥监理人未按合同约定发出指示、批准等文件的。

⑦专用合同条款中约定的其他情形。

因发包人原因未按计划开工日期开工的，发包人应按实际开工日期顺延竣工日期，确保实际工期不低于合同约定的工期总日历天数。

因承包人原因造成工期延误的，可以在专用合同条款中约定逾期竣工违约金的计算方法和逾期竣工违约金的上限。承包人支付逾期竣工违约金后，不免除承包人继续完成工程及修补缺陷的义务。

（4）竣工日期。竣工日期包括计划竣工日期和实际竣工日期。计划竣工日期是指合同协议书约定的竣工日期；实际竣工日期按照竣工日期的约定确定。

①因承包人原因不能按期竣工的责任承担。承包人必须按照协议书约定的竣工日期或工程师同意顺延的工期竣工。因承包人原因不能按照协议书约定的竣工日期或工程师同意顺延的工期竣工的，承包人承担违约责任。

②发包人要求提前竣工的处理。施工中发包人如需提前竣工：

a. 双方协商一致后应签订提前竣工协议，作为合同文件的组成部分；

b. 提前竣工协议应包括承包人为保证工程质量和安全采取的措施、发包人为提前竣工提供的条件以及提前竣工所需的追加合同价款等内容。

③《最高人民法院关于审理建设工程施工合同纠纷案件适用法律问题的解释》规定，当事人对建设工程实际竣工日期有争议的，按照以下情形分别处理：

a. 建设工程经竣工验收合格的，以竣工验收合格之日为竣工日期；

b. 承包人已经提交竣工验收报告，发包人拖延验收的，以承包人提交验收报告之日为竣工日期；

c. 建设工程未经竣工验收，发包人擅自使用的，以转移占有建设工程之日为竣工日期。

2. 工程价款支付

按照合同约定的时间、金额和支付条件支付工程价款，是发包人的主要合同义务，也是承包人的主要合同权利。

（1）合同价款的确定。招标工程的合同价款由发包人、承包人依据中标通知书中的中标价格在协议书中约定。非招标工程的合同价款由发包人、承包人依据工程预算书在协议书中约定。合同价款在协议书中约定后，任何一方不得擅自改变。

合同价款的确定方式有固定价格合同、可调价格合同、成本加酬金合同，双方可在专用条款内约定采用其中一种。

（2）工程价款的支付和竣工结算。《合同法》规定，验收合格的，发包人应当按照约定支付价款，并接收该建设工程。

《建筑工程施工发包与承包计价管理办法》进一步规定，预付工程款按照合同价款或者年度工程计划额度的一定比例确定和支付，并在工程进度款中予以抵扣。

（3）合同价款的调整。《建筑工程施工发包与承包计价管理办法》规定，发承包双方应当在合同中约定，发生下列情形时合同价款的调整方法：

①法律、法规、规章或者国家有关政策变化影响合同价款的；

②工程造价管理机构发布价格调整信息的；

③经批准变更设计的；

④发包方更改经审定批准的施工组织设计造成费用增加的；

⑤双方约定的其他因素。

（4）解决工程价款结算争议的规定。

①视为发包人认可承包人的单方结算价。发包人收到竣工结算文件后，在约定期限内不予答复，视为认可竣工结算文件的，按照约定处理。承包人请求按照竣工结算文件结算工程价款的，应予支持。

②对工程量有争议的工程款结算。按照施工过程中形成的签证等书面文件确认。

③欠付工程款的利息支付。发包人拖欠承包人工程款，不仅应当支付工程款本金，还应当支付工程款利息。利息从应付工程价款之日计付。当事人对付款时间没有约定或者约定不明的，下列时间视为应付款时间：

a. 建设工程已实际交付的，为交付之日。

b. 建设工程没有交付的，为提交竣工结算文件之日。

c. 建设工程未交付，工程价款也未结算的，为当事人起诉之日。

④工程垫资的处理。当事人对垫资没有约定的，按照工程欠款处理。当事人对垫资利息没有约定，承包人请求支付利息的，不予支持。

4.1.6　无效建设工程合同和效力待定合同的规定

1. *无效建设工程合同*

无效建设工程合同是指虽然建设工程合同已经订立，但不具有法律约束力，不受法律保护。无效建设工程合同是相对于有效建设工程合同而言的，如果当事人签订建设工程合同的行为不符合法律规定的要求，就不能产生设立、变更和终止当事人之间的权利义务关系的效力。无效约定本身不受法律保护，也就不存在违约问题，更不用承担违约责任。因此，这种“不具有法律约束力”的实质是指不发生履行效力，而并不是说无效建设工程合同不引起任何法律后果，只是无效建设工程合同引起的法律后果并非当事人订立建设工程合同时所预期的。

有下列情形之一的，合同无效：

（1）一方以欺诈、胁迫的手段订立建设工程合同，损害国家利益。

（2）恶意串通，损害国家、集体或者第三人利益。

（3）以合法形式掩盖非法目的。

（4）损害社会公共利益。

（5）违反法律、行政法规的强制性规定。

合同中的下列免责条款无效：

（1）造成对方人身伤害的。

（2）因故意或者重大过失造成对方财产损失的。

导致建设工程合同无效的原因均是建设工程合同违反了法律规定的要求，但是这些原因发生的时间和阶段只能是发生在建设工程合同订立时或建设工程合同订立阶段，即订立建设工程合同时不合法。对于部分无效的建设工程合同则应遵循下列规则：

（1）建设工程合同中的某些条款无效，与该建设工程合同中的其他条款相比较，无效条款部分是相对独立的，该部分与建设工程合同整体具有可分性，则应认定无效条款不影响其他条款的效力；相反，无效条款部分与建设工程合同整体具有不可分性，则应认定整体建设工程合同无效。

（2）建设工程合同的目的违法，则应认定整个建设工程合同无效。在我国，建设工程合同的效力由人民法院或仲裁机构确认，其他任何单位和个人都无权宣布建设工程合同有效或无效。

建设工程合同被确认无效后，尚未履行的，不得履行；已经履行的，应当立即终止履行。建设工程合同被确认无效后，应视情况做出处理，处理方式一般有下列5种：

（1）返还财产。建设工程合同被确认无效后，当事人依据建设工程合同所取得的财产应返还对方，不能返还或者没有必要返还的，应当折价补偿。

（2）折价补偿。折价补偿是在因无效建设工程合同所取得的对方当事人的财产不能返还或者没有必要返还时，按照所取得的财产价值进行折算，以金钱的方式对对方当事人进行补偿的责任形式。

（3）赔偿损失。赔偿损失是过错方给对方造成损失时，应承担的责任。有过错一方应赔偿对方因此而遭受的损失，如果双方都有过错，各自承担相应责任。

（4）收归国有。收归国有是一种惩罚手段，只适用于恶意串通、损害国家利益的建设工程合同。此类无效建设工程合同的危害较严重，仅以返还、赔偿等方法尚不足以消除其造成的不良后果。如果双方当事人都是故意行为，应追缴双方已经取得的或约定取得的财产，收归国有；如果是由一方故意行为，则故意的一方应将从对方取得的财产返还对方，非故意一方已经取得或约定取得的财产应收归国有。

（5）恶意串通损害集体或第三人利益的，应由当事人返还从集体或第三人处取得的财产。

2. 效力待定的建设工程合同

效力待定的建设工程合同是指建设工程合同已经成立，但是其效力处于不确定状态，尚待第三人同意（追认）或拒绝的意思表示来确定。效力待定的建设工程合同主要有以下4种情形：

（1）无行为能力人订立的合同。

（2）限制行为能力人订立的合同。

（3）无权代理人以被代理人名义订立的合同。

（4）无权处分人处分他人财产订立的合同。

4.1.7 合同的履行、变更、转让、解除和终止

1. 合同的履行

（1）合同履行的概念。合同履行是指合同当事人双方依据合同条款的规定，在合同生效后，全面、适当地完成合同义务的行为。

（2）合同履行的原则。为了使合同能够得到很好的履行，《合同法》对合同的履行问题做了明确规定。

①全面、适当履行原则。

②诚实信用原则。

③公平合理，促进合同履行的原则。

2. 合同的变更

（1）合同变更的概念。合同变更指合同依法订立后，在尚未履行或尚未完全履行时，

当事人依法经过协商，对合同的内容进行修订或调整并达成协议。例如，对原合同中规定的履行期限进行变更。当事人对合同内容变更取得一致意见时方为有效。

（2）合同变更的条件。合同变更需要满足以下条件：

①原合同已生效。

②原合同未履行或未完全履行。

③当事人需要对变更内容协商一致。

④当事人对变更内容约定明确。

⑤遵守法定程序。变更也需要办理批准、登记等手续才能生效。

3. 合同的转让

（1）合同转让的概念。合同转让是指合同成立后，当事人依法可以将合同中的全部权利（义务）、部分权利（义务）转让或转移给第三人的法律行为。合同转让可分为权利转让和义务转让。

（2）合同转让的条件。

①必须有合法有效的合同关系存在为前提，如果合同不存在或被宣告无效，或者被依法撤销、解除，转让的行为属无效行为，转让人应对善意的受让人所遭受的损失承担赔偿责任。

②转让人与受让人之间达成协议，该协议应该是平等协商的结果。

③转让符合法律规定的程序，合同转让人应征得对方同意并尽通知义务；转让合同应经原审批机关批准，否则转让无效。

《合同法》第 79 条规定：债权人可以将合同的权利全部或者部分转让给第三人，但有下列情形之一的除外：

①根据合同性质不得转让。

②按照当事人约定不得转让。

③依照法律规定不得转让。

4. 合同的解除

当事人协商一致，可以解除合同。当事人可以约定一方解除合同的条件。解除合同的条件成立时，解除权人可以解除合同。

有下列情形之一的，当事人可以解除合同：

（1）因不可抗力致使不能实现合同目的。

（2）在履行期限届满之前，当事人一方明确表示或者以自己的行为表明不履行主要债务。

（3）当事人一方迟延履行主要债务，经催告后在合理期限内仍未履行。

（4）当事人一方迟延履行债务或者有其他违约行为致使不能实现合同目的。

（5）法律规定的其他情形。

5. 合同的终止

有下列情形之一的，合同的权利义务终止：

（1）债务已经按照约定履行。

（2）合同解除。

（3）债务相互抵消。

（4）债务人依法将标的物提存。

（5）债务人免除债务。

（6）债权债务同归于一人。

（7）法律规定或者当事人约定终止的其他情形。

4.1.8 违约责任及违约责任的免除

违约责任是指合同当事人因违反合同义务所承担的责任。

1. 违约责任的特征

（1）违约责任的产生是以合同当事人不履行合同义务为条件的。

（2）违约责任具有相对性。

（3）违约责任主要具有补偿性。

（4）违约责任可以由合同当事人约定。

（5）违约责任是民事责任的一种形式。

2. 当事人承担违约责任应具备的条件

（1）先期违约（或预期违约）的责任承担。《合同法》规定，当事人一方明确表示或者以自己的行为表明不履行合同义务的，对方可以在履行期限届满之前要求其承担违约责任。

（2）承担违约责任的条件。

①合同当事人发生了违约行为，即有违反合同义务的行为。

②非违约方不需要证明其主观上是否具有过错。

③无约定或法定免责事由。

（3）承担违约责任的种类。

①继续履行。继续履行是一种违约后的补缴方式，是否要求违约方继续履行是非违约方的一项权利。继续履行可以与违约金、定金、赔偿损失并用，但不能与解除合同的方式并用。

②违约金和定金。

a. 违约金的调整。约定的违约金低于造成的损失的，当事人可以请求人民法院或者仲裁机构予以增加；约定的违约金过分高于造成的损失的，当事人可以请求人民法院或者仲裁机构予以适当减少。

b. 定金罚则。当事人可以依照《担保法》约定一方向对方给付定金作为债权的担保。债务人履行债务后，定金应当抵作价款或者收回。给付定金的一方不履行约定的债务的，无权要求返还定金；收受定金的一方不履行约定的债务的，应当双倍返还定金。

（4）承担违约责任的方式。

①继续履行。

②采取补偿措施。

③补偿损失。

④违约金。

3. 违约责任的免除

《合同法》规定，因不可抗力不能履行合同的，根据不可抗力的影响，部分或者全部免除责任，但法律另有规定的除外。当事人迟延履行后发生不可抗力的，不能免除责任。《合同法》所称不可抗力，是指不能预见、不能避免并不能克服的客观情况。

当事人一方因不可抗力不能履行合同的，应当及时通知对方，以减轻可能给对方造成的损失，并应当在合理期限内提供证明。

4.2　劳动合同制度

4.2.1　劳动合同及劳动关系制度

1. 劳动合同与劳动关系及劳动合同订立的原则

（1）劳动合同。劳动合同是用人单位与劳动者进行双向选择、确定劳动关系、明确双方权利义务的协议，是保护劳动者合法权益的基本依据。

（2）劳动关系。劳动关系指劳动者与用人单位在实现劳动过程中建立的社会经济关系。

建立劳动关系，应当订立书面劳动合同。已建立劳动关系，未同时订立书面劳动合同的，应当自用工之日起一个月内订立书面劳动合同。用人单位与劳动者在用工前订立劳动合同的，劳动关系自用工之日起建立。未签订劳动合同，劳动报酬不明确的新招用的劳动者，报酬按企业的或者同行业的集体合同规定的标准执行；没有集体合同的，用人单位应对劳动者实行同工同酬。

（3）劳动合同订立的原则。订立劳动合同，应当遵循合法、公平、平等自愿、协商一致、诚实信用的原则。

用人单位招用劳动者，不得扣押劳动者的居民身份证和其他证件，不得要求劳动者提供担保或者以其他名义向劳动者收取财物。

2. 劳动合同的种类

劳动合同分为固定期限劳动合同、无固定期限劳动合同和以完成一定工作任务为期限的劳动合同。

（1）固定期限劳动合同。固定期限劳动合同是指用人单位与劳动者约定合同终止时间的劳动合同。用人单位与劳动者协商一致，可以订立固定期限劳动合同。

（2）无固定期限劳动合同。无固定期限劳动合同是指用人单位与劳动者约定无确定终止时间的劳动合同。

用人单位与劳动者协商一致，可以订立无固定期限劳动合同。有下列情形之一，劳动者提出或者同意续订、订立劳动合同的，除劳动者提出订立固定期限劳动合同外，应当订立无固定期限劳动合同：

①劳动者在该用人单位连续工作满十年的；

②用人单位初次实行劳动合同制度或者国有企业改制重新订立劳动合同时，劳动者在该

用人单位连续工作满十年且距法定退休年龄不足十年的；

③连续订立二次固定期限劳动合同，且劳动者没有下述情形，续订劳动合同的。

a. 严重违反用人单位的规章制度的；

b. 严重失职，营私舞弊，给用人单位造成重大损害的；

c. 劳动者同时与其他用人单位建立劳动关系，对完成本单位的工作任务造成严重影响，或者经用人单位提出，拒不改正的；

d. 以欺诈、胁迫的手段或者乘人之危，使用人单位在违背真实意思的情况下订立或者变更劳动合同，致使劳动合同无效的；

e. 被依法追究刑事责任的；

f. 劳动者患病或者非因工负伤，在规定的医疗期满后不能从事原工作，也不能从事由用人单位另行安排的工作的；

g. 劳动者不能胜任工作，经过培训或者调整工作岗位，仍不能胜任工作的。

（3）以完成一定工作任务为期限的劳动合同。以完成一定工作任务为期限的劳动合同是指用人单位与劳动者约定以某项工作的完成为合同期限的劳动合同。用人单位与劳动者协商一致，可以订立以完成一定工作任务为期限的劳动合同。

3. 劳动合同的基本条款

（1）必备条款。

①用人单位的名称、住所和法定代表人或者主要负责人；

②劳动者的姓名、住址和居民身份证或者其他有效身份证件号码；

③劳动合同期限；

④工作内容和工作地点；

⑤工作时间和休息休假；

⑥劳动报酬；

⑦社会保险；

⑧劳动保护、劳动条件和职业危害防护；

⑨法律、法规规定应当纳入劳动合同的其他事项。

（2）可备条款。劳动合同除前款规定的必备条款外，用人单位与劳动者可以约定试用期、培训、保守秘密、补充保险和福利待遇等其他事项。

4.2.2 劳动合同的履行、变更、解除和终止

1. 劳动合同的履行

用人单位与劳动者应当按照劳动合同的约定，全面履行各自的义务：

（1）用人单位应当按照劳动合同约定和国家规定，向劳动者及时足额支付劳动报酬。用人单位拖欠或者未足额支付劳动报酬的，劳动者可以依法向当地人民法院申请支付令。

（2）用人单位应当严格执行劳动定额标准，不得强迫或者变相强迫劳动者加班。用人单位安排加班的，应当按照国家有关规定向劳动者支付加班费。

（3）劳动者拒绝用人单位管理人员违章指挥、强令冒险作业的，不视为违反劳动合同。

（4）用人单位变更名称、法定代表人、主要负责人或者投资人等事项，不影响劳动合

同的履行。

（5）用人单位发生合并或者分立等情况，原劳动合同继续有效，劳动合同由承继其权利和义务的用人单位继续履行。

（6）用人单位应当依法建立和完善劳动规章制度，保障劳动者享有劳动权利、履行劳动义务。

2. 劳动合同的变更

用人单位与劳动者协商一致，可以变更劳动合同约定的内容。变更劳动合同，应当采用书面形式。

变更后的劳动合同文本由用人单位和劳动者各执一份。

3. 劳动合同的解除

用人单位与劳动者协商一致，可以解除劳动合同。

劳动者提前30日以书面形式通知用人单位，可以解除劳动合同。劳动者在试用期内提前3日通知用人单位，可以解除劳动合同。

用人单位有下列情形之一的，劳动者可以解除劳动合同：

（1）未按照劳动合同约定提供劳动保护或者劳动条件的；

（2）未及时足额支付劳动报酬的；

（3）未依法为劳动者缴纳社会保险费的；

（4）用人单位的规章制度违反法律、法规的规定，损害劳动者权益的；

（5）以欺诈、胁迫的手段或者乘人之危，使对方在违背真实意思的情况下订立或者变更劳动合同的情形致使劳动合同无效的；

（6）法律、行政法规规定劳动者可以解除劳动合同的其他情形。

用人单位以暴力、威胁或者非法限制人身自由的手段强迫劳动者劳动的，或者用人单位违章指挥、强令冒险作业危及劳动者人身安全的，劳动者可以立即解除劳动合同，不需事先告知用人单位。

劳动者有下列情形之一的，用人单位可以解除劳动合同：

（1）在试用期间被证明不符合录用条件的；

（2）严重违反用人单位的规章制度的；

（3）严重失职，营私舞弊，给用人单位造成重大损害的；

（4）劳动者同时与其他用人单位建立劳动关系，对完成本单位的工作任务造成严重影响，或者经用人单位提出，拒不改正的；

（5）以欺诈、胁迫的手段或者乘人之危，使对方在违背真实意思的情况下订立或者变更劳动合同的情形致使劳动合同无效的；

（6）被依法追究刑事责任的。

有下列情形之一的，用人单位提前30日以书面形式通知劳动者本人或者额外支付劳动者一个月工资后，可以解除劳动合同：

（1）劳动者患病或者因公负伤，在规定的医疗期满后不能从事原工作，也不能从事由用人单位另行安排的工作的；

（2）劳动者不能胜任工作，经过培训或者调整工作岗位，仍不能胜任工作的；

（3）劳动合同订立时所依据的客观情况发生重大变化，致使劳动合同无法履行，经用人单位与劳动者协商，未能就变更劳动合同内容达成协议的。

4. 劳动合同的终止

有下列情形之一的，劳动合同终止：

（1）劳动合同期满的；

（2）劳动者开始依法享受基本养老保险待遇的；

（3）劳动者死亡，或者被人民法院宣告死亡或者宣告失踪的；

（4）用人单位被依法宣告破产的；

（5）用人单位被吊销营业执照、责令关闭、撤销或者用人单位决定提前解散的；

（6）法律、行政法规规定的其他情形。

在本单位患有职业病或者因公负伤并被确认丧失或者部分丧失劳动能力的劳动者的劳动合同的终止，按照国家有关工伤保险的规定执行。

4.2.3 劳动保护的规定

1. 劳动者的工作时间和休息休假

（1）工作时间。国家实行劳动者每日工作时间不超过 8 小时、平均每周工作时间不超过 44 小时的工作制度。

①缩短工作日。《国务院关于职工工作时间的规定》中规定：“在特殊条件下从事劳动和有特殊情况，需要适当缩短工作时间的，按照国家有关规定执行。”目前，我国实行缩短工作时间的主要是：从事矿山、高山、有毒、有害、特别繁重和过度紧张的体力劳动职工，以及纺织、化工、建筑冶炼、地质勘探、森林采伐、装卸搬运等行业或岗位的职工；从事夜班工作的劳动者；在哺乳期工作的女职工；16～18 岁的未成年劳动者等。

②不定时工作日。原劳动部《关于企业实行不定时工作制和综合计算工时工作制的审批办法》中规定，企业对符合下列条件之一的职工，可以实行不定时工作制：

a. 企业中的高级管理人员、外勤人员、推销人员、部分值班人员和其他因工作无法按标准工作时间衡量的职工；

b. 企业中的长途运输人员、出租汽车司机和铁路、港口、仓库的部分装卸人员以及因工作性质特殊，需机动作业的职工；

c. 其他因生产特点、工作特殊需要或职责范围的关系，适合实行不定时工作制的职工。

（2）休息休假。用人单位应当按照下列标准支付高于劳动者正常工作时间工资的工作报酬：安排劳动者延长工作时间的，支付不低于工资的 150% 的工资报酬；休息日安排劳动者工作又不能安排补休的，支付不低于工资的 200% 的工资报酬；法定休假日安排劳动者工作的，支付不低于工资的 300% 的工资报酬。

2. 劳动者的工资

（1）工资基本规定。劳动者基本工资是根据劳动合同约定或国家及企业规章制度规定的工资标准计算的工资，也称标准工资。在一般情况下，基本工资是职工劳动报酬的主要部分。

（2）最低工资保障制度。根据劳动和社会保障部《最低工资规定》，在劳动者提供正常劳动的情况下，用人单位应支付给劳动者的工资在剔除下列各项以后，不得低于当地最低工资标准：

①延长工作时间工资；

②中班、夜班、高温、低温、井下、有毒有害等特殊工作环境、条件下的津贴；

③法律、法规和国家规定的劳动者福利待遇等。实行计件工资或提成工资等工资形式的用人单位，在科学合理的劳动定额基础上，其支付劳动者的工资不低于相应的最低工资标准。

3. 劳动者的社会保险

《社会保险法》规定，国家建立基本养老保险、基本医疗保险、工伤保险、失业保险、生育保险等社会保险制度，保障公民在年老、疾病、工伤、失业、生育等情况下依法从国家和社会获得物质帮助的权利。

4.2.4 劳动争议的解决

劳动争议发生后，当事人应按法定程序解决。《劳动法》第79条规定：“劳动争议发生后，当事人可以向本单位劳动争议调解委员会申请调解；调解不成的，当事人一方要求仲裁的，可以向劳动争议仲裁委员会申请仲裁。当事人一方也可以直接向劳动争议仲裁委员会申请仲裁。对仲裁裁决不服的，可以向人民法院提出诉讼。”但当发生劳动争议后，不是什么时候都可以申请仲裁。申请仲裁也有一个时效。

劳动争议仲裁时效是指劳动者或用人单位的权利遭到对方侵犯后，在法定期间内不行使权利，即丧失仲裁机构予以保护的权利。也就是说，一旦错过仲裁时效，权利人的胜诉权就被消灭，即丧失了请求仲裁委员会保护的权利。有关法规规定：“提出劳动争议的一方应当自劳动争议发生之日起60日内向劳动争议仲裁委员会提出书面申请。”对于这句话中“争议发生之日”如何理解，是一个十分严重的问题，因为它关系时效起算日的确定。根据有关法律解释，“争议发生之日”是指“知道或应当知道权利被侵害之日”。也就是说，“争议发生之日”并不是非得以双方当事人产生正面冲突为标志，而是从当事人知道或应当知道自己的权利被侵害之时，在法律上就被认为是产生“争议”之日，此时也就是仲裁时效的起算之日。

1. 劳动争议的解决方法和途径

发生了劳动争议，主要解决的方法和途径如下：

（1）调解。劳动争议调解委员会的组成：员工代表、公司代表、工会代表。与员工达成的调解协议必须是自愿执行。这个协议没有法律强制力，不可以向法律申请强制执行。

（2）仲裁。对于仲裁裁决，当事方均没有反对，应执行。如有一方不服裁决，应在收到裁决书后15日内向法院提出诉讼。仲裁裁决在做出后15日开始生效。仲裁裁决可以向法院申请强制执行。仲裁程序如下：

①申请仲裁：有时效性，要求自争议发生之日起60日内。

②申请受理时间：7日。

③答辩：被申请人在15日内做出答辩。

④裁决：仲裁裁决在60日内做出；对复杂的申请，可延长30日。

（3）诉讼。劳动争议产生后，员工不能直接向法院提出诉讼，必须先经过劳动争议仲裁程序。法律、法规也规定了例外，如单独订立的保密协议等。

2. 发生劳动争议时的证据

发生劳动争议时，主要的证据如下：

（1）劳动合同。劳动合同是主要证据，合同中双方确定了各方权利义务等内容。

（2）员工手册。尽可能制定比较详细的员工手册，与劳动合同相补充，应该包括员工不当行为、工作要求及员工福利等内容。员工手册内容要遵守法律、法规要求。

（3）其他证据。

①解聘函。提前30日做出并通知员工。诉讼的时效与解聘函有直接关系。

②工资签收单。

③病假的证明材料及相关的资料、医生的处方等。

4.2.5 工伤处理的规定

1. 工伤认定

（1）应当认定为工伤的情形。

①在工作时间和工作场合内，因工作原因受到事故伤害的；

②工作时间前后在工作场合内，从事与工作有关的预备性或者收尾性工作受到事故伤害的；

③在工作时间和工作场合内，因履行工作职责受到暴力等意外伤害的；

④患职业病的；

⑤因工外出期间，由于工作原因受到伤害或者发生事故下落不明的；

⑥在上下班途中，受到非本人主要责任的交通事故或者城市轨道交通、客运轮渡、火车事故伤害的；

⑦法律、行政法规规定应当认定为工伤的其他情形。

（2）视同工伤的情形。职工有下列情形之一的，视同工伤：

①在工作时间和工作岗位，突发疾病死亡或者在48小时之内经抢救无效死亡的；

②在抢险救灾等维护国家利益、公共利益活动中，受到伤害的；

③职工原来在军队服役，因战、因公负伤致残，已取得革命伤残军人证，到用人单位后旧伤复发的。

2. 劳动能力鉴定

劳动功能障碍分为10个伤残等级，最重的为1级，最轻的为10级。生活自理障碍分为3个等级：生活完全不能自理（1~4级）、生活大部分不能自理（5~6级）和生活部分不能自理（7~10级）。

3. 工伤保险待遇

职工因工作遭受事故伤害或者患职业病进行治疗，享受工伤医疗待遇。

（1）工伤医疗的停工留薪期。停工留薪期一般不超过12个月。伤情严重或者情况特殊，经社区的市级劳动能力鉴定委员会确认，可以适当延长，不超过12个月。

（2）工伤职工的处理。生活不能自理的工伤职工在停工留薪期需要护理的，由所在单位负责。

工伤职工已经评定伤残等级并经劳动能力鉴定委员会确认需要生活护理的，从工伤保险基金按月支付生活护理费。生活护理费按照生活完全不能自理、生活大部分不能自理的和生活部分不能自理 3 个不同等级支付，其标准分别为统筹地区上年度职工月平均工资的 50%、40% 和 30%。

（3）职工因工致残的待遇。

①职工因工致残被鉴定为 1～4 级伤残的，保留劳动关系，退出工作岗位，从工伤保险基金按伤残等级支付一次性伤残补助金。

②职工因工伤致残被鉴定为 5 级、6 级伤残的，从工伤保险基金按伤残等级支付一次性伤残补助金；保留与用人单位的劳动关系，由用人单位安排适当工作，难以安排工作的由用人单位按月发给伤残津贴，并由用人单位按照规定为其缴纳应缴纳的各项社会保险费。经工伤职工本人提出，该职工可以与用人单位解除或者终止劳动关系，由工伤保险基金支付一次性工伤医疗补助金，由用人单位支付一次性伤残就业补助金。

③职工因工致残被鉴定为 7～10 级伤残的，从工伤保险基金按伤残等级支付一次性伤残补助金，劳动聘用合同期满终止，或者职工本人提出解除劳动、聘用合同的，由工伤保险基金支付一次性工伤医疗补助金，由用人单位支付一次性伤残就业补助金。

4. *其他规定*

职工因工外出期间发生事故或者在抢险救灾中下落不明的，从事故发生当月起 3 个月内照发工资，从第 4 个月起停发工资，由工伤保险基金向其供养亲属按月支付供养亲属抚恤金。生活有困难的，可以预支一次性补助金的 50%。

4.2.6　违法行为应承担的法律责任

用人单位招用与其他用人单位尚未解除或者终止劳动合同的劳动者，给其他用人单位造成损失的，应当承担连带赔偿责任。

违反《劳动合同法》规定，未经许可，擅自经营劳务派遣业务的，由劳动行政部门责令停止违法行为，没收违法所得，并处违法所得 1 倍以上 5 倍以下的罚款；没有违法所得的，可以处 5 万元以下的罚款。

劳务派遣单位、用工单位违反《劳动合同法》有关劳务派遣规定的，由劳动行政部门责令限期改正；逾期不改正的，以每人 5 000 元以上 10 000 元以下的标准处以罚款，对劳务派遣单位，吊销其劳务派遣业务经营许可证。用工单位给被派遣劳动者造成损害的，劳务派遣单位与用工单位承担连带赔偿责任。

对不具备合法经营资格的用人单位的违法犯罪行为，依法追究法律责任；劳动者已经付出劳动的，该单位或者其出资人应当依照《劳动合同法》有关规定向劳动者支付劳动报酬、经济补偿、赔偿金；给劳动者造成损害的，应当承担赔偿责任。

个人承包经营违反《劳动合同法》规定招用劳动者，给劳动者造成损害的，发包的组织与个人承包经营者承担连带赔偿责任。

劳动行政部门和其他有关主管部门及其工作人员因玩忽职守、不履行法定职责，或者违法行使职权，给劳动者或者用人单位造成损害的，应当承担赔偿责任；对直接负责的主管人员和其他直接责任人员，依法给予行政处分；构成犯罪的，依法追究刑事责任。

本章练习题

一、单项选择题

1. 以工作性质为标准分类，合同分为(　　)。

A. 建设工程勘察、设计合同，建设工程施工合同

B. 国内工程合同、国际工程合同

C. 建设工程施工合同、工程咨询合同

D. 提供设备和安装合同、工程服务合同

2.《合同法》规定，当事人订立合同，采取(　　)。

A. 通知方式　　B. 口头方式　　C. 要约、承诺方式　　D. 承诺方式

3. 建设工程施工合同的内容在形式上分为(　　)三部分。

A. 总则、分则、附则　　B. 协议书、通用条款与专用条款

C. 总则、通用条款与专用条款　　D. 总则、正文、附件

4. 劳动者提前30日以书面形式通知用人单位，可以解除劳动合同。劳动者在试用期内提前(　　)日通知用人单位，可以解除劳动合同。

A. 15　　B. 5　　C. 3　　D. 10

5. 申请仲裁有时效性，要求自争议发生之日起(　　)日内。

A. 15　　B. 30　　C. 20　　D. 60

二、简答题

1. 组成建设工程施工合同的文件包括哪些?

2. 合同无效的情形有哪些?

3. 劳动合同的基本条款有哪些?

4. 发生了劳动争议，主要解决的方法和途径有哪些?

第5章

建设工程安全生产法律制度

★学习目标

1. 掌握建设安全生产管理的方针和原则；
2. 了解安全生产许可证的申领条件；
3. 掌握安全生产责任制度的规定和要求；
4. 掌握安全生产教育培训的要求；
5. 了解施工生产安全事故应急救援预案机制；
6. 熟悉建筑施工项目建设中各参建单位的安全责任。

★案例导入

某住宅小区工地上，一载满施工人员的施工升降机在上升过程中突然失控冲顶，从100米高处坠落，造成施工升降机上的9名施工人员全部随机坠落而遇难的惨剧。

问题：

1. 本案中的事故应当定为何等级？
2. 在事故发生后，施工单位应当依法采取哪些措施？

案例解析：

1. 《生产安全事故报告和调查处理条例》第3条规定："较大事故，是指造成3人以上10人以下死亡，或者10人以上50人以下重伤，或者1 000万元以上5 000万元以下直接经济损失的事故。"据此，本案中的事故应当定为较大事故。

2. 在事故发生后，施工单位应当按照《生产安全事故报告和调查处理条例》第9条、第14条、第16条和《建设工程安全生产管理条例》第50条、第51条的规定，采取下列措施：①报告事故。事故发生后，事故现场有关人员应当立即向本单位负责人报告；单位负责人接到报告后，应当于1小时内向事故发生地县级以上人民政府安全生产监督管理部门、建设行政主管部门或者其他有关部门报告。特种设备发生事故的，还应当同时向特种设备安全监督管理部门报告。情况紧急时，事故现场有关人员可以直接向事故发生地县级以上人民政府安全生产监督管理部门、建设行政主管部门或者其他有关部门报告。实行施工总承包的建设工程，由总承包单位负责上报事故。②启动事故应急预案，组织抢救。事故发生单位负责人接到事故报告后，应当立即启动事故相应应急预案，或者采取有效措施，组织抢救，防止事故扩大，减少人员伤亡和财产损失。③事故现场保护。有关单位和人员应当妥善保护事故现场以及相关证据，任何单位和个人不得破坏事故现场、毁灭相关证据。因抢救人员、防止事故扩大以及疏解交通等，需要移动事故现场物件的，应当做出标志，绘制现场简图并做出书面记录，妥善保存现场重要痕迹、物证。

5.1 建设安全生产管理的方针和原则

建设安全生产管理是指建设行政主管部门、建筑安全监督管理机构、建筑施工企业及有关单位对建设生产过程中的安全工作，进行计划、组织、指挥、控制、监督等一系列的管理活动。

建设安全生产管理主要有三个方面的管理内容：第一，主要是指建设行政主管部门及其授权的建设安全监督管理机构对建筑安全生产的行业监督管理；第二，主要是指建筑生产有关各方如建设单位、设计单位、监理单位和建筑施工企业等的安全责任和义务；第三，主要是指在生产中，严格控制人的不安全行为和物的不安全状态两个方面的因素。

制定建设安全生产管理的方针和原则，主要目的在于保证建筑工程安全和建筑职工的人身安全，也是建设安全生产管理的关键和集中体现。

5.1.1 建设安全生产管理的方针

《建筑法》第36条规定，建设安全生产管理的方针是“安全第一，预防为主”。这是我国多年来安全生产工作长期经验的总结。安全生产关系到人民群众人身和财产安全，关系到社会稳定和经济健康发展，建设工程安全生产必须坚持“安全第一，预防为主”的方针。

安全第一是从保护和发展生产力的角度，表明在生产范围内安全与生产的关系，肯定安全在建筑生产活动中的首要位置和重要性。安全第一还反映了当安全与生产发生矛盾时，应该服从安全，消灭隐患，保证建设工程在安全的条件下生产。

预防为主是指在建设工程生产活动中，针对建设工程生产的特点，对生产要素采取管理措施，有效地控制不安全因素的发展与扩大，把可能发生的事故消灭在萌芽状态，以保证生产活动中人的安全与健康。预防为主还体现在事先策划、事中控制、事后总结。通过信息收集，归类分析，制定预案，控制防范。

“安全第一，预防为主”的方针，体现了国家在建设工程安全生产过程中“以人为本”的思想，也体现了国家对保护劳动者权利、保护社会生产力的高度重视。

5.1.2 建设安全生产管理的原则

建设安全生产管理的原则在《建筑法》中没有明确规定，但在具体条文中已经包含。

在我国长期的安全生产管理中形成的、国务院有关规定中明确的建设安全生产管理原则主要是：管生产的必须管安全；谁主管谁负责。

第一，管生产的必须管安全是指安全落实到生产活动中，把安全和生产统一起来。如果生产中人、物、环境都处于危险状态，则生产无法进行；有了安全保障，生产才能持续、稳定发展。安全管理是生产管理的重要组成部分，安全与生产在实施过程中存在着密切联系，有共同进行管理的基础。

第二，谁主管谁负责是指主管建筑生产的单位和人员应对建筑生产的安全负责。安全生产第一责任人制度正是这一原则的体现。各级建设行政主管部门的行政一把手是本地区建筑安全生产的第一负责人，对所辖区域建筑安全生产的行业管理负全面责任；企业法定代表人是本企业安全生产的第一责任人，对本企业的建筑安全生产负全面责任；项目经理是本项目的安全生产第一责任人，对项目施工中贯彻落实安全生产的法规、标准负全面责任。

这两项原则是建设安全生产应遵循的基本原则，是建设安全生产的重要保证。

5.2　施工安全生产许可制度

5.2.1　申请领取安全生产许可证的条件

《安全生产许可证条例》规定，企业取得安全生产许可证应当具备 13 项安全生产条件。该规定所称建筑施工企业，是指从事土木工程、建筑工程、线路管道和设备安装工程及装修工程的新建、扩建、改建和拆除等有关活动的企业。

《建筑施工企业安全生产许可证管理规定》中将建筑施工企业取得安全生产许可证应当具备的安全生产条件具体规定如下：

（1）建立健全安全生产责任制，制定完备的安全生产规章制度和操作规程。

（2）保证本单位安全生产条件所需资金的投入。

（3）设置安全生产管理机构，按照国家有关规定配备专职安全生产管理人员。

（4）主要负责人、项目负责人、专职安全生产管理人员经建设主管部门或者其他有关部门考核合格。

（5）特种作业人员经有关业务主管部门考核合格，取得特种作业操作资格证书。

（6）管理人员和作业人员每年至少进行一次安全生产教育培训并考核合格。

（7）依法参加工伤保险，依法为施工现场从事危险作业的人员办理意外伤害保险，为从业人员缴纳保险费。

（8）施工现场的办公、生活区及作业场所和安全防护用具、机械设备、施工机具及配件符合有关安全生产法律、法规、标准和规程的要求。

（9）有职业危害防治措施，并为作业人员配备符合国家标准或者行业标准的安全防护用具和安全防护服装。

（10）有对危险性较大的分部分项工程及施工现场易发生重大事故的部位、环节的预防、监控措施和应急预案。

（11）有生产安全事故应急救援预案、应急救援组织或者应急救援人员，配备必要的应急救援器材、设备。

（12）法律、法规规定的其他条件。

5.2.2 安全生产许可证的有效期和政府监督的规定

1. 安全生产许可证的申请

建筑施工企业从事建筑施工活动前，应当依法申请领取安全生产许可证。建筑施工企业向企业注册所在地省、自治区、直辖市人民政府建设主管部门申请领取安全生产许可证时，应当提供下列资料：

（1）建筑施工企业安全生产许可证申请表。

（2）企业法人营业执照。

（3）与申请安全生产许可证应当具备的安全生产条件相关的文件、资料。

建筑施工企业申请安全生产许可证，应当对申请材料实质内容的真实性负责，不得隐瞒有关情况或者提供虚假情报。

2. 安全生产许可证的有效期

按照《安全生产许可证条例》的规定：安全生产许可证的有效期为 3 年。安全生产许可证有效期满需要延期的，企业应当于有效期期满前 3 个月向原安全生产许可证颁发管理机关办理延期手续。企业在安全生产许可证有效期内，严格遵守有关安全生产的法律、法规，未发生死亡事故的，安全生产许可证有效期期满时，经原安全生产许可证颁发管理机关办理延期手续。企业在安全生产许可证有效期内，严格遵守有关安全生产的法律、法规，未发生死亡事故的，安全生产许可证有效期期满时，经原安全生产许可证颁发管理机关同意，不再审查，安全生产许可证有效期延期 3 年。

3. 政府监督

根据《安全生产许可证条例》和《建筑施工企业安全生产许可证管理规定》，建筑施工企业未取得安全生产许可证的，不得从事建筑施工活动。

建设主管部门在审核发放施工许可证时，应当对已经确定的建筑施工企业是否有安全生产许可证进行审查，对没有取得安全生产许可证的，不得颁发施工许可证。企业不得转让、冒用安全生产许可证或者使用伪造的安全生产许可证。企业取得安全生产许可证后，不得降低安全生产条件，并应当加强日常安全生产管理，接受安全生产许可证颁发管理机关的监督检查。安全生产许可证颁发管理机关发现企业不再具备安全生产条件的，应当暂扣或者吊销安全生产许可证。

安全生产许可证颁发管理机关或者其上级行政机关发现有下列情形之一的可以撤销已经颁发的安全生产许可证。

（1）安全生产许可证颁发管理机关工作人员滥用职权、玩忽职守颁发安全生产许可证的；

（2）超越法定职权颁发安全生产许可证的；

（3）违反法定程序颁发安全生产许可证的；

（4）对不具备安全生产条件的建筑施工企业颁发安全生产许可证的；

（5）依法可以撤销已经颁发的安全生产许可证的其他情形。

5.2.3　违法行为应承担的法律责任

1. 未取得安全生产许可证擅自从事施工活动应承担的法律责任

《安全生产许可证条例》规定，未取得安全生产许可证擅自进行生产的，责令停止生产，没收违法所得，并处 10 万元以上 50 万元以下的罚款；造成重大事故或者其他严重后果，构成犯罪的，依法追究刑事责任。

《建筑施工企业安全生产许可证管理规定》进一步规定，建筑施工企业未取得安全生产许可证擅自从事建筑施工活动的，责令其在建项目停止施工，没收违法所得，并处 10 万元以上 50 万元以下的罚款；造成重大安全事故或者其他严重后果，构成犯罪的，依法追究刑事责任。

2. 安全生产许可证有效期满未办理延期手续继续从事施工活动应承担的法律责任

《安全生产许可证条例》第 20 条规定，安全生产许可证有效期满未办理延期手续，继续进行生产的，责令停止生产，限期补办延期手续，没收违法所得，并处 5 万元以上 10 万元以下的罚款；逾期仍不办理延期手续，继续进行生产的，依照《安全生产许可证条例》第 19 条的规定处罚。

《建筑施工企业安全生产许可证管理规定》（建设部令第 128 号）第 25 条规定，安全生产许可证有效期满未办理延期手续，继续从事建筑施工活动的，责令其在建项目停止施工，限期补办延期手续，没收违法所得，并处《建筑施工企业安全生产许可证管理规定》5 万元以上 10 万元以下的罚款；逾期仍不办理延期手续，继续从事建筑施工活动的，依照第 24 条的规定处罚。

3. 转让安全生产许可证等应承担的法律责任

《安全生产许可证条例》规定，转让安全生产许可证的，没收违法所得，处 10 万元以上 50 万元以下的罚款，并吊销其安全生产许可证；构成犯罪的，依法追究刑事责任；接受转让的，依照未取得安全生产许可证擅自进行生产的规定处罚。冒用安全生产许可证或者使用伪造的安全生产许可证的，依照未取得安全生产许可证擅自进行生产的规定处罚。

《建筑施工企业安全生产许可证管理规定》进一步规定，建筑施工企业转让安全生产许可证的，没收违法所得，处 10 万元以上 50 万元以下的罚款，并吊销安全生产许可证；构成犯罪的，依法追究刑事责任；接受转让的，依照未取得安全生产许可证擅自从事建筑施工活动的规定处罚。冒用安全生产许可证或者使用伪造的安全生产许可证的，依照未取得安全生产许可证擅自从事建筑施工活动的规定处罚。

4. 以不正当手段取得安全生产许可证应承担的法律责任

《建筑施工企业安全生产许可证管理规定》中规定，建筑施工企业隐瞒有关情况或者提供虚假材料申请安全生产许可证的，不予受理或者不予颁发安全生产许可证，并给予警告，1 年内不得申请安全生产许可证。

建筑施工企业以欺骗、贿赂等不正当手段取得安全生产许可证的，撤销安全生产许可证，3 年内不得再次申请安全生产许可证；构成犯罪的，依法追究刑事责任。

5. 发生重大安全事故应承担的法律责任

《建筑施工企业安全生产许可证管理规定》中规定，取得安全生产许可证的建筑施工企业，发生重大安全事故的，暂扣安全生产许可证并责令限期整改。

建筑施工企业不再具备安全生产条件的，暂扣安全生产许可证并责令限期整改；情节严重的，吊销安全生产许可证。

6. 颁证机关工作人员违法行为应承担的法律责任

《安全生产许可证条例》规定，安全生产许可证颁发管理机关工作人员有下列行为之一的，给予降级或者撤职的行政处分；构成犯罪的，依法追究刑事责任：

（1）向不符合《安全生产许可证条例》规定的安全生产条件的企业颁发安全生产许可证的；

（2）发现企业未依法取得安全生产许可证擅自从事生产活动，不依法处理的；

（3）发现取得安全生产许可证的企业不再具备《安全生产许可证条例》规定的安全生产条件，不依法处理的；

（4）接到对违反《安全生产许可证条例》规定行为的举报后，不及时处理的；

（5）在安全生产许可证颁发、管理和监督检查工作中，索取或者接受企业的财物，或者谋取其他利益的。

5.3 施工安全生产责任和安全生产教育培训制度

《建筑法》规定，建筑工程安全生产管理必须坚持“安全第一，预防为主”的方针，建立、健全安全生产责任制度和群防群治制度。建筑施工企业应当建立、健全劳动安全生产教育培训制度，加强对职工安全生产的教育培训；未经安全生产教育培训的人员，不得上岗作业。

《建设工程安全生产管理条例》进一步规定，施工单位应当建立、健全安全生产责任制度和安全生产教育培训制度，制定安全生产规章制度和操作规程，保证本单位安全生产条件所需资金的投入，对所承担的建设工程进行定期和专项安全检查，并做好安全检查记录。

安全生产责任制度，是将企业各级负责人、各职能机构及其工作人员和各岗位人员在安全生产方面应做的工作及应负的责任加以明确规定的一种制度。通过制定安全生产责任制度，建立一种分工明确、运行有效、责任落实、能够充分发挥作用的、长效的安全生产机制，把安全生产工作落到实处。认真落实安全生产责任制度，不仅是为了保证在发生生产安全事故时，可以追究责任，更重要的是通过日常或定期检查、考核，奖优罚劣，提高全体从业人员执行安全生产责任制度的自觉性，使安全生产责任制度落实到安全生产工作中。施工单位的安全生产责任制度主要包括企业各级领导人员的安全职责、企业各有关职能部门的安全生产职责以及施工现场管理人员及作业人员的安全职责三个方面。

建筑施工企业是建筑活动的主体，是企业生产经营的主体，在施工安全生产中处于核心地位。建筑工程生产的主要特点决定了建筑工程施工环境和作业条件差，不安全因素随着工程的进度变化而变化，事故隐患多。近年来建筑工程中的重特大生产安全事故分析表明，施工单位绝大多数是安全事故的直接责任方，究其主要原因：一是施工单位的市场行为不规范；二是施工单位安全生产观念淡薄；三是施工单位必要的安全生产资金投入不足，致使其不具备基本的安全生产条件；四是施工单位安全生产责任制度不健全，安全管理不到位；五是施工单位作业人员未经培训或培训不合格上岗，违章指挥、违章操作、违反劳动纪律；等等。为遏止安全事故的发生，确保建设工程安全生产，法律、法规对施工单位的市场准入、施工单位的安全生产行为规范和安全生产条件以及施工单位主要负责人、项目负责人、安全管理人员、作业人员的安全责任等方面，做出了明确的规定。因此，建立、健全施工安全生产责任制度和安全生产教育培训制度，是建设工程施工活动应该贯彻始终的法定基本制度。

5.3.1　施工单位的安全生产责任制度

《建筑法》规定，建筑施工企业必须依法加强对建筑安全生产的管理，执行安全生产责任制度，采取有效措施，防止伤亡和其他安全生产事故的发生。安全生产责任制度是施工单位最基本的安全管理制度，是施工单位安全生产的核心和中心环节。

1. 不具备安全生产条件的施工单位，不得颁发资质证书

《安全生产法》第 17 条规定：“生产经营单位应当具备本法和有关法律、行政法规和国家标准或者行业标准规定的安全生产条件；不具备安全生产条件的，不得从事生产经营活动。”

《安全生产管理条例》第 20 条规定：“施工单位从事建设工程的新建、扩建、改建和拆除等活动，应当具备国家规定的注册资本、专业技术人员、技术装备和安全生产等条件，依法取得相应等级的资质证书，并在其资质等级许可的范围内承揽工程。”

近年来发生的安全事故中，导致其发生的最不容忽视的一个原因是，很多施工单位不具备安全生产条件，为了最大限度地追求经济利益，胡干蛮干；还有的施工单位因生产经营困难，长期没有安全生产投入或者安全生产投入严重不足，欠账太多，技术装备落后，致使工程施工存在严重的安全隐患。因此，在对施工单位进行资质条件的审查时，除强调具备法律固定的注册资本、专业技术人员和技术装备外，还必须具备基本的安全生产条件。

安全生产条件是指满足安全生产的各种因素及其组合或影响（或制约）安全生产的所有因素。与昔日“事后型”管理强调“人的不安全行为”和“物的不安全因素”相比，安全生产条件属于“预防型”管理，它更强调在发生事故之前进行前期管理，从而达到预防和避免事故发生的目的，所以“安全生产条件”主要包括“人的安全行为”和“物的安全状态”两个部分，只要具备了安全生产条件就可以预防事故的发生。

安全生产条件具体包括以下内容：

（1）施工单位是否持有安全生产许可证。

（2）项目安全生产责任体系建立情况。

（3）施工现场安全生产管理制度建立情况。

（4）是否已按规定签订安全生产协议书。

（5）是否按规定编制了施工组织设计，专项方案是否有计划。

（6）安全文明施工措施费是否有支付计划或凭证。

（7）拟进入施工现场的机械设备情况及布置方案。

（8）施工现场“三通一平”“施工标牌”等的设置情况。

（9）施工现场围挡、大门、道路、临时设施等是否符合规定要求。

（10）是否针对性地制定了工程项目安全生产事故应急救援预案。

（11）其他事项。

2. 施工单位主要负责人对安全生产工作全面负责

《建筑法》第44条规定：“建筑施工企业的法定代表人对本企业的安全生产负责。”《建设工程安全生产管理条例》第21条规定：“施工单位主要负责人依法对本单位的安全生产工作全面负责。”明确施工单位主要负责人的安全生产责任制度，是贯彻“安全第一，预防为主”方针的基本要求，也是被实践证明行之有效的“管生产必须同时管安全”原则的具体体现。

施工单位的主要负责人在本单位安全生产工作的主要职责如下：

（1）建立、健全本单位安全生产责任制度。

（2）组织制定本单位安全生产规章制度和操作规程。

（3）保证本单位的安全生产投入有效实施。

（4）督促、检查本单位的安全生产工作，及时消除生产安全事故隐患。

（5）组织制定并实施本单位的生产安全事故应急救援预案。

（6）及时、如实报告生产安全事故。

3. 施工单位安全生产管理机构和专职安全生产管理人员的责任

《建设工程安全生产管理条例》规定，施工单位应当设立安全生产管理机构，配备专职安全生产管理人员。专职安全生产管理人员负责对安全生产进行现场监督检查。发现安全事故隐患，应当及时向项目负责人和安全生产管理机构报告；对违章指挥、违章操作的，应当立即制止。

安全生产管理机构是指施工单位设置的负责安全生产管理工作的独立职能部门。专职安全生产管理人员是指经建设主管部门或者其他有关部门安全生产考核合格取得安全生产考核合格证书，并在施工单位及其项目从事安全生产管理工作的专职人员。

施工单位应当依法设置安全生产管理机构，在企业主要负责人的领导下开展本单位的安全生产管理工作。安全生产管理机构的主要职责如下：

（1）宣传和贯彻国家有关安全生产法律、法规和标准。

①编制并适时更新安全生产管理制度并监督实施。

②组织或参与企业生产安全事故应急救援预案的编制及演练。

③组织开展安全教育培训与交流。

④协调配备项目专职安全生产管理人员。

⑤制订企业安全生产检查计划并组织实施。

⑥监督在建项目安全生产费用的使用。

⑦参与危险性较大工程安全专项施工方案专家论证会。

⑧通报在建项目违规违章查处情况。

⑨组织开展安全生产评优评先进表彰工作。

⑩建立企业在建项目安全生产管理档案。

⑪考核评价分包企业安全生产业绩及项目安全生产管理情况。

⑫参加生产安全事故的调查和处理工作。

⑬企业明确的其他安全生产管理职责。

（2）专职安全生产管理人员在施工现场检查过程中具有以下职责：

①查阅在建项目安全生产有关资料、核实有关情况。

②检查危险性较大工程安全专项施工方案落实情况。

③监督项目专职安全生产管理人员履责情况。

④监督作业人员安全防护用品的配备及使用情况。

⑤对发现的安全生产违章违规行为或安全隐患，有权当场予以纠正或做出处理决定。

⑥对不符合安全生产条件的设施、设备、器材，有权当场做出查封的处理决定。

⑦对施工现场存在的重大安全隐患有权越级报告或直接向建设主管部门报告。

⑧企业明确的其他安全生产管理职责。

《建筑施工企业安全生产管理机构设置及专职安全生产管理人员配备办法》规定，建筑施工企业安全生产管理机构专职安全生产管理人员的配备应满足下列要求，并应根据企业经营规模、设备管理和生产需要予以增加：

（1）建筑施工总承包资质序列企业：特级资质不少于 6 人；一级资质不少于 4 人；二级和二级以下资质企业不少于 3 人。

（2）建筑施工专业承包资质序列企业：一级资质不少于 3 人；二级和二级资质以下企业不少于 2 人。

（3）建筑施工劳务分包资质序列企业：不少于 2 人。

（4）建筑施工企业的分公司、区域公司等较大的分支机构应依据实际生产情况配备不少于 2 人的专职安全生产管理人员。

4. 制定安全生产规章制度和操作规程

严格的规章制度和操作规程是安全生产的重要保障，只有通过规章制度和操作规程，才能将安全生产责任落实到基层，落实到每个岗位和每个职工。因此，施工单位应当根据本单位的实际情况，按照法律、法规、规章和工程建设标准强制性条文的要求，制定有关施工安全生产的具体规章制度，如安全检查制度等，并针对每一个具体工艺、工种和岗位制定具体的操作规程，形成有效的督促、检查和贯彻落实机制。施工单位对所承担建设工程要进行定期和专项安全检查，并做好安全检查记录。

5. 保证本单位安全生产条件所需资金的投入

《建设工程安全生产管理条例》规定，施工单位对列入建设工程概算的安全作业环境及安全施工措施所需费用，应当制订资金使用计划，并加强对资金使用情况的监督检查，用于施工安全防护用具及设施的采购和更新、安全施工措施的落实、安全生产条件的改善，不得挪作他用。

5.3.2　施工项目的安全生产责任

1. 施工项目负责人的安全生产责任

《建设工程安全生产管理条例》规定，施工单位的项目负责人应当由取得相应执业资格的人员担任，对建设工程项目的安全施工负责，落实安全生产责任制度、安全生产规章制度和操作规程，确保安全生产费用的有效使用，并根据工程的特点组织制定安全施工措施，消除安全事故隐患，及时、如实报告生产安全事故。

2. 施工总承包和分包单位的安全生产责任

《建筑法》规定，施工现场安全由建筑施工企业负责。实行施工总承包的由总承包单位负责，分包单位向总承包单位负责，服从总承包单位对施工现场的安全生产管理。

（1）分包合同应当明确分包双方的安全生产责任。《建设工程安全生产管理条例》规定，总承包单位依法将建设工程分包给其他单位的，分包合同中应当明确各自的安全生产方面的权利、义务。

施工总承包单位与分包单位的安全生产责任，可以分为法定的安全生产责任和约定责任两种表现形式。所谓法定的安全生产责任，即法律、法规中明确规定的总承包单位、分包单位各自的安全生产责任。所谓约定的安全生产责任，即总承包单位与分包单位在分包合同中通过协商，约定各自应当承担的安全生产责任。但是，这种约定不能违反法律、法规的强制性规定。

（2）统一组织编制建设工程生产安全应急救援预案。《建设工程安全生产管理条例》规定，施工单位应当根据建设工程施工的特点、范围，对施工现场易发生重大事故的部位、环节进行监控，制定施工现场生产安全事故应急救援预案。实行施工总承包的，由总承包单位统一组织编制建设工程生产安全事故应急救援预案，工程总承包单位和分包单位按照应急救援预案，各自建立应急救援组织或者配备应急救援人员，配备救援器材、设备，并定期组织演练。

（3）负责向有关部门上报生产安全事故。《建设工程安全生产管理条例》规定，实行工程总承包的建设工程由总承包单位负责上报事故。据此，一旦发生施工安全事故，施工总承包单位应当依法担负起及时报告的义务。

（4）自行完成建设工程主体结构的施工。为了防止因转包和违法分包等行为导致安全事故的发生，真正落实施工总承包单位的安全生产责任，《建设工程安全生产管理条例》在“施工单位的安全责任”中特别规定，总承包单位应当自行完成建设工程主体结构的施工。

（5）承担连带责任。《建设工程安全生产管理条例》规定，总承包单位和分包单位对分包工程的安全生产承担连带责任。

3. 施工作业人员安全生产的权利和义务

《建筑法》规定，建筑施工企业和作业人员在施工过程中，应当遵守有关安全生产的法律、法规和建筑行业安全规章、规程，不得违章指挥或者违章作业。作业人员有权对影响人身健康的作业程序和作业条件提出改进意见，有权获得安全生产所需的防护用品。作业人员对危及生命安全和人身健康的行为有权提出批评、检举和控告。

施工作业人员应当依法享受其安全生产的权利，也应依法履行安全生产的义务。

（1）施工作业人员应当享有的安全生产权利。按照《建筑法》《安全生产法》《建设工程安全生产管理条例》等法律、行政法规的规定，施工作业人员主要享有以下安全生产权利：

①施工安全生产的知情权和建议权。施工作业人员是施工单位运行和施工生产活动的主体。充分发挥施工作业人员在企业中的主人翁作用，是搞好施工安全生产的重要保障。因

此，施工作业人员对施工安全生产拥有知情权，并享有改进安全生产工作的建议权。《安全生产法》规定，生产经营单位的从业人员有权了解其作业场所和工作岗位存在的危险因素、防范措施及事故应急措施，有权对本单位的安全生产工作提出建议。《建筑法》还规定，作业人员有权对影响人身健康的作业程序和作业条件提出改进意见。《建设工程安全生产管理条例》则进一步规定，施工单位应当向作业人员提供安全防护用具和安全防护服装，并书面告知危险岗位的操作规程和违章操作的危害。

②施工安全防护用品的获得权。施工安全防护用品，一般包括安全帽、安全带、安全网、安全绳及其他个人防护用品（如防护鞋、防护服装、防尘口罩）等。它是保护施工作业人员安全健康所必需的防御性装备，可有效地预防或减少伤亡事故的发生。

《建筑法》规定，作业人员有权获得安全生产所需的防护用品。《安全生产法》还规定，生产经营单位必须为从业人员提供符合国家标准或者行业标准的劳动防护用品，并监督、教育从业人员按照使用规则佩戴、使用。《建设工程安全生产管理条例》进一步规定，施工单位应当向作业人员提供安全防护用具和安全防护服装。

③批评、检举、控告权及拒绝违章指挥权。《建筑法》规定，作业人员对危及人身安全和人身健康的行为有权提出批评、检举和控告。《安全生产法》还规定，从业人员有权对本单位安全生产工作中存在的问题提出批评、检举、控告；有权拒绝违章指挥和强令冒险作业。生产经营单位不得因从业人员对本单位安全生产工作提出批评、检举、控告或者拒绝违章指挥、强令冒险作业而降低其工资、福利等待遇或者解除与其订立的劳动合同。《建设工程安全生产管理条例》进一步规定，作业人员有权对施工现场的作业条件、作业程序和作业方式中存在的安全问题提出批评、检举和控告，有权拒绝违章指挥和强令冒险作业。

违章指挥是强迫施工作业人员违反法律、法规或者规章制度、操作规程进行作业的行为。法律赋予施工作业人员拒绝违章指挥和强令冒险作业的权利，是为了保护施工作业人员的人身安全，也是警示施工单位负责人和现场管理人员须按照有关规章制度和操作规程进行指挥，并不得对拒绝违章指挥和强令冒险作业的人员进行打击报复。

④紧急避险权。为了保证施工作业人员的安全，在施工中遇有直接危及人身安全的紧急情况时，施工作业人员享有停止作业和紧急撤离的权利。

《安全生产法》规定，从业人员发现直接危及人身安全的紧急情况时，有权停止作业或者在采取可能的应急措施后撤离作业场所。生产经营单位不得因从业人员在前款紧急情况下停止作业或者采取紧急撤离措施而降低其工资、福利等待遇或者解除与其订立的劳动合同。《建设工程安全生产管理条例》也规定，在施工中发生危及人身安全的紧急情况时，作业人员有权立即停止作业或者在采取必要的应急措施后撤离危险区域。

⑤获得工伤保险和意外伤害保险赔偿的权利。《建筑法》规定，建筑施工企业应当依法为职工参加工伤保险缴纳工伤保险费。鼓励企业为从事危险作业的职工办理意外伤害保险，支付保险费。据此，施工作业人员除依法享有工伤保险的各项权利外，从事危险作业的施工人员还可以依法享有意外伤害保险的各项权利。

⑥请求民事赔偿的权利。《安全生产法》规定，因生产安全事故受到损害的从业人员，除依法享有工伤社会保险外，依照有关民事法律尚有获得赔偿的权利的，有权向本单位提出赔偿要求。

（2）施工作业人员应当履行的安全生产义务。按照《建筑法》《安全生产法》《建设工程安全生产管理条例》等法律、行政法规的规定，施工作业人员主要应当履行如下安全生产义务：

①守法遵章和正确使用安全防护用具等的义务。施工单位要依法保障施工作业人员的安全，施工作业人员也必须依法遵守有关的规章制度，做到不违章作业。

②接受安全生产教育培训的义务。施工单位加强安全生产教育培训，使作业人员具备必要的施工安全生产知识，熟悉有关的规章制度和安全操作规程，掌握本岗位安全操作技能，是控制和减少施工安全事故的重要措施。

③施工安全事故隐患报告的义务。施工安全事故通常都是由事故隐患或者其他不安全因素酿成的。因此，施工作业人员一旦发现事故隐患或者其他不安全因素，应当立即报告，以便及时采取措施，防患于未然。

5.3.3 施工管理人员、作业人员安全生产教育培训的规定

安全生产教育培训制度，是指对从业人员进行安全生产的教育和安全生产技能的培训，并将这种教育和培训制度化、规范化，以提高全体人员的安全意识和安全生产的管理水平，减少和防止生产安全事故的发生。

《建筑法》规定，建筑施工企业应当建立、健全劳动安全生产教育培训制度，加强对职工安全生产的教育培训；未经安全生产教育培训的人员，不得上岗作业。

1. 施工单位三类管理人员的考核

《建设工程安全生产管理条例》规定，施工单位的主要负责人（A 证）、项目负责人（B 证）、专职安全生产管理人员（C 证）应当经建设行政主管部门或者其他部门考核合格后方可任职。

施工单位的主要负责人要对本单位的安全生产工作全面负责，项目负责人对所负责的建设工程项目的安全生产工作全面负责，安全生产管理人员更要具体承担本单位日常的安全生产管理工作。这三类人员的施工安全知识水平和管理能力直接关系到本单位、本项目的安全生产管理水平。如果这三类人员缺乏基本的施工安全生产知识，施工安全生产管理和组织能力不强，甚至违章指挥，将很可能会导致施工生产安全事故的发生。因此，他们必须经安全生产知识和管理能力考核合格后方可任职。

2. 每年至少进行一次全员安全生产教育培训

《建设工程安全生产管理条例》规定，施工单位应当对管理人员和作业人员每年至少进行一次安全生产教育培训，其教育培训情况记入个人工作档案。安全生产教育培训考核不合格的人员，不得上岗。《国务院关于坚持科学发展安全发展促进安全生产形势持续稳定好转的意见》规定，企业用工要严格依照劳动合同法与职工签订劳动合同，职工必须全部经培训合格后上岗。

施工单位应当根据实际需要，对不同岗位、不同工种的人员进行因人施教。安全教育培训可采取多种形式，包括安全形势报告会、事故案例分析会、安全法制教育、安全技术交流、安全竞赛、师傅带徒弟等。

3. 进入新的岗位或者新的施工现场前的安全生产教育培训

由于新的岗位、新的施工现场往往各有特殊性，施工单位须对新录用或转场的职工进行

安全生产教育培训，包括施工安全生产法律法规、施工工地危险源识别、安全技术操作规程、机械设备电气及高处作业安全知识、防火防毒防尘防爆知识、紧急情况安全处置与安全疏散知识、安全防护用品使用知识以及发生事故时自救排险、抢救伤员、保护现场和及时报告等。

《建设工程安全生产管理条例》规定，作业人员进入新的岗位或者新的施工现场前，应当接受安全生产教育培训。未经教育培训或者教育培训考核不合格的人员，不得上岗作业。《国务院安委会关于进一步加强安全培训工作的决定》中指出，严格落实企业职工先培训后上岗制度。建筑企业要对新职工进行至少 32 学时的安全培训，每年进行至少 20 学时的再培训。

强化现场安全培训。高危企业要严格班前安全培训制度，有针对性地讲述岗位安全生产与应急救援知识、安全隐患和注意事项等，使班前安全培训成为安全生产的第一道防线。要大力推广“手指口述”等安全确认法，帮助员工通过心想、眼看、手指、口述，确保按规程作业。要加强班组长培训，提高班组长现场安全管理水平和现场安全风险管控能力。

4. 采用新技术、新工艺、新设备、新材料前的安全生产教育培训

《安全生产法》规定，生产经营单位采用新技术、新工艺、新设备、新材料，必须了解、掌握其安全技术特性，采取有效的安全防护措施，并对从业人员进行专门的安全生产教育培训。《建设工程安全生产管理条例》规定，施工单位在采用新技术、新工艺、新设备、新材料时，应当对作业人员进行相应的安全生产教育培训。《国务院安委会关于进一步加强安全培训工作的决定》指出，企业调整职工岗位或者采用新工艺、新技术、新设备、新材料的，要进行专门的安全培训。

随着我国工程建设和科学技术的迅速发展，越来越多的新技术、新工艺、新设备、新材料被广泛应用于施工生产活动中，大大促进了施工生产效率和工程质量的提高，同时也对施工作业人员的素质提出了更高要求。如果施工单位对所采用的新技术、新工艺、新设备、新材料的了解与认识不足，对其安全技术性能掌握不充分，或是没有采取有效的安全防护措施，没有对施工作业人员进行专门的安全生产教育培训，就很可能会导致事故的发生。因此，施工单位在采用新技术、新工艺、新设备、新材料时，必须对施工作业人员进行专门的安全生产教育培训，并采取保证安全的防护措施，防止事故发生。

5. 特种作业人员的安全培训考核

《建设工程安全生产管理条例》进一步规定，垂直运输机械作业人员、安装拆卸工、爆破作业人员、起重信号工、登高架设作业人员等特种作业人员，必须按照国家有关规定经过专门的安全作业培训，并取得特种作业操作资格证书后，方可上岗作业。住房和城乡建设部发布的《建筑施工特种作业人员管理规定》进一步规定，建筑施工特种作业包括：①建筑电工；②建筑架子工；③建筑起重信号司索工；④建筑起重机械司机；⑤建筑起重机械安装拆卸工；⑥高处作业吊篮安装拆卸工；⑦经省级以上人民政府建设主管部门认定的其他特种作业。

6. 消防安全教育培训

公安部、住房和城乡建设部等九部委联合颁布的《社会消防安全教育培训规定》中规定，在建工程的施工单位应当开展下列消防安全教育工作：

（1）建设工程施工前应当对施工人员进行消防安全教育。

（2）在建设工地醒目位置、施工人员集中住宿场所设置消防安全宣传栏，悬挂消防安全挂图和消防安全警示标志。

（3）对明火作业人员进行经常性的消防安全教育。

（4）组织灭火和应急疏散演练。

5.3.4 违法行为应承担的法律责任

1. 施工单位违法行为应承担的法律责任

《安全生产法》规定，生产经营单位有下列行为之一的，责令限期改正，可以处5万元以下的罚款；逾期未改正的，责令停产停业整顿，并处5万元以上10万元以下的罚款，对其直接负责的主管人员和其他直接责任人员处1万元以上2万元以下的罚款：

（1）未按照规定设置安全生产管理机构或者配备安全生产管理人员的；

（2）建筑施工、道路运输单位的主要负责人和安全生产管理人员未按照规定经考核合格的；

（3）未按照规定对从业人员、被派遣劳动者、实习学生进行安全生产教育培训，或者未按照规定如实告知有关的安全生产事项的；

（4）未如实记录安全生产教育和培训情况的；

（5）未将事故隐患排查治理情况如实记录或者未向从业人员通报的；

（6）未按照规定制定生产安全事故应急救援预案或者未定期组织演练的。

（7）特种作业人员未按照规定经专门的安全作业培训并取得相应资格，上岗作业的。

两个以上生产经营单位在同一作业区域内进行可能危及对方安全生产的生产经营活动，未签订安全生产管理协议或者未指定专职安全生产管理人员进行安全检查与协调的，责令限期改正，可以处5万元以下的罚款，对其直接负责的主管人员和其他直接责任人员可以处1万元以下的罚款；逾期未改正的，责令停产停业整顿。

《建筑法》规定，建筑施工企业违反《建筑法》的规定，对建筑安全事故隐患不采取措施予以消除的，责令改正，可以处以罚款；情节严重的，责令停业整顿，降低资质等级或者吊销资质证书；构成犯罪的，依法追究刑事责任。

《建设工程安全生产管理条例》规定，违反《建设工程安全生产管理条例》的规定，施工单位有下列行为之一的，责令限期改正；逾期未改正的，责令停业整顿，依照《安全生产法》的有关规定处以罚款；造成重大安全事故，构成犯罪的，对直接责任人员，依照刑法有关规定追究刑事责任：

（1）未设立安全生产管理机构、配备专职安全生产管理人员或者分部分项工程施工时无专职安全生产管理人员现场监督的；

（2）施工单位的主要负责人、项目负责人、专职安全生产管理人员、作业人员或者特种作业人员，未经安全教育培训或者经考核不合格即从事相关工作的；

（3）未在施工现场的危险部位设置明显的安全警示标志，或者未按照国家有关规定在施工现场设置消防通道、消防水源、配备消防设施和灭火器材的；

（4）未向作业人员提供安全防护用具和安全防护服装的；

（5）未按照规定在施工起重机械和整体提升脚手架、模板等自升式架设设施验收合格后登记的；

（6）使用国家明令淘汰、禁止使用的危及施工安全的工艺、设备、材料的。施工单位取得资质证书后，降低安全生产条件的，责令限期改正；经整改仍未达到与其资质等级相适应的安全生产条件的，责令停业整顿，降低其资质等级直至吊销资质证书。

施工单位挪用列入建设工程概算的安全生产作业环境及安全施工措施所需费用的，责令限期改正，处挪用费用20%以上50%以下的罚款；造成损失的，依法承担赔偿责任。

《刑法》第137条规定，建设单位、设计单位、施工单位、工程监理单位违反国家规定，降低工程质量标准，造成重大安全事故的，对直接责任人员，处5年以下有期徒刑或者拘役，并处罚金；后果特别严重的，处5年以上10年以下有期徒刑，并处罚金。

住房和城乡建设部《房屋市政工程生产安全重大隐患排查治理挂牌督办暂行办法》规定，建筑施工企业不认真执行《房屋市政工程生产安全重大隐患治理挂牌督办通知书》的，应依法责令整改；情节严重的要依法责令停工整改；不认真整改导致生产安全事故发生的，依法从重追究企业和相关负责人的责任。

2. *施工管理人员违法行为应承担的法律责任*

《安全生产法》规定，生产经营单位的主要负责人未履行《安全生产法》规定的安全生产管理职责的，责令限期改正；逾期未改正的，处2万元以上5万元以下的罚款，责令生产经营单位停产停业整顿。生产经营单位的主要负责人有前款违法行为，导致发生生产安全事故的，给予撤职处分；构成犯罪的，依照刑法有关规定追究刑事责任。生产经营单位的主要负责人依照前款规定受刑事处罚或者撤职处分的，自刑罚执行完毕或者受处分之日起，5年内不得担任任何生产经营单位的主要负责人；重大、特别重大生产安全事故负有责任的，终身不得担任本行业生产经营单位的主要负责人。

生产经营单位的主要负责人未履行《安全生产法》规定的安全生产管理职责，导致发生生产安全事故的，由安全生产监督管理部门依照下列规定处以罚款：

（1）发生一般事故的，处上一年年收入30%的罚款。

（2）发生较大事故的，处上一年年收入40%的罚款。

（3）发生重大事故的，处上一年年收入60%的罚款。

（4）发生特别重大事故的，处上一年年收入80%的罚款。

生产经营单位的安全生产管理人员未履行本法规定的安全生产管理职责的，责令限期改正；导致发生生产安全事故的，暂停或者撤销其与安全生产有关的资格；构成犯罪的，依照刑法有关规定追究刑事责任。

《建筑法》规定，建筑施工企业的管理人员违章指挥、强令职工冒险作业，因而发生重大伤亡事故或者造成其他严重后果的，依法追究刑事责任。

《建设工程安全生产管理条例》规定，施工单位的主要负责人、项目负责人未履行安全生产管理职责的，责令限期改正；逾期未改正的，责令施工单位停业整顿；造成重大安全事故、重大伤亡事故或者其他严重后果，构成犯罪的，依照刑法有关规定追究刑事责任。

施工单位的主要负责人、项目负责人有以上违法行为，尚不够刑事处罚的，处2万元以上 20 万元以下的罚款或者按照管理权限给予撤职处分；自刑罚执行完毕或者受处分之日起，5 年内不得担任任何施工单位的主要负责人、项目负责人。

注册执业人员未执行法律、法规和工程建设强制性标准的，责令停止执业 3 个月以上 1 年以下；情节严重的，吊销执业资格证书，5 年内不予注册；造成重大安全事故的，终身不予注册；构成犯罪的，依照刑法有关规定追究刑事责任。

《刑法》第 134 条第 2 款规定，强令他人违章冒险作业，因而发生重大伤亡事故或者造成其他严重后果的，处 5 年以下有期徒刑或者拘役；情节特别恶劣的，处 5 年以上有期徒刑。第 135 条第 1 款规定，安全生产设施或者安全生产条件不符合国家规定，因而发生重大伤亡事故或者造成其他严重后果的，对直接负责的主管人员和其他直接责任人员，处 3 年以下有期徒刑或者拘役；情节特别恶劣的，处 3 年以上 7 年以下有期徒刑。

3. 施工作业人员违法行为应承担的法律责任

《安全生产法》规定，生产经营单位的从业人员不服从管理，违反安全生产规章制度或者操作规程的，由生产经营单位给予批评教育，依照有关规章制度给予处分；构成犯罪的，依照刑法有关规定追究刑事责任。

《建设工程安全生产管理条例》规定，作业人员不服管理、违反规章制度和操作规程冒险作业造成重大伤亡事故或者其他严重后果，构成犯罪的，依照刑法有关规定追究刑事责任。

《刑法》第 134 条第 1 款规定，在生产、作业中违反有关安全管理的规定，因而发生重大伤亡事故或者造成其他严重后果的，处 3 年以下有期徒刑或者拘役；情节特别恶劣的，处 3 年以上 7 年以下有期徒刑。

《最高人民法院、最高人民检察院关于办理危害生产安全刑事案件适用法律若干问题的解释》中规定，《刑法》第 134 条第 1 款规定的犯罪主体，包括对生产、作业负有组织、指挥或者管理职责的负责人、管理人员、实际控制人、投资人等人员，以及直接从事生产、作业的人员。

4. 建筑施工特种作业人员违法行为应承担的法律责任

《建筑施工特种作业人员管理规定》中规定，有下列情形之一的，考核发证机关应当撤销资格证书：

（1）持证人弄虚作假骗取资格证书或者办理延期复核手续的。

（2）考核发证机关规定应当撤销资格证书的其他情形。

有下列情形之一的，考核发证机关应当注销资格证书：

（1）依法不予延期的。

（2）持证人逾期未申请办理延期复核手续的。

（3）考核发证机关规定应当注销的其他情形。

5. 安全生产教育培训违法行为应承担的法律责任

《国务院安委会关于进一步加强安全培训工作的决定》规定，严肃追究安全培训责任。对应持证而未持证或者未经培训就上岗的人员，一律先离岗、培训持证后再上岗，并依法对企业按规定上限处罚，直至停产整顿和关闭。

5.4　施工现场安全防护制度

保障建设工程施工安全生产，不但要建立并落实施工安全生产责任和安全生产教育培训制度，还应当针对建设工程施工的特点，加强安全技术管理和施工现场的安全防护。

5.4.1　编制安全技术措施、专项施工方案和安全技术交底的规定

《建筑法》规定，建筑施工企业在编制施工组织设计时，应当根据建筑工程的特点制定相应的安全技术措施；对专业性较强的工程项目，应当编制专项安全施工组织设计，并采取安全技术措施。

1. 编制安全技术措施和施工现场临时用电方案

《建设工程安全生产管理条例》规定，施工单位应当在施工组织设计中编制安全技术措施和施工现场临时用电方案。

施工组织设计是规划和指导施工全过程的综合性技术经济文件。安全技术措施是为了实现施工安全生产，在安全防护以及技术、管理等方面采取的措施。安全技术措施可分为防止事故发生的安全技术措施和减少事故损失的安全技术措施。

临时用电方案不仅直接关系到用电人员的安全，也关系到施工进度和工程质量。《施工现场临时用电安全技术规范》（JGJ 46—2005）规定，施工现场临时用电设备在 5 台及以上或设备总容量在 50 kW 及以上的，应编制用电组织设计。施工现场临时用电设备在 5 台以下或设备总容量在 50 kW 以下的，应制定安全用电和电气防火措施。

2. 编制安全专项施工方案

《建设工程安全生产管理条例》规定，对下列达到一定规模的危险性较大的分部分项工程编制专项施工方案，并附具安全验算结果，经施工单位技术负责人、总监理工程师签字后实施，由专职安全生产管理人员进行现场监督：

（1）基坑支护与降水工程。

（2）土方开挖工程。

（3）模板工程。

（4）起重吊装工程。

（5）脚手架工程。

（6）拆除、爆破工程。

（7）国务院建设行政主管部门或者其他有关部门规定的其他危险性较大的分部分项工程。

对以上所列工程中涉及深基坑、地下暗挖工程、高大模板工程的专项施工方案，施工单位还应当组织专家进行论证、审查。

所谓危险性较大的分部分项工程，是指建筑工程在施工过程中存在的、可能导致作业人员群死群伤或造成重大不良社会影响的分部分项工程。危险性较大的分部分项工程安全专项施工方案，是指施工单位在编制施工组织（总）设计的基础上，针对危险性较大的分部分项工程单独编制的安全技术措施文件。

3. 安全施工技术交底

《建设工程安全生产管理条例》规定，建设工程施工前，施工单位负责项目管理的技术人员应当对有关安全施工的技术要求向施工作业班组、作业人员做出详细说明，并由双方签字确认。

施工前对有关安全施工的技术要求做出详细说明，就是通常说的安全技术交底。它有助于作业班组和作业人员尽快了解工程概况、施工方法、安全技术措施等情况，掌握操作方法和注意事项，以保护作业人员的人身安全。安全技术交底，通常有施工工种安全技术交底、分部分项工程施工安全技术交底、大型特殊工程单项安全技术交底、设备安装工程技术交底以及采用新工艺、新技术、新材料施工的安全技术交底等。

5.4.2 施工现场安全防护的规定

《建筑法》规定，建筑施工企业应当在施工现场采取维护安全、防范危险、预防火灾等措施；有条件的，应当对施工现场实行封闭管理。施工现场对毗邻的建筑物、构筑物和特殊作业环境可能造成损害的，建筑施工企业应当采取安全防护措施。

1. 危险部位设置安全警示标志

《安全生产法》规定，生产经营单位应当在有较大危险因素的生产经营场所和有关设施、设备上，设置明显的安全警示标志。《建设工程安全生产管理条例》进一步规定，施工单位应当在施工现场入口处、施工起重机械、临时用电设施、脚手架、出入通道口、楼梯口、电梯井口、孔洞口、桥梁口、隧道口、基坑边沿、爆破物及有害危险气体和液体存放处等危险部位，设置明显的安全警示标志。安全警示标志必须符合国家标准。

所谓危险部位，是指存在着危险因素，容易造成施工作业人员或者其他人员伤亡的地点。尽管工地现场的情况千差万别，不同施工现场的危险源不尽相同，但施工现场入口处、施工起重机械、临时用电设施、脚手架、出入通道口、楼梯口、电梯井口、孔洞口、桥梁口、隧道口、基坑边沿、爆破物及有害危险气体和液体存放处等，通常都是容易出现生产安全事故的危险部位。

安全警示标志，则是指提醒人们注意的各种标牌、文字、符号以及灯光等，一般由安全色、几何图形和图形符号构成。安全警示标志须符合国家标准《安全标志及其使用导则》（GB 2894—2008）的有关规定。

2. 不同施工阶段和暂停施工应采取的安全施工措施

《建设工程安全生产管理条例》规定，施工单位应当根据不同施工阶段和周围环境及季节、气候的变化，在施工现场采取相应的安全施工措施。施工现场暂时停止施工的，施工单位应当做好现场防护，所需费用由责任方承担，或者按照合同约定执行。

由于施工作业的风险性较大，在地下施工、高处施工等不同的施工阶段要采取相应安全措施，并应根据周围环境和季节、气候变化，加强季节性安全防护措施。例如，夏季要防暑降温，在特别高温的天气下要调整施工时间、改变施工方式等；冬季要防寒防冻，防止煤气中毒，还应专门制定保证施工安全的安全技术措施；夜间施工应有足够的照明，在深坑、陡坡等危险地段应增设红灯标志；雨期和冬期施工时，应对道路采取防滑措施；傍山沿河地区应制定防滑坡、防泥石流、防汛措施；大风、大雨期间应暂停施工等。经全国人大常委会批准的国际劳工组织1988年《建筑业安全卫生公约》中要求，应在每一建筑工地或者其附近地方，按照工人人数和工期长短提供和维护供工人在恶劣气候条件下暂停工作时躲避用的地方。

在实践中，造成暂时停止施工的原因很多，可能是施工单位，也可能是建设单位、设计单位或监理单位的问题；还有不可抗力或违法行为被责令停止施工等。一般来说，除不可抗力要按合同约定执行外，其他则要分清责任，谁的责任就由谁承担费用。但不论费用由谁承担，施工单位都必须做好现场防护，防止在暂停施工期间出现施工现场的作业人员或者其他人员的安全事故，并为今后继续施工创造良好的作业环境。

3. 施工现场临时设施的安全卫生要求

《建设工程安全生产管理条例》规定，施工单位应当将施工现场的办公区、生活区与作业区分开设置，并保持安全距离；办公区、生活区的选址应当符合安全性要求。职工的膳食、饮水、休息场所等应当符合卫生标准。施工单位不得在尚未竣工的建筑物内设置员工集体宿舍。施工现场临时搭建的建筑物应当符合安全使用要求。施工现场使用的装配式活动房屋应当具有产品合格证。

文明施工是安全施工的基础和保障。“以人为本”，不断改进作业人员的工作和生活条件，创造安全、文明的施工环境，最大限度地降低施工现场的安全风险，方可有效地减少施工生产安全事故的发生。

施工现场的办公区、生活区应当与作业区分开设置，并保持安全距离。这是因为办公区、生活区是人们进行办公和日常生活的区域，人员较多且复杂，安全意识和防范措施也相对较弱，如果将其与作业区混设一处，势必造成施工现场管理混乱，极易发生生产安全事故。办公区和生活区的选址也要满足安全性要求，应当建在安全地带，保证办公、生活用房不致因滑坡、泥石流等地质灾害而受到破坏，造成人员伤亡和财产损失。

为了保障职工身体健康，职工的膳食、饮水、休息场所等，均应符合卫生安全标准。2015年4月经修订后公布的《食品安全法》规定，学校、托幼机构、养老机构、建筑工地等集中用餐单位的食堂应当严格遵守法律、法规和食品安全标准；从供餐单位订餐的，应当从取得食品生产经营许可的企业订购，并按照要求对订购的食品进行查验。此外，施工单位提供的饮水也必须达到国家规定的标准。

未竣工的建筑物内不得设置员工集体宿舍。因为这类建筑物尚在施工过程中，条件较差，不宜居住，如将员工集体宿舍设在其中，会有很大的安全事故隐患。施工现场临时搭建的建筑物，如办公用房、宿舍、食堂、仓库、卫生间、淋浴室等，也必须稳固、安全、整洁，并满足消防要求。目前，很多施工工地都采用装配式活动房屋。这种房屋具有密封严密、隔热保温、防水防火、运输方便、使用周期长等优点，但是施工单位应当选择具有产品合格证的正规生产厂家产品，防止因活动房屋产品质量不合格导致生产安全事故的发生。

4. 对施工现场周边的安全防护措施

《建设工程安全生产管理条例》规定，施工单位对因建设工程施工可能造成损害的毗邻建筑物、构筑物和地下管线等，应当采取专项防护措施。在城市市区内的建设工程，施工单位应当对施工现场实行封闭围挡。

建设工程施工多为露天、高处作业，对周围环境特别是毗邻的建筑物、构筑物和地下管线等可能会造成损害。因此，施工单位有责任、有义务采取相应的安全防护措施，确保毗邻的建筑物、构筑物和地下管线等不受损坏。施工现场实行封闭管理，主要是解决“扰民”和“民扰”问题。施工现场采用密目式安全网、围墙、围栏等封闭起来，既可以防止施工中的不安全因素扩散到场外，也可以起到保护环境、美化市容、文明施工的作用，还可以防盗、防砸打损害物品等。

5. 危险作业的施工现场安全管理

《安全生产法》规定，生产经营单位进行爆破、吊装以及国务院安全生产监督管理部门会同国务院有关部门规定的其他危险作业，应当安排专门人员进行现场安全管理，确保操作规程的遵守和安全措施的落实。

2013 年 12 月经修改后颁布的《危险化学品安全管理条例》规定，进行可能危及危险化学品管道安全的施工作业，施工单位应当在开工的 7 日前书面通知管道所属单位，并与管道所属单位共同制定应急预案，采取相应的安全防护措施。管道所属单位应当指派专门人员到现场进行管道安全保护指导。

爆破、吊装等作业具有较大危险性，很容易发生事故；危险化学品是指具有毒害、腐蚀、爆炸、燃烧、助燃等性质，对人体、设施、环境具有危害的剧毒化学品和其他化学品。因此，施工作业人员必须严格按照操作规程进行操作，施工单位也应当会同有关单位采取必要的防范措施，安排专门人员进行作业现场的安全管理。

6. 安全防护设备、机械设备等的安全管理

《建设工程安全生产管理条例》规定，施工单位采购、租赁的安全防护用具、机械设备、施工机具及配件，应当具有生产（制造）许可证、产品合格证，并在进入施工现场前进行查验。施工现场的安全防护用具、机械设备、施工机具及配件必须由专人管理，定期进行检查、维修和保养，建立相应的资料档案，并按照国家有关规定及时报废。

安全防护用具、机械设备、施工机具及配件质量的好坏，直接关系到施工作业人员的人身安全。因此，决不能让不合格的产品流入施工现场，并要加强日常的检查、维修和保养，保障这些设备和产品的正常使用和运转。

7. 施工起重机械设备等的安全使用管理

《建设工程安全生产管理条例》规定，施工单位在使用施工起重机械和整体提升脚手架、模板等自升式架设设施前，应当组织有关单位进行验收，也可以委托具有相应资质的检验检测机构进行验收；使用承租的机械设备和施工机具及配件的，由施工总承包单位、分包单位、出租单位和安装单位共同进行验收。验收合格的方可使用。

近年来，由于对施工现场使用的起重机械、整体提升脚手架、模板（主要指提升或滑升模板）等自升式架设设施管理不善或使用不当，所造成的重大伤亡事故时有发生。因此，必须依法对其加强使用管理。2013 年 6 月公布的《特种设备安全法》规定，起重机械、客运索道、大型游乐设施的安装、改造、重大修理过程，应当经特种设备检验机构按照安全技术规范的要求进行监督检验；未经监督检验或者监督检验不合格的，不得出厂或者交付使用。

5.4.3 施工现场消防安全职责和应采取的消防安全措施

《国务院关于加强和改进消防工作的意见》规定，公共建筑在营业、使用期间不得进行

外保温材料施工作业，居住建筑进行节能改造作业期间应撤离居住人员，并设消防安全巡逻人员，严格分离用火用焊作业与保温施工作业，严禁在施工建筑内安排人员住宿。新建、改建、扩建工程的外保温材料一律不得使用易燃材料，严格限制使用可燃材料。建筑室内装饰装修材料必须符合国家、行业标准和消防安全要求。

公安部、住房和城乡建设部 2009 年 3 月发布的《关于进一步加强建设工程施工现场消防安全工作的通知》中规定，施工单位应当在施工组织设计中编制消防安全技术措施和专项施工方案，并由专职安全管理人员进行现场监督。

施工现场要设置消防通道并确保畅通。建筑工地要满足消防车通行、停靠和作业要求。在建建筑内应设置楼梯间和出入口的临时醒目标志，视实际情况安装楼梯间和出入口的临时照明，及时清理建筑垃圾和障碍物，规范材料堆放，保证发生火灾时，现场施工人员疏散和消防人员扑救快捷畅通。

施工现场要按有关规定设置消防水源。应当在建设工程平地阶段按照总平面设计设置室外消火栓系统，并保持充足的管网压力和流量。根据在建工程施工进度，同步安装室内消火栓系统或设置临时消火栓，配备水枪水带，消防干管设置水泵接合器，满足施工现场火灾扑救的消防供水要求。施工现场应当配备必要的消防设施和灭火器材。施工现场的重点防火部位和在建高层建筑的各个楼层，应在明显和方便取用的地方配置适当数量的手提式灭火器、消防沙袋等消防器材。

动用明火必须实行严格的消防安全管理，禁止在具有火灾、爆炸危险的场所使用明火；需要进行明火作业的，动火部门和人员应当按照用火管理制度办理审批手续，落实现场监护人，在确认无火灾、爆炸危险后方可动火施工；动火施工人员应当遵守消防安全规定，并落实相应的消防安全措施；易燃易爆危险物品和场所应有具体防火防爆措施；电焊、气焊、电工等特殊工种人员必须持证上岗；将容易发生火灾、一旦发生火灾后果严重的部位确定为重点防火部位，实行严格管理。

施工现场的办公区、生活区与作业区应当分开设置，并保持安全距离；施工单位不得在尚未竣工的建筑物内设置员工集体宿舍。

5.4.4　办理意外伤害保险的规定

《建筑法》规定，鼓励企业为从事危险作业的职工办理意外伤害保险，支付保险费。《建设工程安全生产管理条例》则规定，施工单位应当为施工现场从事危险作业的人员办理意外伤害保险。意外伤害保险费由施工单位支付。实行施工总承包的，由总承包单位支付意外伤害保险费。意外伤害保险期限自建设工程开工之日起至竣工验收合格止。

《国务院安委会关于进一步加强安全培训工作的决定》进一步要求，研究探索由开展安全生产责任险、建筑意外伤害险的保险机构安排一定资金，用于事故预防与安全培训工作。

1. 建设意外伤害保险的范围、保险期限和最低保险金额

2003 年 5 月建设部发布的《关于加强建筑意外伤害保险工作的指导意见》中指出，建筑施工企业应当为施工现场从事施工作业和管理的人员，在施工活动过程中发生的人身意外伤亡事故提供保障，办理建设意外伤害保险、支付保险费。范围应当覆盖工程项目。已在企业所在地参加工伤保险的人员，从事现场施工时仍可参加建设意外伤害保险。保险期限应涵

盖工程项目开工之日到工程竣工验收合格日。提前竣工的，保险责任自行终止。因延长工期的，应当办理保险顺延手续。

各地建设行政主管部门要结合本地区实际情况，确定合理的最低保险金额。最低保险金额要能够保障施工伤亡人员得到有效的经济补偿。施工企业办理建筑意外伤害保险时，投保的保险金额不得低于此标准。

2. 建设意外伤害保险的保险费和费率

保险费应当列入建筑安装工程费用。保险费由施工企业支付，施工企业不得向职工摊派。

施工企业和保险公司双方应本着平等协商的原则，根据各类风险因素商定建设意外伤害保险费率，提倡差别费率和浮动费率。差别费率可与工程规模、类型、工程项目风险程度和施工现场环境等因素挂钩。浮动费率可与施工企业安全生产业绩、安全生产管理状况等因素挂钩。对重视安全生产管理、安全业绩好的企业可采用下浮费率；对安全生产业绩差、安全管理不善的企业可采用上浮费率。通过浮动费率机制，激励投保企业安全生产的积极性。

3. 建设意外伤害保险的投保

施工企业应在工程项目开工前，办理完投保手续。鉴于工程建设项目施工工艺流程中各工种调动频繁、用工流动性大，投保应实行不记名和不计人数的方式。工程项目中有分包单位的由总承包施工企业统一办理，分包单位合理承担投保费用。业主直接发包的工程项目由承包企业直接办理。

投保人办理投保手续后，应将投保有关信息以布告形式张贴于施工现场，告知被保险人。

4. 建设意外伤害保险的索赔

建设意外伤害保险应规范和简化索赔程序，做好索赔服务。各地建设行政主管部门要积极创造条件，引导投保企业在发生意外事故后即向保险公司提出索赔，使施工伤亡人员能够得到及时、足额的赔付。

5. 建设意外伤害保险的安全服务

施工企业应当选择能提供建筑安全生产风险管理、事故防范等安全服务和有保险能力的保险公司，以保证事故后能及时补偿与事故前能主动防范。目前还不能提供安全风险管理和事故预防的保险公司，应通过建筑安全服务中介组织向施工企业提供与建设意外伤害保险相关的安全服务。建筑安全服务中介组织必须拥有一定数量、专业配套、具备建筑安全知识和管理经验的专业技术人员。

安全服务内容可包括施工现场风险评估、安全技术咨询、人员培训、防灾防损设备配置、安全技术研究等。施工企业在投保时可与保险机构商定具体服务内容。

5.4.5 违法行为应承担的责任

1. 施工现场安全防护违法行为应承担的法律责任

《建筑法》规定，建筑施工企业违反《建筑法》规定，对建筑安全事故隐患不采取措施予以消除的，责令改正，可以处以罚款；情节严重的，责令停业整顿，降低资质等级或者吊销资质证书；构成犯罪的，依法追究刑事责任。

《安全生产法》规定，生产经营单位有下列行为之一的，责令限期改正，可以处 5 万元以下的罚款；逾期未改正的，处 5 万元以上 20 万元以下的罚款，对其直接负责的主管人员和其他直接责任人员处 1 万元以上 2 万元以下的罚款；情节严重的，责令停产停业整顿；构成犯罪的，依照刑法有关规定追究刑事责任：

（1）未在有较大危险因素的生产经营场所和有关设施、设备上设置明显的安全警示标志的。

（2）安全设备的安装、使用、检测、改造和报废不符合国家标准或者行业标准的。

（3）未对安全设备进行经常性维护、保养和定期检测的。

（4）未为从业人员提供符合国家标准或者行业标准的劳动防护用具的。

（5）危险物品的容器、运输工具，以及涉及人身安全、危险性较大的海洋石油开采特种设备和矿山井下特种设备未经具有专业资质的机构检测、检验合格，取得安全使用证或者安全标志，投入使用的。

（6）使用应当淘汰的危及生产安全的工艺、设备的。

生产经营单位有下列行为之一的，责令限期改正，可以处 10 万元以下的罚款；逾期未改正的，责令停产停业整顿，并处 10 万元以上 20 万元以下的罚款，对其直接负责的主管人员和其他直接责任人员处 2 万元以上 5 万元以下的罚款；构成犯罪的，依照刑法有关规定追究刑事责任：

（1）生产、经营、运输、储存、使用危险物品或者处置废弃危险物品，未建立专门安全管理制度、未采取可靠的安全措施的。

（2）对重大危险源未登记建档，或者未进行评估、监控，或者未制定应急预案的。

（3）进行爆破、吊装以及国务院安全生产监督管理部门会同国务院有关部门规定的其他危险作业，未安排专门人员进行现场安全管理的。

（4）未建立事故隐患排查治理制度的。

《建设工程安全生产管理条例》规定，施工单位有下列行为之一的，责令限期改正；逾期未改正的，责令停业整顿，并处 5 万元以上 10 万元以下的罚款；造成重大安全事故，构成犯罪的，对直接责任人员，依照刑法有关规定追究刑事责任：

（1）施工前未对有关安全施工的技术要求做出详细说明的。

（2）未根据不同施工阶段和周围环境及季节、气候的变化，在施工现场采取相应的安全施工措施，或者在城市市区内的建设工程的施工现场未实行封闭围挡的。

（3）在尚未竣工的建筑物内设置员工集体宿舍的。

（4）施工现场临时搭建的建筑物不符合安全使用要求的。

（5）未对因建设工程施工可能造成损害的毗邻建筑物、构筑物和地下管线等采取专项防护措施的。

施工单位有以上规定第（4）项、第（5）项行为，造成损失的，依法承担赔偿责任。

施工单位有下列行为之一的，责令限期改正；逾期未改正的，责令停业整顿，并处 10 万元以上 30 万元以下的罚款；情节严重的，降低资质等级，直至吊销资质证书；造成重大安全事故，构成犯罪的，对直接责任人员，依照刑法有关规定追究刑事责任；造成损失的，依法承担赔偿责任：

（1）安全防护用具、机械设备、施工机具及配件在进入施工现场前未经查验或者查验不合格即投入使用的。

（2）使用未经验收或者验收不合格的施工起重机械和整体提升脚手架、模板等自升式架设设施的。

（3）委托不具有相应资质的单位承担施工现场安装、拆卸施工起重机械和整体提升脚手架、模板等自升式架设设施的。

（4）在施工组织设计中未编制安全技术措施、施工现场临时用电方案或者专项施工方案的。

《危险化学品安全管理条例》规定，有下列情形的，由安全生产监督管理部门责令改正，可以处5万元以下的罚款；拒不改正的，处5万元以上10万元以下的罚款；情节严重的，责令停产停业整顿：进行可能危及危险化学品管道安全的施工作业，施工单位未按照规定书面通知管道所属单位，或者未与管道所属单位共同制定应急预案、采取相应的安全防护措施，或者管道所属单位未指派专门人员到现场进行管道安全保护指导的。

2. 施工现场消防安全违法行为应承担的法律责任

《消防法》规定，违反《消防法》规定，有下列情形的，责令改正或者停止施工，并处1万元以上10万元以下罚款：建筑施工企业不按照消防设计文件和消防技术标准施工，降低消防施工质量的。

（1）施工单位违反《消防法》规定，有下列情形之一的，责令改正，处5 000元以上5万元以下罚款：

①消防设施、器材或者消防安全标志的配置、设置不符合国家标准、行业标准，或者未保持完好有效的。

②损坏、挪用或者擅自拆除、停用消防设施、器材的。

③占用、堵塞、封闭疏散通道、安全出口或者有其他妨碍安全疏散行为的。

④埋压、圈占、遮挡消火栓或者占用防火间距的。

⑤占用、堵塞、封闭消防车通道，妨碍消防车通行的。

⑥人员密集场所在门窗上设置影响逃生和灭火救援障碍物的。

⑦对火灾隐患经公安机关消防机构通知后不及时采取措施消除的。

（2）有下列情形之一，尚不构成犯罪的，处10日以上15日以下拘留，并处500元以下罚款；情节较轻的，处警告或者500元以下罚款：

①指使或者强令他人违反消防安全规定，冒险作业的。

②过失引起火灾的。

③在火灾发生后阻拦报警，或者负有报告职责的人员不及时报警的。

④扰乱火灾现场秩序，或者拒不执行火灾现场指挥员指挥，影响灭火救援的。

⑤故意破坏或者伪造火灾现场的。

⑥擅自拆封或者使用被公安机关消防机构查封的场所、部位的。

当事人逾期不执行停产停业、停止使用、停止施工决定的，由做出决定的公安机关消防机构强制执行。

《国务院关于加强和改进消防工作的意见》规定，各单位因消防安全责任不落实、火灾防控措施不到位，发生人员伤亡火灾事故的，要依法依纪追究有关人员的责任；发生重大火灾事故的，要依法依纪追究单位负责人、实际控制人、上级单位主要负责人和当地政府及有关部门负责人的责任。

《建设工程消防监督管理规定》中规定，建设、设计、施工、工程监理单位、消防技术服务机构及其从业人员违反有关消防法规、国家工程建设消防技术标准，造成危害后果的，除依法给予行政处罚或者追究刑事责任外，还应当依法承担民事赔偿责任。

3. 施工现场食品安全违法行为应承担的法律责任

《食品安全法》规定，违反《食品安全法》规定，有下列情形的，由县级以上人民政府食品药品监督管理部门责令改正，给予警告；拒不改正的，处 5 000 元以上 5 万元以下罚款；情节严重的，责令停产停业，直至吊销许可证：学校、托幼机构、养老机构、建筑工地等集中用餐单位未按规定履行食品安全管理责任。

5.5　施工生产安全事故的应急救援与调查处理

施工现场一旦发生生产安全事故，应当立即实施抢险救援特别是抢救遇险人员，迅速控制事态，防止伤亡事故进一步扩大，并依法向有关部门报告事故。事故调查处理应当坚持实事求是、尊重科学的原则，及时准确地查清事故经过、事故原因和事故损失，查明事故性质，认定事故责任，总结事故教训，提出整改措施，并对事故责任者依法追究责任。

5.5.1　生产安全事故的等级划分标准

1. 生产安全事故的等级划分

《安全生产法》规定，生产安全事故分为一般事故、较大事故、重大事故。国务院颁布的《生产安全事故报告和调查处理条例》规定，根据生产安全事故（以下简称事故）造成的人员伤亡或者直接经济损失，事故一般分为以下等级：

（1）特别重大事故。特别重大事故是指造成 30 人以上死亡，或者 100 人以上重伤（包括急性工业中毒，下同），或者 1 亿元以上直接经济损失的事故。

（2）重大事故。重大事故是指造成 10 人以上 30 人以下死亡，或者 50 人以上 100 人以下重伤，或者 5 000 万元以上 1 亿元以下直接经济损失的事故。

（3）较大事故。较大事故是指造成 3 人以上 10 人以下死亡，或者 10 人以上 50 人以下重伤，或者 1 000 万元以上 5 000 万元以下直接经济损失的事故。

（4）一般事故。一般事故是指造成 3 人以下死亡，或者 10 人以下重伤，或者 1 000 万元以下直接经济损失的事故。（注：所称的“以上”包括本数，所称的“以下”不包括本数。）

《生产安全事故报告和调查处理条例》还规定，没有造成人员伤亡，但是社会影响恶劣的事故，国务院或者有关地方人民政府认为需要调查处理的，依照《生产安全事故报告和调查处理条例》的有关规定执行。

据此，生产安全事故的等级划分包括了人身、经济和社会 3 个要素：人身要素就是人员伤亡的数量；经济要素就是直接经济损失的数额；社会要素则是社会影响。这 3 个要素依法可以单独使用。

2. 生产安全事故的等级划分的补充性规定

《生产安全事故报告和调查处理条例》规定，国务院安全生产监督管理部门可以会同国务院有关部门，制定事故等级划分的补充性规定。

由于不同行业和领域的生产安全事故各有特点，发生事故的原因和损失情况差异较大，在实践中是很难用同一标准来划分不同行业或领域生产安全事故等级的。因此，授权国务院安全生产监督管理部门可以会同国务院有关部门，针对某些特殊行业或者领域的实际情况来制定事故等级划分的补充性规定是十分必要的。

5.5.2 施工生产安全事故应急救援预案的规定

施工生产安全事故多具有突发性、群体性等特点，如果施工单位事先根据本单位和施工现场的实际情况，针对可能发生事故的类别、性质、特点和范围等，事先制定当事故发生时有关的组织、技术措施和其他应急措施，做好充分的应急救援准备工作，不但可以采用预防技术和管理手段，降低事故发生的可能性，而且一旦发生事故时，还可以在短时间内组织有效抢救，防止事故扩大，减少人员伤亡和财产损失。

《安全生产法》规定，生产经营单位的主要负责人具有组织制定并实施本单位的生产安全事故应急救援预案的职责。《建设工程安全生产管理条例》进一步规定，施工单位应当制定本单位生产安全事故应急救援预案，建立应急救援组织或者配备应急救援人员，配备必要的应急救援器材、设备，并定期组织演练。

建筑施工单位应当建立应急救援组织；生产经营规模较小的，可以不建立应急救援组织，但应当指定兼职的应急救援人员。建筑施工单位应当配备必要的应急救援器材、设备和物资，并进行经常性维护、保养，保证正常运转。

1. 施工生产安全事故应急救援预案的编制

《安全生产法》规定，生产经营单位对重大危险源应当登记建档，进行定期检测、评估、监控，并制定应急预案，告知从业人员和相关人员在紧急情况下应当采取的应急措施。生产经营单位应当按照国家有关规定将本单位重大危险源及有关安全措施、应急措施报有关地方人民政府安全生产监督管理部门和有关部门备案。

《建设工程安全生产管理条例》规定，施工单位应当根据建设工程施工的特点、范围，对施工现场易发生重大事故的部位、环节进行监控，制定施工现场生产安全事故应急救援预案。

国家安全生产监督管理总局发布的《生产安全事故应急预案管理办法》进一步规定，生产经营单位的应急预案按照针对情况的不同，分为综合应急预案、专项应急预案和现场处置方案。生产经营单位编制的综合应急预案、专项应急预案和现场处置方案之间应当相互衔接，并与所涉及的其他单位的应急预案相互衔接。

综合应急预案应当包括本单位的应急组织机构及其职责、预案体系及响应程序、事故预防及应急保障、应急培训及预案演练等主要内容；专项应急预案应当包括危险性分析、可能发生的事故特征、应急组织机构与职责、预防措施、应急处置程序和应急保障等内容；现场处置方案应当包括危险性分析、可能发生的事故特征、应急处置程序、应急处置要点和注意事项等内容。

应急预案的编制应当符合下列基本要求：

（1）符合有关法律、法规、规章和标准的规定。

（2）结合本地区、本部门、本单位的安全生产实际情况。

（3）结合本地区、本部门、本单位的危险性分析情况。

（4）应急组织和人员的职责分工明确，并有具体的落实措施。

（5）有明确、具体的事故预防措施和应急程序，并与其应急能力相适应。

（6）有明确的应急保障措施，并能满足本地区、本部门、本单位的应急工作要求。

（7）预案基本要素齐全、完整，预案附件提供的信息准确。

（8）预案内容与相关应急预案相互衔接。

应急预案应当包括应急组织机构和人员的联系方式、应急物资储备清单等附件信息。

此外，《消防法》还规定，企业应当履行落实消防安全责任制，制定本单位的消防安全制度、消防安全操作规程，制定灭火和应急疏散预案的消防安全职责。2017 年 11 月经修订后颁布的《职业病防治法》规定，用人单位应当建立、健全职业病危害事故应急救援预案。《特种设备安全法》规定，特种设备使用单位应当制定特种设备事故应急专项预案，并定期进行应急演练。2002 年 5 月颁布的《使用有毒物品作业场所劳动保护条例》规定，从事使用高毒物品作业的用人单位，应当配备应急救援人员和必要的应急救援器材、设备，制定事故应急救援预案，并根据实际情况变化对应急救援预案适时进行修订，定期组织演练。

2. 施工生产安全事故应急救援预案的评审和备案

《生产安全事故应急预案管理办法》规定，建筑施工单位应当组织专家对本单位编制的应急预案进行评审。评审应当形成书面纪要并附有专家名单。应急预案的评审应当注重应急预案的实用性、基本要素的完整性、预防措施的针对性、组织体系的科学性、响应程序的操作性、应急保障措施的可行性、应急预案的衔接性等内容。施工单位的应急预案经评审后，由施工单位主要负责人签署公布。

生产经营单位申请应急预案备案，应当提交以下材料：

（1）应急预案备案申请表。

（2）应急预案评审或者论证意见。

（3）应急预案文本及电子文档。

对于实行安全生产许可的生产经营单位，已经进行应急预案备案登记的，在申请安全生产许可证时，可以不提供相应的应急预案，仅提供应急预案备案登记表。

5.5.3　施工生产安全事故报告及采取相应措施的规定

《建筑法》规定，施工中发生事故时，建筑施工企业应当采取紧急措施减少人员伤亡和事故损失，并按照国家有关规定及时向有关部门报告。

《建设工程安全生产管理条例》进一步规定，施工单位发生生产安全事故，应当按照国家有关伤亡事故报告和调查处理的规定，及时、如实地向负责安全生产监督管理的部门、建设行政主管部门或者其他有关部门报告；特种设备发生事故的，还应当同时向特种设备安全监督管理部门报告。实行施工总承包的建设工程，由总承包单位负责上报事故。

1. 施工生产安全事故报告的基本要求

《安全生产法》规定，生产经营单位发生生产安全事故后，事故现场有关人员应当立即报告本单位负责人。单位负责人接到事故报告后，应当迅速采取有效措施，组织抢救，防止事故扩大，减少人员伤亡和财产损失，并按照国家有关规定立即如实报告当地负有安全生产监督管理职责的部门，不得隐瞒不报、谎报或者拖延不报，不得故意破坏事故现场、毁灭有关证据。

《特种设备安全法》进一步规定，特种设备发生事故后，事故发生单位应当按照应急预案采取措施，组织抢救，防止事故扩大，减少人员伤亡和财产损失，保护事故现场和有关证据，并及时向事故发生地县级以上人民政府负责特种设备安全监督管理的部门和有关部门报告。与事故相关的单位和人员不得迟报、谎报或者瞒报事故情况，不得隐匿、毁灭有关证据或者故意破坏事故现场。

（1）事故报告的时间要求。《生产安全事故报告和调查处理条例》规定，事故发生后，事故现场有关人员应当立即向本单位负责人报告；单位负责人接到报告后，应当于 1 小时内向事故发生地县级以上人民政府安全生产监督管理部门和负有安全生产监督管理职责的有关部门报告。情况紧急时，事故现场有关人员可以直接向事故发生地县级以上人民政府安全生产监督管理部门和负有安全生产监督管理职责的有关部门报告。

所谓事故现场，是指事故具体发生地点及事故能够影响和波及的区域，以及该区域内的物品、痕迹等所处的状态。所谓有关人员，主要是指事故发生单位在事故现场的有关工作人员，可以是事故的负伤者，或者是在事故现场的其他工作人员。所谓立即报告，是指在事故发生后的第一时间用最快捷的报告方式进行报告。所谓单位负责人，可以是事故发生单位的主要负责人，也可以是事故发生单位主要负责人以外的其他分管安全生产工作的副职领导或其他负责人。

在一般情况下，事故现场有关人员应当先向本单位负责人报告事故。但是，事故是人命关天的大事，在情况紧急时允许事故现场有关人员直接向安全生产监督管理部门和负有安全生产监督管理职责的有关部门报告。事故报告应当及时、准确、完整。任何单位和个人对事故不得迟报、漏报、谎报或者瞒报。

（2）事故报告的内容要求。《生产安全事故报告和调查处理条例》规定，报告事故应当包括下列内容：

①事故发生单位概况。事故发生单位概况，应当包括单位的全称、所处地理位置、所有制形式和隶属关系、生产经营范围和规模、持有各类证照情况、单位负责人基本情况以及近期生产经营状况等。该部分内容应以全面、简洁为原则。

②事故发生的时间、地点以及事故现场情况。报告事故发生的时间应当具体；报告事故发生的地点要准确，除事故发生的中心地点外，还应当报告事故所波及的区域；报告事故现场的情况应当全面，包括现场的总体情况、人员伤亡情况和设备设施的毁损情况，以及事故发生前后的现场情况，便于比较分析事故原因。

③事故的简要经过。

④事故已经造成或者可能造成的伤亡人数（包括下落不明的人数）和初步估算的直接经济损失。对人员伤亡情况的报告，应当遵守实事求是的原则，不做无根据的猜测，更不能隐瞒实际伤亡人数。对直接经济损失的初步估算，主要是指事故所导致的建筑物毁损、生产设备设施和仪器仪表损坏等。

⑤已经采取的措施。已经采取的措施，主要是指事故现场有关人员、事故单位负责人以及已经接到事故报告的安全生产管理部门等，为减少损失、防止事故扩大和便于事故调查所采取的应急救援和现场保护等具体措施。

⑥其他应当报告的情况。其他应当报告的情况，则应根据实际情况而定。如较大以上事故，还应当报告事故所造成的社会影响、政府有关领导和部门现场指挥等有关情况。

（3）事故补报的要求。《生产安全事故报告和调查处理条例》规定，事故报告后出现新情况的，应当及时补报。

自事故发生之日起30日内，事故造成的伤亡人数发生变化的，应当及时补报。道路交通事故、火灾事故自发生之日起7日内，事故造成的伤亡人数发生变化的，应当及时补报。

2. 发生施工生产安全事故后应采取的相应措施

《安全生产法》规定，生产经营单位发生生产安全事故时，单位的主要负责人应当立即组织抢救，并不得在事故调查处理期间擅离职守。《建设工程安全生产管理条例》进一步规定，发生生产安全事故后，施工单位应当采取措施防止事故扩大，保护事故现场。需要移动现场物品时，应当做出标记和书面记录，妥善保管有关证物。

（1）组织应急抢救工作。《生产安全事故报告和调查处理条例》规定，事故发生单位负责人接到事故报告后，应当立即启动事故相应应急预案，或者采取有效措施，组织抢救，防止事故扩大，减少人员伤亡和财产损失。

例如，对危险化学品泄漏等可能对周边群众和环境产生危害的事故，施工单位应当在向地方政府及有关部门报告的同时，及时向可能受到影响的单位、职工、群众发出预警信息，标明危险区域，组织、协助应急救援队伍救助受害人员，疏散、撤离、安置受到威胁的人员，并采取必要措施防止发生次生、衍生事故。

（2）妥善保护事故现场。《生产安全事故报告和调查处理条例》规定，事故发生后，有关单位和人员应当妥善保护事故现场以及相关证据，任何单位和个人不得破坏事故现场、毁灭相关证据。因抢救人员、防止事故扩大以及疏通交通等原因，需要移动事故现场物件的，应当做出标志，绘制现场简图并做出书面记录，妥善保存现场重要痕迹、物证。

事故现场是追溯判断事故发生原因和事故责任人责任的客观物质基础。从事故发生到事故调查组赶赴现场，往往需要一段时间，而在这段时间里，许多外界因素，如对伤员的救护、险情控制、周围群众围观等都会给事故现场造成不同程度的破坏，甚至还有故意破坏事故现场的情况。如果事故现场保护不好，一些与事故有关的证据就难以找到，将直接影响到事故现场的勘查，不便于查明事故原因，从而影响事故调查处理的进度和质量。

保护事故现场，就是要根据事故现场的具体情况和周围环境，划定保护区范围，布置警戒，必要时将事故现场封锁起来，维持现场的原始状态，既不要减少任何痕迹、物品，也不能增加任何痕迹、物品。即使是保护现场的人员，也不要无故进入，更不能擅自进行勘查，或者随意触摸、移动事故现场的任何物品。任何单位和个人都不得破坏事故现场、毁灭相关证据。

确因特殊情况需要移动事故现场物品的，须同时满足以下条件：

（1）抢救人员、防止事故扩大以及疏通交通的需要。

（2）经事故单位负责人或者组织事故调查的安全生产监督管理部门和负有安全生产监

督管理职责的有关部门同意。

（3）做出标志，绘制现场简图，拍摄现场照片，对被移动物件贴上标签并做出书面记录。

3. 施工生产安全事故的调查

《安全生产法》规定，事故调查处理应当按照实事求是、尊重科学的原则，及时、准确地查清事故原因，查明事故性质和责任，总结事故教训，提出整改措施，并对事故责任者提出处理意见。事故调查报告应当依法及时向社会公布。

（1）事故调查的管辖。《生产安全事故报告和调查处理条例》规定，特别重大事故由国务院或者国务院授权有关部门组织事故调查组进行调查。

重大事故、较大事故、一般事故分别由事故发生地省级人民政府、设区的市级人民政府、县级人民政府负责调查。省级人民政府、设区的市级人民政府、县级人民政府可以直接组织事故调查组进行调查，也可以授权或者委托有关部门组织事故调查组进行调查。未造成人员伤亡的一般事故，县级人民政府也可以委托事故发生单位组织事故调查组进行调查。上级人民政府认为必要时，可以调查由下级人民政府负责调查的事故。

特别重大事故以下等级事故，事故发生地与事故发生单位不在同一个县级以上行政区域的，由事故发生地人民政府负责调查，事故发生单位所在地人民政府应当派人参加。

（2）事故调查组的组成与职责。事故调查组的组成应当遵循精简、高效的原则。根据事故的具体情况，事故调查组由有关人民政府、安全生产监督管理部门、负有安全生产监督管理职责的有关部门、监察机关、公安机关以及工会派人组成，并应当邀请人民检察院派人参加。事故调查组可以聘请有关专家参与调查。

事故调查组成员应当具有事故调查所需要的知识和专长，并与所调查的事故没有直接利害关系。事故调查组组长由负责事故调查的人民政府指定。事故调查组组长主持事故调查组的工作。

事故调查组应当履行下列职责：

①查明事故发生的经过、原因、人员伤亡情况及直接经济损失。

②认定事故的性质和事故责任。

③提出对事故责任者的处理建议。

④总结事故教训，提出防范和整改措施。

⑤提交事故调查报告。

（3）事故调查组的权利与纪律。事故调查组有权向有关单位和个人了解与事故有关的情况，并要求其提供相关文件、资料，有关单位和个人不得拒绝。事故发生单位的负责人和有关人员在事故调查期间不得擅离职守，并应当随时接受事故调查组的询问，如实提供有关情况。事故调查中发现涉嫌犯罪的，事故调查组应当及时将有关材料或者其复印件移交司法机关处理。

事故调查中需要进行技术鉴定的，事故调查组应当委托具有国家规定资质的单位进行技术鉴定。必要时，事故调查组可以直接组织专家进行技术鉴定。技术鉴定所需时间不计入事故调查期限。

事故调查组成员在事故调查工作中应当诚信公正、恪尽职守，遵守事故调查组的纪律，保守事故调查的秘密。未经事故调查组组长允许，事故调查组成员不得擅自发布有关事故的信息。

（4）事故调查报告的期限与内容。事故调查组应当自事故发生之日起 60 日内提交事故调查报告；特殊情况下，经负责事故调查的人民政府批准，提交事故调查报告的期限可以适当延长，但延长的期限最长不超过 60 日。

事故调查报告应当包括下列内容：

（1）事故发生单位概况。

（2）事故发生经过和事故救援情况。

（3）事故造成的人员伤亡和直接经济损失。

（4）事故发生的原因和事故性质。

（5）事故责任的认定以及对事故责任者的处理建议。

（6）事故防范和整改措施。

事故调查报告应当附具有关证据材料。事故调查组成员应当在事故调查报告上签名。

4. 施工生产安全事故的处理

（1）事故处理时限和落实批复。《生产安全事故报告和调查处理条例》规定，重大事故、较大事故、一般事故，负责事故调查的人民政府应当自收到事故调查报告之日起 15 日内做出批复；特别重大事故，30 日内做出批复，特殊情况下，批复时间可以适当延长，但延长的时间最长不超过 30 日。

有关机关应当按照人民政府的批复，依照法律、行政法规规定的权限和程序，对事故发生单位和有关人员进行行政处罚，对负有事故责任的国家工作人员进行处分。事故发生单位应当按照负责事故调查的人民政府的批复，对本单位负有事故责任的人员进行处理。负有事故责任的人员涉嫌犯罪的，依法追究刑事责任。

（2）事故发生单位的防范和整改措施。事故发生单位应当认真吸取事故教训，落实防范和整改措施，防止事故再次发生。防范和整改措施的落实情况应当接受工会和职工的监督。

安全生产监督管理部门和负有安全生产监督管理职责的有关部门应当对事故发生单位落实防范和整改措施的情况进行监督检查。

（3）处理结果的公布。事故处理的情况由负责事故调查的人民政府或者其授权的有关部门、机构向社会公布，依法应当保密的除外。

5.5.4 违法行为应承担的法律责任

施工安全事故应急救援与调查处理违法行为应承担的主要法律责任如下：

1. 制定事故应急救援预案违法行为应承担的法律责任

《安全生产法》规定，生产经营单位对重大危险源未登记建档，或者未进行评估、监控，或者未制定应急预案的，或者未建立事故隐患排查治理制度的，责令限期改正，可以处 10 万元以下的罚款；逾期未改正的，责令停产停业整顿，并处 10 万元以上 20 万元以下的罚款，对其直接负责的主管人员和其他直接责任人员处 2 万元以上 5 万元以下的罚款；构成犯罪的，依照刑法有关规定追究刑事责任。

《生产安全事故应急预案管理办法》规定，生产经营单位应急预案未按照《生产安全事故应急预案管理办法》规定备案的，由县级以上安全生产监督管理部门给予警告，并处3万元以下罚款。

2. 事故报告及采取相应措施违法行为应承担的法律责任

《安全生产法》规定，生产经营单位的主要负责人在本单位发生生产安全事故时，不立即组织抢救或者在事故调查处理期间擅离职守或者逃匿的，给予降级、撤职的处分，并由安全生产监督管理部门处上一年年收入60%～100%的罚款；对逃匿的处15日以下拘留；构成犯罪的，依照刑法有关规定追究刑事责任。生产经营单位的主要负责人对生产安全事故隐瞒不报、谎报或者迟报的，依照前款规定处罚。

《特种设备安全法》规定，发生特种设备事故，有下列情形之一的，对单位处5万元以上20万元以下罚款；对主要负责人处1万元以上5万元以下罚款；主要负责人属于国家工作人员的，并依法给予处分：

（1）发生特种设备事故时，不立即组织抢救或者在事故调查处理期间擅离职守或者逃匿的。

（2）对特种设备事故迟报、谎报或者瞒报的。

《生产安全事故报告和调查处理条例》规定，事故发生单位主要负责人有下列情形之一的，处上一年年收入40%～80%的罚款；属于国家工作人员的，并依法给予处分；构成犯罪的，依法追究刑事责任：

（1）不立即组织事故抢救的。

（2）迟报或者漏报事故的。

（3）在事故调查处理期间擅离职守的。

事故发生单位及其有关人员有下列情形之一的，对事故发生单位处100万元以上500万元以下的罚款；对主要负责人、直接负责的主管人员和其他直接责任人员处上一年年收入60%～100%的罚款；属于国家工作人员的，并依法给予处分；构成违反治安管理行为的，由公安机关依法给予治安管理处罚；构成犯罪的，依法追究刑事责任：

（1）谎报或者瞒报事故的。

（2）伪造或者故意破坏事故现场的。

（3）转移、隐匿资金、财产，或者销毁有关证据、资料的。

（4）拒绝接受调查或者拒绝提供有关情况和资料的。

（5）在事故调查中作伪证或者指使他人作伪证的。

（6）事故发生后逃匿的。

《职业病防治法》规定，用人单位违反《职业病防治法》的规定，有下列情形的，由卫生行政部门给予警告，责令限期改正，逾期不改正的，处5万元以上20万元以下的罚款；情节严重的，责令停止产生职业病危害的作业，或者提请有关人民政府按照国务院规定的权限责令关闭：发生或者可能发生急性职业病危害事故时，未立即采取应急救援和控制措施或者未按照规定及时报告的。

《刑法》第139条之一规定，在安全事故发生后，负有报告职责的人员不报或者谎报事故情况，贻误事故抢救，情节严重的，处3年以下有期徒刑或者拘役；情节特别严重的，处

3 年以上 7 年以下有期徒刑。

《最高人民法院、最高人民检察院关于处理危害生产安全刑事案件适用法律若干问题的解释》中规定，《刑法》第 139 条之一规定的“负有报告职责的人员”，是指负有组织、指挥或者管理职责的负责人、管理人员、实际控制人、投资人，以及其他负有报告职责的人员。

在安全事故发生后，负有报告职责的人员不报或者谎报事故情况，贻误事故抢救，具有下列情形之一的，应当认定为《刑法》第 139 条之一规定的“情节严重”：

（1）导致事故后果扩大，增加死亡 1 人以上，或者增加重伤 3 人以上，或者增加直接经济损失 100 万元以上的。

（2）实施下列情形之一，致使不能及时有效开展事故抢救的：①决定不报、迟报、谎报事故情况或者指使、串通有关人员不报、迟报、谎报事故情况的；②在事故抢救期间擅离职守或者逃匿的；③伪造、破坏事故现场，或者转移、藏匿、毁灭遇难人员尸体，或者转移、藏匿受伤人员的；④毁灭、伪造、隐匿与事故有关的图纸、记录、计算机数据等资料以及其他证据的。

（3）其他情节严重的情形。

具有下列情形之一的，应当认定为《刑法》第 139 条之一规定的“情节特别严重”：

（1）导致事故后果扩大，增加死亡 3 人以上，或者增加重伤 10 人以上，或者增加直接经济损失 500 万元以上的。

（2）采用暴力、胁迫、命令等方式阻止他人报告事故情况，导致事故后果扩大的。

（3）其他情节特别严重的情形。

3. 事故调查违法行为应承担的法律责任

《生产安全事故报告和调查处理条例》规定，参与事故调查的人员在事故调查中有下列情形之一的，依法给予处分；构成犯罪的，依法追究刑事责任：

（1）对事故调查工作不负责任，致使事故调查工作有重大疏漏的。

（2）包庇、袒护负有事故责任的人员或者借机打击报复的。

4. 事故责任单位及主要负责人应承担的法律责任

《安全生产法》规定，生产经营单位与从业人员订立协议，免除或者减轻其对从业人员因生产安全事故伤亡依法应承担的责任的，该协议无效；对生产经营单位的主要负责人、个人经营的投资人处 2 万元以上 10 万元以下的罚款。

发生生产安全事故，对负有责任的生产经营单位除要求其依法承担相应的赔偿等责任外，由安全生产监督管理部门依照下列规定处以罚款：

（1）发生一般事故的，处 20 万元以上 50 万元以下的罚款。

（2）发生较大事故的，处 50 万元以上 100 万元以下的罚款。

（3）发生重大事故的，处 100 万元以上 500 万元以下的罚款。

（4）发生特别重大事故的，处 500 万元以上 1 000 万元以下的罚款；情节特别严重的，处 1 000 万元以上 2 000 万元以下的罚款。

生产经营单位发生生产安全事故造成人员伤亡、他人财产损失的，应当依法承担赔偿责任；拒不承担或者其负责人逃匿的，由人民法院依法强制执行。生产安全事故的责任人未依法承担赔偿责任，经人民法院依法采取执行措施后，仍不能对受害人给予足额赔偿的，应当继续履行赔偿义务；受害人发现责任人有其他财产的，可以随时请求人民法院执行。

《特种设备安全法》规定，造成人身、财产损害的，依法承担民事责任。应当承担民事赔偿责任和缴纳罚款、罚金，其财产不足以同时支付时，先承担民事赔偿责任。构成违反治安管理行为的，依法给予治安管理处罚；构成犯罪的，依法追究刑事责任。特种设备安全管理人员、检测人员和作业人员不履行岗位职责，违反操作规程和有关安全规章制度，造成事故的，吊销相关人员的资格。

《生产安全事故报告和调查处理条例》规定，事故发生单位对事故发生负有责任的，依照下列规定处以罚款：

（1）发生一般事故的，处 10 万元以上 20 万元以下的罚款。

（2）发生较大事故的，处 20 万元以上 50 万元以下的罚款。

（3）发生重大事故的，处 50 万元以上 200 万元以下的罚款。

（4）发生特别重大事故的，处 200 万元以上 500 万元以下的罚款。

事故发生单位主要负责人未依法履行安全生产管理职责，导致事故发生的，依照下列规定处以罚款；属于国家工作人员的，并依法给予处分；构成犯罪的，依法追究刑事责任：

（1）发生一般事故的，处上一年年收入 30% 的罚款。

（2）发生较大事故的，处上一年年收入 40% 的罚款。

（3）发生重大事故的，处上一年年收入 60% 的罚款。

（4）发生特别重大事故的，处上一年年收入 80% 的罚款。

事故发生单位对事故发生负有责任的，由有关部门依法暂扣或者吊销其有关证照；对事故发生单位负有事故责任的有关人员，依法暂停或者撤销其与安全生产有关的执业资格、岗位证书；事故发生单位主要负责人受到刑事处罚或者撤职处分的，自刑罚执行完毕或者受处分之日起，5 年内不得担任任何生产经营单位的主要负责人。

5.6 建设单位和相关单位的建设工程安全责任制度

《建设工程安全生产管理条例》规定，建设单位、勘察单位、设计单位、施工单位、工程监理单位及其他与建设工程安全生产有关的单位，必须遵守安全生产法律、法规的规定，保证建设工程安全生产，依法承担建设工程安全生产责任。

建设工程安全生产的重点是施工现场，其主要责任单位是施工单位，但与施工活动密切相关的单位的活动也都影响着施工安全。因此，有必要对所有与建设工程施工活动有关的单位的安全责任做出明确规定。

5.6.1 建设单位相关的安全责任

建设单位是建设工程项目的投资主体或管理主体，在整个工程建设中居于主导地位。但长期以来，我国对建设单位的工程项目管理行为缺乏必要的法律约束，对其安全管理责任更没有明确规定，由于建设单位的某些工程项目管理行为不规范，直接或者间接导致施工生产安全事故的发生是有着不少惨痛教训的。为此，《建设工程安全生产管理条例》中明确规定，建设单位必须遵守安全生产法律、法规的规定，保证建设工程安全生产，依法承担建设工程安全生产责任。

1. 依法办理有关批准手续

《建筑法》规定，有下列情形之一的，建设单位应当按照国家有关规定办理申请批准手续：

（1）需要临时占用规划批准范围以外场地的。

（2）可能损坏道路、管线、电力、邮电通信等公共设施的。

（3）需要临时停水、停电、中断道路交通的。

（4）需要进行爆破作业的。

（5）法律、法规规定需要办理报批手续的其他情形。

上述活动不仅涉及工程建设的顺利进行和施工现场作业人员的安全，也影响到周边区域人们的安全或是正常的工作生活，并需要有关方面给予支持和配合。为此，建设单位应当依法向有关部门申请办理批准手续。

2. 向施工单位提供真实、准确和完整的有关资料

《建筑法》规定，建设单位应当向建筑施工企业提供与施工现场相关的地下管线资料，建筑施工企业应当采取措施加以保护。

《建设工程安全生产管理条例》进一步规定，建设单位应当向施工单位提供施工现场及毗邻区域内供水、排水、供电、供气、供热、通信、广播电视等地下管线资料，气象和水文观测资料，相邻建筑物和构筑物、地下工程的有关资料，并保证资料的真实、准确、完整。

在建设工程施工前，施工单位须搞清楚施工现场及毗邻区域内地下管线，以及相邻建筑物、构筑物和地下工程的有关资料，否则很有可能会因施工而造成对其破坏，不仅导致人员伤亡和经济损失，还将影响周边地区单位和居民的工作与生活。同时，建设工程的施工周期往往比较长，又多是露天作业，受气候条件的影响较大，建设单位还应当提供有关气象和水文观测资料。建设单位须保证所提供资料的真实、准确，并能满足施工安全作业的需要。

3. 不得提出违法要求和随意压缩合同工期

《建设工程安全生产管理条例》规定，建设单位不得对勘察、设计、施工、工程监理等单位提出不符合建设工程安全生产法律、法规和强制性标准规定的要求，不得压缩合同约定的工期。

由于市场竞争相当激烈，一些勘察、设计、施工、工程监理单位为了承揽业务，往往对建设单位提出的各种要求尽量给予满足，这就造成某些建设单位为了追求利益最大化而提出一些非法要求，甚至明示或者暗示相关单位进行一些不符合法律、法规和强制性标准的活动。因此，建设单位也必须依法规范自身的行为。

合同约定的工期是建设单位与施工单位在工期定额的基础上，根据施工条件、技术水平等，经过双方平等协商而共同约定的工期。建设单位不能片面为了早日发挥建设项目的效益，迫使施工单位大量增加人力、物力投入，或者是简化施工程序，随意压缩合同约定的工期。任何违背科学和客观规律的行为，都是施工生产安全事故隐患，都有可能导致施工生产安全事故的发生。当然，在符合有关法律、法规和强制性标准的规定，并编制了赶工技术措

施等前提下，建设单位与施工单位就提前工期的技术措施费和提前工期奖励等协商一致后，是可以对合同工期进行适当调整的。

4. 确定建设工程安全作业环境及安全施工措施所需费用

《建设工程安全生产管理条例》规定，建设单位在编制工程概算时，应当确定建设工程安全作业环境及安全施工措施所需费用。

多年的实践表明，要保障施工安全生产，必须有合理的安全投入。因此，建设单位在编制工程概算时，就应当合理确定保障建设工程施工安全所需的费用，并依法足额向施工单位提供。

5. 不得要求购买、租赁和使用不符合安全施工要求的用具、设备等

《建设工程安全生产管理条例》规定，建设单位不得明示或者暗示施工单位购买、租赁、使用不符合安全施工要求的安全防护用具、机械设备、施工机具及配件、消防设施和器材。

由于建设工程的投资额、投资效益以及工程质量等最终都是由建设单位把控，建设单位势必要对工程建设的各个环节都非常关心，包括材料设备的采购、租赁等。这就要求建设单位与施工单位应当在合同中约定双方的权利义务，包括采用哪种供货方式等。无论施工单位购买、租赁或是使用哪种安全防护用具、机械设备等，建设单位都不得采用明示或者暗示的方式，违法向施工单位提出不符合安全施工的要求。

6. 申领施工许可证应当提供有关安全施工措施的资料

按照《建筑法》的规定，申请领取施工许可证应当具备的条件之一，就是“有保证工程质量和安全的具体措施”。

《建设工程安全生产管理条例》进一步规定，建设单位在领取施工许可证时，应当提供建设工程有关安全施工措施的资料。依法批准开工报告的建设工程，建设单位应当自开工报告批准之日起 15 日内，将保证安全施工的措施报送建设工程所在地的县级以上地方人民政府建设行政主管部门或者其他有关部门备案。

建设单位在申请领取施工许可证时，应当提供的建设工程有关安全施工措施资料，一般包括：中标通知书，工程施工合同，施工现场总平面布置图，临时设施规划方案和已搭建情况，施工现场安全防护设施搭设（设置）计划、施工进度计划、安全措施费用计划，专项安全施工组织设计（方案、措施），拟进入施工现场使用的施工起重机械设备（塔式起重机、物料提升机、外用电梯）的型号、数量，工程项目负责人、安全管理人员及特种作业人员持证上岗情况，建设单位安全监督人员名册、工程监理单位人员名册，以及其他应提交的材料。

7. 装修工程和拆除工程的规定

《建筑法》规定，涉及建筑主体和承重结构变动的装修工程，建设单位应当在施工前委托原设计单位或者具有相应资质条件的设计单位提出设计方案；没有设计方案的，不得施工。《建筑法》还规定，房屋拆除应当由具备保证安全条件的建筑施工单位承担。

《建设工程安全生产管理条例》进一步规定，建设单位应当将拆除工程发包给具有相应资质等级的施工单位。建设单位应当在拆除工程施工 15 日前，将下列资料报送建设工程所在地的县级以上地方人民政府建设行政主管部门或者其他有关部门备案：

（1）施工单位资质等级证明。

（2）拟拆除建筑物、构筑物及可能危及毗邻建筑物的说明。

（3）拆除施工组织方案。

（4）堆放、清除废弃物的措施。

实施爆破作业的，应当遵守国家有关民用爆炸物品管理的规定。

8. 建设单位违法行为应承担的法律责任

《建设工程安全生产管理条例》规定，建设单位未提供建设工程安全生产作业环境及安全施工措施所需费用的，责令限期改正；逾期未改正的，责令该建设工程停止施工。

建设单位未将保证安全施工的措施或者拆除工程的有关资料报送有关部门备案的，责令限期改正，给予警告。

建设单位有下列情形之一的，责令限期改正，处 20 万元以上 50 万元以下的罚款；造成重大安全事故，构成犯罪的，对直接责任人员，依照刑法有关规定追究刑事责任；造成损失的，依法承担赔偿责任：

（1）对勘察、设计、施工、工程监理等单位提出不符合安全生产法律、法规和强制性标准规定的要求的。

（2）要求施工单位压缩合同约定的工期的。

（3）将拆除工程发包给不具有相应资质等级的施工单位的。

5.6.2 勘察、设计单位相关的安全责任

建设工程安全生产是一个大的系统工程。工程勘察、设计作为工程建设的重要环节，对保障安全施工有着重要影响。

1. 勘察单位的安全责任

《建设工程安全生产管理条例》规定，勘察单位应当按照法律、法规和工程建设强制性标准进行勘察，提供的勘察文件应当真实、准确，满足建设工程安全生产的需要。勘察单位在勘察作业时，应当严格执行操作规程，采取措施保证各类管线、设施和周边建筑物、构筑物的安全。

工程勘察是工程建设的先行官。工程勘察成果是建设工程项目规划、选址、设计的重要依据，也是保证施工安全的重要因素和前提条件。因此，勘察单位必须按照法律、法规的规定以及工程建设强制性标准的要求进行勘察，并提供真实、准确的勘察文件，不能弄虚作假。

此外，勘察单位在进行勘察作业时，也易发生安全事故。为了保证勘察作业的安全，勘察人员必须严格执行操作规程，并应采取措施保证各类管线、设施和周边建筑物、构筑物的安全，为保障施工作业人员和相关人员的安全提供必要条件。

2. 设计单位的安全责任

工程设计是工程建设的灵魂。在建设工程项目确定后，工程设计便成为工程建设中最重要、最关键的环节，对安全施工有着重要影响。

（1）按照法律、法规和工程建设强制性标准进行设计。《建设工程安全生产管理条例》规定，设计单位应当按照法律、法规和工程建设强制性标准进行设计，防止因设计不合理导

致生产安全事故的发生。

工程建设强制性标准是工程建设技术和经验的总结与积累，对保证建设工程质量和施工安全起着至关重要的作用。从一些生产安全事故的原因分析，涉及设计单位责任的，主要是没有按照强制性标准进行设计，由于设计得不合理导致施工过程中发生了安全事故。因此，设计单位在设计过程中必须考虑施工生产安全，严格执行强制性标准。

（2）提出防范生产安全事故的指导意见和措施建议。《建设工程安全生产管理条例》规定，设计单位应当考虑施工安全操作和防护的需要，对涉及施工安全的重点部位和环节在设计文件中注明，并对防范生产安全事故提出指导意见。采用新结构、新材料、新工艺的建设工程和特殊结构的建设工程，设计单位应当在设计中提出保障施工作业人员安全和预防生产安全事故的措施建议。

设计单位的工程设计文件对保证建设工程结构安全至关重要。同时，设计单位在编制设计文件时，还应当结合建设工程的具体特点和实际情况，考虑施工安全作业和安全防护的需要，为施工单位制定安全防护措施提供技术保障。特别是对采用新结构、新材料、新工艺的建设工程和特殊结构的建设工程，设计单位应当在设计中提出保障施工作业人员安全和预防生产安全事故的措施建议。在施工单位作业前，设计单位还应当就设计意图、设计文件向施工单位做出说明和技术交底，并对防范生产安全事故提出指导意见。

（3）对设计成果承担责任。《建设工程安全生产管理条例》规定，设计单位和注册建筑师等注册执业人员应当对其设计负责。

“谁设计，谁负责”，这是国际通行的做法。如果由于设计责任造成事故，设计单位就要承担法律责任，还应当对造成的损失进行赔偿。建筑师、结构工程师等注册执业人员应当在设计文件上签字盖章，对设计文件负责，并承担相应的法律责任。

3. 勘察、设计单位应承担的法律责任

《建设工程安全生产管理条例》规定，勘察单位、设计单位有下列情形之一的，责令限期改正，处10万元以上30万元以下的罚款；情节严重的，责令停业整顿，降低资质等级，直至吊销资质证书；造成重大安全事故，构成犯罪的，对直接责任人员，依照刑法有关规定追究刑事责任；造成损失的，依法承担赔偿责任：

（1）未按照法律、法规和工程建设强制性标准进行勘察、设计的。

（2）采用新结构、新材料、新工艺的建设工程和特殊结构的建设工程，设计单位未在设计中提出保障施工作业人员安全和预防生产安全事故的措施建议的。

注册执业人员未执行法律、法规和工程建设强制性标准的，责令停止执业3个月以上1年以下；情节严重的，吊销执业资格证书，5年内不予注册；造成重大安全事故的，终身不予注册；构成犯罪的，依照刑法有关规定追究刑事责任。

5.6.3 工程监理、检验检测单位相关的安全责任

1. 工程监理单位的安全责任

工程监理是监理单位受建设单位的委托，依照法律、法规和建设工程监理规范的规定，对工程建设实施的监督管理。但在实践中，一些监理单位只注重对施工质量、进度和投资的监控，不重视对施工安全的监督管理，这就使施工现场因违章指挥、违章作业而发生的伤亡

事故局面未能得到有效控制。因此，须依法加强施工安全监理工作，进一步提高建设工程监理水平。

（1）对安全技术措施或专项施工方案进行审查。《建设工程安全生产管理条例》规定，工程监理单位应当审查施工组织设计中的安全技术措施或者专项施工方案是否符合工程建设强制性标准。

施工组织设计中应当包括安全技术措施和施工现场临时用电方案，对基坑支护与降水工程、土方开挖工程、模板工程、起重吊装工程、脚手架工程、拆除与爆破工程等达到一定规模的危险性较大的分部分项工程，还应当编制专项施工方案。工程监理单位要对这些安全技术措施和专项施工方案进行审查，重点审查是否符合工程建设强制性标准；对于达不到强制性标准的，应当要求施工单位进行补充和完善。

（2）依法对施工安全事故隐患进行处理。《建设工程安全生产管理条例》规定，工程监理单位在实施监理过程中，发现存在安全事故隐患的，应当要求施工单位整改；情况严重的，应当要求施工单位暂时停止施工，并及时报告建设单位。施工单位拒不整改或者不停止施工的，工程监理单位应当及时向有关主管部门报告。

工程监理单位受建设单位的委托，有权要求施工单位对存在的安全事故隐患进行整改，有权要求施工单位暂时停止施工，并依法向建设单位和有关主管部门报告。

（3）承担建设工程安全生产的监理责任。《建设工程安全生产管理条例》规定，工程监理单位和监理工程师应当按照法律、法规和工程建设强制性标准实施监理，并对建设工程安全生产承担监理责任。

工程监理单位有下列情形之一的，责令限期改正；逾期未改正的，责令停业整顿，并处10万元以上30万元以下的罚款；情节严重的，降低资质等级，直至吊销资质证书；造成重大安全事故，构成犯罪的，对直接责任人员，依照刑法有关规定追究刑事责任；造成损失的，依法承担赔偿责任：

①未对施工组织设计中的安全技术措施或者专项施工方案进行审查的。

②发现安全事故隐患未及时要求施工单位整改或者暂时停止施工的。

③施工单位拒不整改或者不停止施工，未及时向有关主管部门报告的。

④未依照法律、法规和工程建设强制性标准实施监理的。

2. 设备检验检测单位的安全责任

《建设工程安全生产管理条例》规定，检验检测机构对检测合格的施工起重机械和整体提升脚手架、模板等自升式架设设施，应当出具安全合格证明文件，并对检测结果负责。

（1）特种设备检验检测单位的职责。《安全生产法》规定，承担安全评价、认证、检测、检验的机构应当具备国家规定的资质条件，并对其做出的安全评价、认证、检测、检验的结果负责。

《特种设备安全法》规定，起重机械的安装、改造、重大修理过程，应当经特种设备检验机构按照安全技术规范的要求进行监督检验；未经监督检验或者监督检验不合格的，不得出厂或者交付使用。

特种设备检验、检测机构及其检验、检测人员应当客观、公正、及时地出具检验、检测报告，并对检验、检测结果和鉴定结论负责。特种设备检验、检测机构及其检验、检测人员在检验、检测中发现特种设备存在严重事故隐患时，应当及时告知相关单位，并立即向负责特种设备安全监督管理的部门报告。

特种设备生产、经营、使用单位应当按照安全技术规范的要求向特种设备检验、检测机构及其检验、检测人员提供特种设备相关资料和必要的检验、检测条件，并对资料的真实性负责。特种设备检验、检测机构及其检验、检测人员对检验、检测过程中知悉的商业秘密，负有保密义务。

特种设备检验、检测机构及其检验、检测人员不得从事有关特种设备的生产、经营活动，不得推荐或者监制、监销特种设备。特种设备检验机构及其检验人员利用检验工作故意刁难特种设备生产、经营、使用单位的，特种设备生产、经营、使用单位有权向负责特种设备安全监督管理的部门投诉，接到投诉的部门应当及时进行调查处理。

（2）特种设备检验检测单位违法行为应承担的法律责任。《安全生产法》规定，承担安全评价、认证、检测、检验工作的机构，出具虚假证明的，没收违法所得；违法所得在10万元以上的，并处违法所得2倍以上5倍以下的罚款；没有违法所得或者违法所得不足10万元的，单处或者并处10万元以上20万元以下的罚款；对其直接负责的主管人员和其他直接责任人员处2万元以上5万元以下的罚款；给他人造成损害的，与生产经营单位承担连带赔偿责任；构成犯罪的，依照刑法有关规定追究刑事责任。对有前款违法行为的机构，吊销其相应资质。

《特种设备安全法》规定，特种设备检验、检测机构及其检验、检测人员有下列行为之一的，责令改正，对机构处5万元以上20万元以下罚款，对直接负责的主管人员和其他直接责任人员处5 000元以上5万元以下罚款；情节严重的，吊销机构资质和有关人员的资格：

①未经核准或者超出核准范围、使用未取得相应资格的人员从事检验、检测的。

②未按照安全技术规范的要求进行检验、检测的。

③出具虚假的检验、检测结果和鉴定结论或者检验、检测结果和鉴定结论严重失实的。

④发现特种设备存在严重事故隐患，未及时告知相关单位，并立即向负责特种设备安全监督管理的部门报告的。

⑤泄露检验、检测过程中知悉的商业秘密的。

⑥从事有关特种设备的生产、经营活动的。

⑦推荐或者监制、监销特种设备的。

⑧利用检验工作故意刁难相关单位的。

5.6.4 机械设备等单位相关的安全责任

1. 提供机械设备和配件单位的安全责任

《建设工程安全生产管理条例》规定，为建设工程提供机械设备和配件的单位，应当按照安全施工的要求配备齐全有效的保险、限位等安全设施和装置。

施工机械设备是施工现场的重要设备，在建设工程施工中的应用越来越普及。但是，当前施工现场所使用的机械设备产品质量不容乐观，有的安全保险和限位装置不齐全或失灵，有的在设计和制造上存在重大质量缺陷，导致施工安全事故时有发生。因此，为建设工程提供施工机械设备和配件的单位，应当配齐有效的保险、限位等安全设施和装置，保证灵敏、可靠，以保障施工机械设备的安全使用，减少施工机械设备事故的发生。

2. 出租机械设备和施工机具及配件单位的安全责任

《建设工程安全生产管理条例》规定，出租的机械设备和施工机具及配件，应当具有生产（制造）许可证、产品合格证。出租单位应当对出租的机械设备和施工机具及配件的安全性能进行检测。在签订租赁协议时，应当出具检测合格证明。禁止出租检测不合格的机械设备和施工机具及配件。

近年来，我国的机械设备租赁市场发展很快，越来越多的施工单位通过租赁方式获取所需的机械设备和施工机具及配件。这对于降低施工成本、提高机械设备等使用率是有着积极作用的，但也存在着出租的机械设备等安全责任不明确的问题。因此，必须依法对出租单位的安全责任做出规定。

建设部发布的《建筑起重机械安全监督管理规定》中规定，出租单位应当在签订的建筑起重机械租赁合同中，明确租赁双方的安全责任，并出具建筑起重机械特种设备制造许可证、产品合格证、制造监督检验证明、备案证明和自检合格证明，提交安装使用说明书。有下列情形之一的建筑起重机械，不得出租、使用：

（1）属国家明令淘汰或者禁止使用的。

（2）超过安全技术标准或者制造厂家规定的使用年限的。

（3）经检验达不到安全技术标准规定的。

（4）没有完整安全技术档案的。

（5）没有齐全、有效的安全保护装置的。

建筑起重机械有以上第（1）（2）（3）项情形之一的，出租单位或者自购建筑起重机械的使用单位应当予以报废，并向原备案机关办理注销手续。

3. 施工起重机械和自升式架设设施安装、拆卸单位的安全责任

施工起重机械是指施工中用于垂直升降或者垂直升降并水平移动重物的机械设备，如塔式起重机、施工外用电梯、物料提升机等。自升式架设设施是指通过自有装置可将自身升高的架设设施，如整体提升脚手架、模板等。

（1）安装、拆卸施工起重机械和自升式架设设施必须具备相应的资质。《建设工程安全生产管理条例》规定，在施工现场安装、拆卸施工起重机械和整体提升脚手架、模板等自升式架设设施，必须由具有相应资质的单位承担。

施工起重机械和自升式架设设施等的安装、拆卸，不仅专业性很强，还具有较高的危险性，与相关的施工活动关联很大，稍有不慎极易造成群死群伤的重大施工安全事故。因此，按照《建筑业企业资质管理规定》和《建筑业企业资质等级标准》的规定，从事起重设备安装、附着升降脚手架等施工活动的单位，应当按照资质条件申请资质，经审查合格并取得专业承包资质证书后，方可在其资质等级许可的范围内从事安装、拆卸活动。

（2）编制安装、拆卸方案和现场监督。《建设工程安全生产管理条例》规定，安装、拆卸施工起重机械和整体提升脚手架、模板等自升式架设设施，应当编制拆装方案、制定安全施工措施，并由专业技术人员现场监督。

《建筑起重机械安全监督管理规定》进一步规定，建筑起重机械使用单位和安装单位应

当在签订的建筑起重机械安装、拆卸合同中明确双方的安全生产责任。实行施工总承包的，施工总承包单位应当与安装单位签订建筑起重机械安装、拆卸工程安全协议书。安装单位应当履行下列安全职责：

①按照安全技术标准及建筑起重机械性能要求，编制建筑起重机械安装、拆卸工程专项施工方案，并由本单位技术负责人签字。

②按照安全技术标准及安装使用说明书等检查建筑起重机械及现场施工条件。

③组织安全施工技术交底并签字确认。

④制定建筑起重机械安装、拆卸工程生产安全事故应急救援预案。

⑤将建筑起重机械安装、拆卸工程专项施工方案，安装、拆卸人员名单，安装、拆卸时间等材料报施工总承包单位和监理单位审核后，告知工程所在地县级以上地方人民政府建设主管部门。

安装单位应当按照建筑起重机械安装、拆卸工程专项施工方案及安全操作规程组织安装、拆卸作业。安装单位的专业技术人员、专职安全生产管理人员应当进行现场监督，技术负责人应当定期巡查。

（3）出具自检合格证明、进行安全使用说明、办理验收手续的责任。《建设工程安全生产管理条例》规定，施工起重机械和整体提升脚手架、模板等自升式架设设施安装完毕后，安装单位应当自检，出具自检合格证明并向施工单位进行安全使用说明，办理验收手续并签字。

《建筑起重机械安全监督管理规定》进一步规定，建筑起重机械安装完毕后，安装单位应当按照安全技术标准及安装使用说明书的有关要求对建筑起重机械进行自检、调试和试运转。自检合格的应当出具自检合格证明，并向使用单位进行安全使用说明。

建筑起重机械安装完毕后，使用单位应当组织出租、安装、监理等有关单位进行验收，或者委托具有相应资质的检验检测机构进行验收。建筑起重机械经验收合格后方可投入使用，未经验收或者验收不合格的不得使用。实行施工总承包的，由施工总承包单位组织验收。

（4）依法对施工起重机械和自升式架设设施进行检测。《建设工程安全生产管理条例》规定，施工起重机械和整体提升脚手架、模板等自升式架设设施的使用达到国家规定的检验检测期限的，必须经具有专业资质的检验检测机构检测。经检测不合格的，不得继续使用。

（5）机械设备等单位违法行为应承担的法律责任。《建设工程安全生产管理条例》规定，为建设工程提供机械设备和配件的单位，未按照安全施工的要求配备齐全有效的保险、限位等安全设施和装置的，责令限期改正，处合同价款1倍以上3倍以下的罚款；造成损失的，依法承担赔偿责任。

出租单位出租未经安全性能检测或者经检测不合格的机械设备和施工机具及配件的，责令停业整顿，并处5万元以上10万元以下的罚款；造成损失的，依法承担赔偿责任。

施工起重机械和整体提升脚手架、模板等自升式架设设施安装、拆卸单位有下列行为之一的，责令限期改正，处5万元以上10万元以下的罚款；情节严重的，责令停业整顿，降低资质等级，直至吊销资质证书；造成损失的，依法承担赔偿责任：

①未编制拆装方案、制定安全施工措施的。

②未有专业技术人员现场监督的。

③未出具自检合格证明或者出具虚假证明的。

④未向施工单位进行安全使用说明，办理移交手续的。

施工起重机械和整体提升脚手架、模板等自升式架设设施安装、拆卸单位有以上规定的第①项、第③项行为，经有关部门或者单位职工提出后，对事故隐患仍不采取措施，因而发生重大伤亡事故或者造成其他严重后果，构成犯罪的，对直接责任人员依照刑法有关规定追究刑事责任。

5.6.5　政府主管部门安全监督管理的相关规定

1. 建设工程安全生产的监督管理体制

《安全生产法》规定，国务院安全生产监督管理部门依照《安全生产法》，对全国安全生产工作实施综合监督管理；县级以上地方各级人民政府安全生产监督管理部门依照《安全生产法》，对本行政区域内安全生产工作实施综合监督管理。国务院有关部门依照安全生产法和其他有关法律、行政法规的规定，在各自的职责范围内对有关行业、领域的安全生产工作实施监督管理；县级以上地方各级人民政府有关部门依照《安全生产法》和其他有关法律、法规的规定，在各自的职责范围内对有关行业、领域的安全生产工作实施监督管理。

安全生产监督管理部门和对有关行业、领域的安全生产工作实施监督管理的部门，统称负有安全生产监督管理职责的部门。

《建设工程安全生产管理条例》进一步规定，国务院负责安全生产监督管理的部门依照《安全生产法》的规定，对全国安全生产工作实施综合监督管理；县级以上地方各级人民政府负责安全生产监督管理的部门，依照《安全生产法》的规定，对本行政区域内安全生产工作实施综合监督管理。

国务院建设行政主管部门对全国的建设工程安全生产实施监督管理。国务院铁路、交通、水利等有关部门按照国务院规定的职责分工，负责有关专业建设工程安全生产的监督管理。

县级以上地方人民政府建设行政主管部门对本行政区域内的建设工程安全生产实施监督管理。县级以上地方人民政府交通、水利等有关部门在各自的职责范围内，负责本行政区域内的专业建设工程安全生产的监督管理。

建设行政主管部门或者其他有关部门可以将施工现场的监督检查委托给建设工程安全监督机构具体实施。

2. 政府主管部门对安全施工措施的审查

《安全生产法》规定，负有安全生产监督管理职责的部门依照有关法律、法规的规定，对涉及安全生产的事项需要审查批准（包括批准、核准、许可、注册、认证、颁发证照等，下同）或者验收的，必须严格依照有关法律、法规和国家标准或者行业标准规定的安全生产条件和程序进行审查；不符合有关法律、法规和国家标准或者行业标准规定的安全生产条件的，不得批准或者验收通过。对未依法取得批准或者验收合格的单位擅自从事有关活动的，负责行政审批的部门发现或者接到举报后应当立即予以取缔，并依法予以处理。对已经依法取得批准的单位，负责行政审批的部门发现其不再具备安全生产条件的，应当撤销原批准。负有安全生产监督管理职责的部门对涉及安全生产的事项进行审查、验收，不得收取费用；不得要求接受审查、验收的单位购买其指定品牌或者指定生产、销售单位的安全设备、器材或者其他产品。

《建设工程安全生产管理条例》规定，建设行政主管部门在审核发放施工许可证时，应当对建设工程是否有安全施工措施进行审查，对没有安全施工措施的，不得颁发施工许可证。

建设行政主管部门或者其他有关部门对建设工程是否有安全施工措施进行审查时，不得收取费用。

3. 政府主管部门履行职责时有权采取的措施

《安全生产法》规定，安全生产监督管理部门和其他负有安全生产监督管理职责的部门依法开展安全生产行政执法工作，对生产经营单位执行有关安全生产的法律、法规和国家标准或者行业标准的情况进行监督检查，行使以下职权：

（1）进入生产经营单位进行检查，调阅有关资料，向有关单位和人员了解情况。

（2）对检查中发现的安全生产违法行为，当场予以纠正或者要求限期改正；对依法应当给予行政处罚的行为，依照《安全生产法》和其他有关法律、行政法规的规定做出行政处罚决定。

（3）对检查中发现的事故隐患，应当责令立即排除；重大事故隐患排除前或者排除过程中无法保证安全的，应当责令从危险区域内撤出作业人员，责令暂时停产停业或者停止使用相关设施、设备；重大事故隐患排除后，经审查同意，方可恢复生产经营和使用。

（4）对有根据认为不符合保障安全生产的国家标准或者行业标准的设施、设备、器材以及违法生产、储存、使用、经营、运输的危险物品予以查封或者扣押，对违法生产、储存、使用、经营危险物品的作业场所予以查封，并依法做出处理决定。

监督检查不得影响被检查单位的正常生产经营活动。

生产经营单位对负有安全生产监督管理职责的部门的监督检查人员（以下统称安全生产监督检查人员）依法履行监督检查职责，应当予以配合，不得拒绝、阻挠。生产经营单位拒绝、阻碍安全生产监督检查人员依法实施监督检查的，责令改正；拒不改正的，处 2 万元以上 20 万元以下的罚款；对其直接负责的主管人员和其他直接责任人员处 1 万元以上 2 万元以下的罚款；构成犯罪的，依照刑法有关规定追究刑事责任。

安全生产监督检查人员执行监督检查任务时，必须出示有效的监督执法证件；对涉及被检查单位的技术秘密和业务秘密，应当为其保密。负有安全生产监督管理职责的部门在监督检查中，应当互相配合，实行联合检查；确需分别进行检查的，应当互通情况，发现存在的安全问题应当由其他有关部门进行处理的，应当及时移送其他有关部门并形成记录备查，接受移送的部门应当及时进行处理。

负有安全生产监督管理职责的部门依法对存在重大事故隐患的生产经营单位做出停产停业、停止施工、停止使用相关设施或者设备的决定，生产经营单位应当依法执行，及时消除事故隐患。生产经营单位拒不执行，有发生生产安全事故的现实危险的，在保证安全的前提下，经本部门主要负责人批准，负有安全生产监督管理职责的部门可以采取通知有关单位停止供电、停止供应民用爆炸物品等措施，强制生产经营单位履行决定。通知应当采用书面形式，有关单位应当予以配合。负有安全生产监督管理职责的部门依照前款规定采取停止供电措施，除有危及生产安全的紧急情形外，应当提前 24 小时通知生产经营单位。生产经营单位依法履行行政决定、采取相应措施消除事故隐患的，负有安全生产监督管理职责的部门应当及时解除前款规定的措施。

《建设工程安全生产管理条例》规定，县级以上人民政府负有建设工程安全生产监督管理职责的部门在各自的职责范围内履行安全监督检查职责时，有权采取下列措施：

①要求被检查单位提供有关建设工程安全生产的文件和资料。

②进入被检查单位施工现场进行检查。

③纠正施工中违反安全生产要求的行为。

④对检查中发现的安全事故隐患，责令立即排除，重大安全事故隐患排除前或者排除过程中无法保证安全的，责令从危险区域内撤出作业人员或者暂时停止施工。

《特种设备安全法》还规定，负责特种设备安全监督管理的部门在依法履行监督检查职责时，可以行使下列职权：

①进入现场进行检查，向特种设备生产、经营、使用单位和检验、检测机构的主要负责人和其他有关人员调查、了解有关情况。

②根据举报或者取得的涉嫌违法证据，查阅、复制特种设备生产、经营、使用单位和检验、检测机构的有关合同、发票、账簿以及其他有关资料。

③对有证据表明不符合安全技术规范要求或者存在严重事故隐患的特种设备实施查封、扣押。

④对流入市场的达到报废条件或者已经报废的特种设备实施查封、扣押。

⑤对违反本法规定的行为做出行政处罚决定。

负责特种设备安全监督管理的部门在依法履行职责过程中，发现违反《特种设备安全法》规定和安全技术规范要求的行为或者特种设备存在事故隐患时，应当以书面形式发出特种设备安全监察指令，责令有关单位及时采取措施予以改正或者消除事故隐患。紧急情况下要求有关单位采取紧急处置措施的，应当随后补发特种设备安全监察指令。

负责特种设备安全监督管理的部门在依法履行职责过程中，发现重大违法行为或者特种设备存在严重事故隐患时，应当责令有关单位立即停止违法行为、采取措施消除事故隐患，并及时向上级负责特种设备安全监督管理的部门报告。接到报告的负责特种设备安全监督管理的部门应当采取必要措施，及时予以处理。

负责特种设备安全监督管理的部门实施安全监督检查时，应当有两名以上特种设备安全监察人员参加，并出示有效的特种设备安全行政执法证件。负责特种设备安全监督管理的部门对特种设备生产、经营、使用单位和检验、检测机构实施监督检查，应当对每次监督检查的内容、发现的问题及处理情况做出记录，并由参加监督检查的特种设备安全监察人员和被检查单位的有关负责人签字后归档。被检查单位的有关负责人拒绝签字的，特种设备安全监察人员应当将情况记录在案。负责特种设备安全监督管理的部门及其工作人员不得推荐或者监制、监销特种设备；对履行职责过程中知悉的商业秘密负有保密义务。

4. 组织制定特大事故应急救援预案和重大生产安全事故抢救

《安全生产法》规定，县级以上地方各级人民政府应当组织有关部门制定本行政区域内特大生产安全事故应急救援预案，建立应急救援体系。

有关地方人民政府和负有安全生产监督管理职责的部门负责人接到重大生产安全事故报告后，应当立即赶到事故现场，组织事故抢救。

5. 淘汰严重危及施工安全的工艺设备材料及受理检举、控告和投诉

《安全生产法》规定，负有安全生产监督管理职责的部门应当建立举报制度，公开举报电话、信箱或者电子邮件地址，受理有关安全生产的举报；受理的举报事项经调查核实后，应当形成书面材料；需要落实整改措施的，报经有关负责人签字并督促落实。任何单位或者个人对事故隐患或者安全生产违法行为，均有权向负有安全生产监督管理职责的部门报告或者举报。

负有安全生产监督管理职责的部门应当建立安全生产违法行为信息库，如实记录生产经营单位的安全生产违法行为信息；对违法行为情节严重的生产经营单位，应当向社会公告，并通报行业主管部门、投资主管部门、国土资源主管部门、证券监督管理机构以及有关金融机构。国务院安全生产监督管理部门建立全国统一的生产安全事故应急救援信息系统，国务院有关部门建立、健全相关行业、领域的生产安全事故应急救援信息系统。

《建设工程安全生产管理条例》规定，国家对严重危及施工安全的工艺、设备、材料实行淘汰制度。具体目录由国务院建设行政主管部门会同国务院其他有关部门制定并公布。

县级以上人民政府建设行政主管部门和其他有关部门应当及时受理对建设工程生产安全事故及安全事故隐患的检举、控告和投诉。

本章练习题

1. 简述建设安全生产管理的方针和原则。
2. 简述安全生产许可证申领条件。
3. 简述建设安全生产管理的原则。
4. 简述生产事故安全等级划分标准。
5. 简述安全事故调查报告的内容及期限。

第 6 章

建设工程质量法律制度

★学习目标

1. 掌握建设单位、勘察设计及监理单位的质量责任和义务；
2. 掌握施工单位的质量责任和义务；
3. 掌握建设工程竣工验收制度；
4. 了解建设工程质量保修制度。

★案例导入

某建设单位甲在某市同一开发区投资 3 100 万元建设第二别墅小区时，为了节省投资，决定不做勘察，便将两年前为第一别墅小区做的勘察成果提供给设计院乙做设计依据，乙不同意。但是，在甲的一再坚持下乙最终妥协，答应使用旧的勘察成果。

施工图设计文件完成并经相关部门审批后，施工阶段委托监理公司丙监理施工现场，将该工程施工委托给施工单位丁。丁在甲和丙的同意下，将该工程肢解并分包出去。

工程建成后，竣工验收通过。但部分别墅使用半年多就出现了墙体大面积开裂。甲便以施工质量问题为由一纸诉讼将丁告上法庭，请求丁承担工程质量责任。事后，丁知道乙当初设计施工图时并未进行现场勘察，便以此为由推卸责任。

问题：

1. 案例中存在哪些不妥之处？
2. 案例中的质量责任应当由谁承担？

案例解析：

1. 案例中存在 5 处不妥。

(1) 建设单位甲做法有 2 处不妥，监理单位丙做法有 1 处不妥，施工单位丁做法也不妥。

第一，《建筑法》第 54 条明确规定："建设单位不得以任何理由，要求建筑设计单位或者建筑施工企业在工程设计或者施工作业中，违反法律、行政法规和建筑工程质量、安全标准，降低工程质量。”甲为节省投资，决定不做勘察，向乙提供了旧的勘察成果，违反了法律规定，对该工程的质量应承担质量责任。

第二，《建筑法》第28条和第29条分别规定：“禁止承包单位将其承包的全部建筑工程转包给他人，禁止承包单位将其承包的全部工程肢解以后以分包的名义转包给他人。”“禁止总承包单位将工程分包给不具备相应资质条件的单位。禁止分包单位将其承包的工程再分包。”甲和丙不应允许丁将该工程肢解并分包出去，其做法不妥，需承担一定的法律责任。施工单位丁将该工程肢解并分包出去，违反了法律规定，也应当承担相应的法律责任。

（2）设计院乙做法也不妥。

《建筑法》第54条规定：“建筑设计单位和建设施工企业对建设单位违反规定提出的降低工程质量的要求，应当予以拒绝。”《建设工程质量管理条例》第21条规定：“设计单位应当根据勘察成果文件进行建设工程设计。”因此，设计院乙尽管开始不同意甲的做法，但最后还是没有坚持原则做出了妥协，也应该对工程设计承担质量责任。

2. 本案中的墙体开裂，经检测系设计对地基处理不当引起房屋不均匀沉陷所致。则根据《建筑法》第54条规定，由建设单位甲对该工程的质量承担主要责任，设计院乙承担连带责任。

6.1　建设单位及相关单位的质量责任和义务

建设工程质量责任制涵盖了多方主体的质量责任，除建设单位外，还有勘察单位、设计单位、工程监理单位。

6.1.1　建设单位相关的质量责任和义务

建设单位作为建设工程的投资人，是建设工程的重要责任主体。建设单位有权选择承包单位，有权对建设过程检查、控制，对工程进行验收，支付工程款和费用，在工程建设各个环节负责综合管理工作，在整个建设活动中居于主导地位。因此，要确保建设工程的质量，首先就要对建设单位的行为进行规范，对其质量责任予以明确。长期以来，对建设单位的管理一直是监督管理的薄弱环节，因建设单位行为不规范，直接或间接导致工程出现问题的情况屡屡发生。因此，《建设工程质量管理条例》（以下简称《质量管理条例》）特别对建设单位的质量责任和义务做出了明确规定。

1. 依法发包工程的责任

《质量管理条例》规定，建设单位应将工程发包给具有相应资质等级的单位。建设单位不得将工程肢解发包。建设单位应依法对工程建设项目的勘察、设计、施工、监理以及工程建设有关的重要设备、材料等的采购进行招标。

建设活动不同于一般的经济活动，从业单位素质的高低直接影响着建筑工程质量和建筑安全生产。因此，从事建筑活动的单位必须符合严格的资质条件。企业资质等级反映了企业从事某项工作的资格和能力，是国家对建设市场准入管理的重要手段。建设部《工程勘察和工程设计单位资格管理办法》《建筑业企业资质管理规定》《工程勘察设计行业资质分级标准》《建筑业企业资质等级标准》《工程建设监理单位资质管理试行办法》对工程勘察单位、工程设计单位、建筑施工企业和工程监理单位的资质等级、资质标准、业务范围等做出了明确规定。根据这些规定，从事建筑活动的勘察单位、设计单位、施工单位和工程监理单位应当具备以下 5 个方面的条件：

（1）有符合国家规定的注册资本。

（2）有与其从事的建设活动相适应的具有法定执业资格的专业技术人员。

（3）有从事相关建设活动所应有的技术装备。

（4）有一定的从事相关建设活动的业绩。

（5）法律、行政法规规定的其他条件。

由于部分建设单位的行为还不规范，利用肢解发包工程的手段进行不正当行为，不仅导致了某些个人的贪污犯罪，同时也危害了公共安全，因此，在《质量管理条例》中对建设单位禁止将建设工程肢解发包做了强制性规定。建设单位发包工程时，应该根据工程特点，以有利于工程的质量、进度、成本控制为原则，合理划分标段，不得肢解发包工程。

建设单位应当依法对工程建设项目的勘察、设计、施工、监理以及与工程建设有关的重要设备、材料等的采购进行招标。

2. 依法向有关单位提供原始资料的责任

《质量管理条例》规定，建设单位必须向有关的勘察、设计、施工、工程监理等单位提供与建设工程有关的原始资料。原始资料必须真实、准确、齐全。

原始资料是勘察单位、设计单位、施工单位、工程监理单位赖以进行勘察作业、设计作业、施工作业、监理作业的基础性材料。建设单位作为建设活动的总负责方，向有关的勘察单位、设计单位、施工单位、工程监理单位提供原始资料，并保证这些资料的真实、准确、齐全，是其基本的责任和义务。

工程实践中，建设单位根据委托任务必须向勘察单位提供如勘察任务书、项目规划总平面图、地下管线、地下构筑物、地形地貌等在内的基础资料；向设计单位提供政府有关部门批准的项目建议书、可行性研究报告等立项文件，设计任务书，有关城市规划、专业规划设计条件，勘察成果及其他基础资料；向施工单位提供概算批准文件，建设项目正式列入国家、部门或地方的年度固定资产投资计划，建设用地的征用资料，有能够满足施工需要的施工图纸及技术资料，建设资金和主要建筑材料、设备的来源落实资料，建设项目所在地规划部门批准文件，施工现场完成“三通一平”的平面图等资料；向工程监理单位提供除包括给施工单位的资料外，还要有建设单位与施工单位签订的承包合同文本。

因此，建设单位必须为勘察单位、设计单位、施工单位、工程监理单位提供为使其完成承包业务需要的原始资料，并保证这些资料的真实、准确、完整。因原始资料的不真实、不准确、不完整造成工程质量事故，建设单位要承担相应的责任。

3. 限制不合理的干预行为

《建筑法》规定，建设单位不得以任何理由，要求建筑设计单位或者建筑施工企业在工程设计或者施工作业中，违反法律、行政法规和建筑工程质量、安全标准，降低工程质量。

《质量管理条例》规定，建设工程发包单位不得迫使承包方以低于成本价格竞标，不得任意压缩合理工期。建设单位不得明示或者暗示设计单位或者施工单位违反工程建设强制性标准，降低建设工程质量。

成本是构成价格的主要部分，是承包方估算投标价格的依据和最低的经济界限。若个别建设单位一味强调降低成本，节约开支，压级压价，迫使投标人互相压价，最终承包单位以低于其成本的价格中标，势必会导致中标的单位在承包工程后，为了减少开支，降低成本，采取偷工减料、以次充好、粗制滥造等手段，致使工程出现质量问题，影响工程效益的发挥，最终受损害的仍是建设单位。

建设单位不得任意压缩合理工期。合理工期是指在正常建设条件下，采取科学、合理的施工工艺和管理方法，以现行的建设行政主管部门颁布的工期定额为基础，结合项目建设的具体情况，而确定的使投资方、各参加单位均获得满意的经济效益的工期。实际工作中，盲目赶工期，简化工序，不按规程操作，导致建设项目出现问题的情况很多，这是应该制止的。

建设单位不得以任何理由违反强制性标准的要求，明示或暗示设计单位降低设计标准，或者要求施工单位采用建设单位采购的不合格材料、设备等。因为，强制性标准是保证建设工程结构安全、可靠的基础性要求，违反了这类标准，必然会给建设工程带来重大质量隐患。

4. 依法报审施工图设计文件

《质量管理条例》规定，建设单位应当将施工图设计文件报县级以上人民政府建设行政主管部门或者其他有关部门审查。施工图设计文件未经审查批准的，不得使用。

施工图设计文件是设计文件的重要内容，是编制施工图预算、安排材料、设备订货和非标准设备制作，进行施工、安装和工程验收等工作的依据，施工图设计文件一经完成，建设工程最终所要达到的质量，尤其是地基基础和结构的安全性就有了约束，因此施工图设计文件的质量直接影响建设工程的质量。

建立和实施施工图设计文件审查制度，也是许多发达国家确保工程建设质量的成功做法，不少国家均有完善的设计审查制度。我国于1998年开始了建筑工程项目施工图设计文件审查试点工作，通过审查在节约投资、发现设计质量隐患和市场违法违规行为等方面都有明显的成效。

5. 依法实行工程监理

《质量管理条例》规定，实行监理的建设工程，建设单位应当委托具有相应资质等级的工程监理单位进行监理，也可以委托具有工程监理相应资质等级并与被监理工程的施工承包单位没有隶属关系或者其他利害关系的该工程的设计单位进行监理。下列建设工程必须实行监理：

（1）国家重点建设工程。

（2）大中型公用事业工程。

（3）成片开发建设的住宅小区工程。

（4）利用外国政府或者国际组织贷款、援助资金的工程。

（5）国家规定必须实行监理的其他工程。

6. 依法办理工程质量监督手续

《质量管理条例》规定，建设单位在领取施工许可证或者开工报告之前，应当按照国家有关规定办理工程质量监督手续。

办理工程质量监督手续是法定程序，不办理工程质量监督手续的，县级以上人民政府建设行政主管部门和其他专业部门不发施工许可证，工程不得开工。因此，建设单位在领取施工许可证或者开工报告之前，应当按照国家有关规定，到建设行政主管部门或国务院铁路、交通、水利等有关部门或其委托的建设工程质量监督机构或专业工程质量监督机构办理工程质量监督手续，接受政府部门的工程质量监督管理。

建设单位办理工程质量监督手续时应提供以下文件和资料：

（1）工程规划许可证。

（2）设计单位资质等级证书。

（3）监理单位资质等级证书，监理合同及《工程项目监理登记表》。

（4）施工单位资质等级证书及营业执照副本。

（5）工程勘察设计文件。

（6）中标通知书及施工承包合同等。

7. 依法保证建筑材料等符合要求

《质量管理条例》规定，按照合同约定，由建设单位采购建筑材料、建筑构配件和设备的，建设单位应当保证建筑材料、建筑构配件和设备符合设计文件和合同要求。建设单位不得明示或者暗示施工单位使用不合格的建筑材料、建筑构配件和设备。

在工程实践中，根据工程项目设计文件和合同要求的质量标准，哪些材料和设备由建设单位采购，哪些材料和设备由施工单位采购，要在合同中约定，谁采购谁负责。所以，由建设单位供应的建筑材料、建筑构配件和设备，建设单位必须保证其符合设计文件和合同要求。在使用前，承包单位要对其进行检验。如果不合格，不得在工程中使用，并通知建设单位予以退换。

有些建设单位为了赶进度或降低采购成本，常以各种明示或暗示的方式要求施工单位降低标准而在工程上使用不合格的建筑材料、建筑构配件和设备。此类行为不仅严重违法，而且危害极大。

8. 依法进行建设工程装修设计

《质量管理条例》规定，涉及建筑主体和承重结构变动的装修工程，建设单位应当在施工前委托原设计单位或者具有相应资质等级的设计单位提出设计方案；没有设计方案的，不得施工。房屋建筑使用者在装修过程中，不得擅自变动房屋建筑主体和承重结构。

建筑设计方案是根据建筑物的功能要求，具体确定建筑标准、结构形式、建筑物的空间和平面布置以及建筑群体的安排。涉及建筑主体和承重结构变动的装修工程，设计单位会根据结构形式和特点对结构受力进行分析，对构件的尺寸、位置、配筋等进行重新计算和设计。因此，建设单位应当委托该建筑工程的原设计单位或者具有相应资质条件的设计单位提出装修工程的设计方案。原设计单位对建设工程的情况、结构形式等比较熟悉，一般情况下应委托其进行该建设工程的装修设计。在难以委托原设计单位的情况下，应委托与原设计单位有同等或以上资质的设计单位承担设计任务。

9. 提供资料、组织验收的责任

《质量管理条例》规定，建设单位收到建设工程竣工报告后，应当组织设计、施工、工程监理等有关单位进行竣工验收，并严格按照国家有关档案管理的规定，及时收集、整理建设项目各环节的文件资料，建立、健全建设项目档案，并在建设工程竣工验收后，及时向建设行政主管部门或者其他有关部门移交建设项目档案。

建设工程经验收合格的，方可交付使用。

10. 建设单位质量违法行为应承担的法律责任

《建筑法》规定，建筑设计单位或建筑施工企业违反建筑工程质量、安全标准，降低工程质量的，责令改正，可以处以罚款；构成犯罪的，依法追究刑事责任。

《质量管理条例》规定，建设单位有下列行为之一的，责令改正，处 20 万元以上 50 万元以下的罚款：

（1）迫使承包方以低于成本的价格竞标的。

（2）任意压缩合理工期的。

（3）明示或暗示设计单位或者施工单位违反工程建设强制性标准，降低建设工程质量的。

（4）施工图设计文件未经审查或审查不合格，擅自施工的。

（5）建设项目必须实行工程监理而未实行工程监理的。

（6）未按照国家规定办理工程质量监督手续的。

（7）明示或者暗示施工单位使用不合格的建筑材料、建筑构配件和设备的。

（8）未按照国家规定将竣工验收报告、有关认可文件或准许使用文件报送备案的。

6.1.2 勘察、设计单位相关的质量责任和义务

“谁勘察设计谁负责，谁施工谁负责。”勘察、设计单位和执业注册人员是勘察设计质量的责任主体，也是整个工程质量的责任主体之一。勘察、设计质量实行单位与执业注册人员双重责任，即勘察、设计的质量责任，注册建筑师、注册结构工程师等专业人士对其签字的设计文件负责。

1. 依法承揽工程的勘察、设计业务

《质量管理条例》规定，从事建设工程勘察、设计的单位应当依法取得相应等级的资质证书，并在其资质等级许可的范围内承揽工程。禁止勘察、设计单位超越其资质等级许可的范围或者以其他勘察、设计单位的名义承揽工程。禁止勘察、设计单位允许其他单位或者个人以本单位的名义承揽工程。勘察、设计单位不得转包或者违法分包所承揽的工程。

勘察设计行业作为一个特殊的行业，有着严格的市场准入条件。勘察、设计单位只有具备了相应的资质条件，才有能力保证勘察设计的质量；超越资质等级许可的范围承揽工程，也就超越了其勘察设计的能力，因而无法保证其勘察设计的质量。在工程实践中，超越资质等级许可的范围承接工程的行为，大多是通过借用、有偿使用其他有相应资质单位的资质证书、印章来完成的，因此被借用者、出卖者也负有不可推卸的责任。此外，与施工一样，勘察、设计也不允许转包和非法分包。

2. 勘察、设计必须执行强制性标准

《质量管理条例》规定，勘察、设计单位必须按照工程建设强制性标准进行勘察、设计，并对其勘察、设计的质量负责。

工程建设强制性标准是工程建设技术和经验的积累，是勘察、设计工作的技术依据，只有满足工程建设强制性标准才能保证质量，才能满足工程对安全、卫生、环保等多方面的质量要求，因此必须严格执行。

3. 勘察单位提供的勘察成果必须真实、准确

《质量管理条例》规定，勘察单位提供的地质、测量、水文等勘察成果必须真实、准确。

工程勘察工作是建设工程的基础工作，工程勘察成果文件是设计和施工的基础资料和重要依据，真实、准确的勘察成果对设计和施工的安全性及是否保守、浪费有直接影响，因此工程勘察成果必须真实准确、安全可靠、经济合理。

4. 设计依据和设计深度

《质量管理条例》规定，设计单位应当根据勘察成果文件进行建设工程设计。设计文件应当符合国家规定的设计深度要求，注明工程合理使用年限。

勘察成果文件是设计的基础资料，是设计的依据。因此，先勘察后设计是工程建设的基本做法，也是基本建设程序的要求。我国对设计文件的编制深度有专门的规定，在实践中应当贯彻执行。工程合理使用年限是指从工程竣工验收合格之日起，工程的地基基础、主体结构能保证在正常情况下安全使用的年限。

5. 依法规范设计对建筑材料等的选用

《质量管理条例》规定，设计单位在设计文件中选用的建筑材料、建筑构配件和设备，应当注明其规格、型号、性能等技术指标，其质量要求必须符合国家规定的标准。除有特殊要求的建筑材料、专用设备、工艺生产线等外，设计单位不得指定生产厂、供应商。

6. 依法对设计文件进行技术交底

《质量管理条例》规定，设计单位应当就审查合格的施工图设计文件向施工单位做出详细的说明。

设计交底通常的做法是设计文件完成后，设计单位将设计图纸交建设单位，再由建设单位发施工单位后，由设计单位将设计的意图、特殊的工艺要求以及建筑、结构、设备等各专业在施工中的难点、疑点和容易发生的问题等向施工单位做统一说明，并负责解释施工单位对设计图纸的疑问。

7. 依法参与建设工程质量事故分析

《质量管理条例》规定，设计单位应当参与建设工程质量事故分析，并对因设计造成的质量事故，提出相应的技术处理方案。

工程质量的好坏，在一定程度上取决于工程建设是否准确贯彻了设计单位的设计意图。因此，一旦发生质量事故，设计单位最有可能在短时间内发现建设工程存在的问题，对事故的分析也最具有权威性。这对及时进行事故处理十分有利。对因设计造成的质量事故，原设计单位必须提出相应的技术处理方案，这是设计单位的法定义务。

8. 勘察、设计单位质量违法行为应承担的法律责任

《质量管理条例》规定，有下列行为之一的，责令改正，处 1 万元以上 30 万元以下的罚款：

（1）勘察单位未按照工程建设强制性标准进行勘察的。

（2）设计单位未根据勘察成果文件进行工程设计的。

（3）设计单位指定建筑材料、建筑构配件的生产厂、供应商的。

（4）设计单位未按照工程建设强制性标准进行设计的。

有以上所列行为，造成工程质量事故的，责令停业整顿，降低资质等级；情节严重的，吊销资质证书；造成损失的，依法承担赔偿责任。

6.1.3 工程监理单位相关的质量责任和义务

工程监理单位接受建设单位委托，代表建设单位对建设工程进行管理。工程监理单位是工程建设的责任主体之一。

1. 依法承担工程监理业务

《质量管理条例》规定，工程监理单位应当依法取得相应等级的资质证书，并在其资质等级许可的范围内承担工程监理业务。

禁止工程监理单位超越本单位资质等级许可的范围或者以其他工程监理单位的名义承担工程监理业务。禁止工程监理单位允许其他单位或者个人以本单位的名义承担工程监理业务。

工程监理单位不得转让工程监理业务。

2. 对有隶属关系或其他利害关系的回避

《质量管理条例》规定，工程监理单位与被监理工程的施工承包单位以及建筑材料、建筑构配件和设备供应单位有隶属关系或者其他利害关系的，不得承担该项建设工程的监理业务。

由于工程监理单位与被监理工程的承包单位以及建筑材料、建筑构配件和设备供应单位之间是一种监督与被监督的关系，为了保证工程监理单位能客观、公正地执行监理任务，工程监理单位不得与被监理工程的承包单位以及建筑材料、建筑构配件和设备供应单位有隶属关系或者其他利害关系。如果有这种关系，工程监理单位在接受建设单位委托前，应当自行回避；在接受委托后，发现这一情况时应当依法解除委托关系。

3. 监理工作的依据和监理责任

《质量管理条例》规定，工程监理单位应当依照法律、法规以及有关技术标准、设计文件和建设工程承包合同，代表建设单位对施工质量实施监理，并对施工质量承担监理责任。

工程监理的依据如下：

（1）法律、法规。如《建筑法》《合同法》及《质量管理条例》等。

（2）有关的技术标准。

（3）设计文件。监理单位对施工活动进行监督管理的依据。

（4）建设工程承包合同。监理单位应当依据工程承包合同的约定，监督施工单位是否全面履行合同规定的义务。

监理单位对施工质量承担监理责任，主要有违法责任和违约责任两个方面。

①违法责任。如果监理单位故意弄虚作假，降低工程质量标准，造成质量事故的，承担相应的法律责任。

②违约责任。如果监理单位在责任期内，不按照监理合同约定履行监理职责，给建设单

位或其他单位造成损失的，属违约责任，应当向建设单位赔偿。

4. 工程监理的职责和权限

《质量管理条例》规定，工程监理单位应当选派具备相应资格的总监理工程师和监理工程师进驻施工现场。未经监理工程师签字，建筑材料、建筑构配件和设备不得在工程中使用或者安装，施工单位不得进行下一道工序的施工。未经总监理工程师签字，建设单位不拨付工程款，不进行竣工验收。

5. 工程监理的形式

《质量管理条例》规定，监理工程师应当按照工程监理规范的要求，采取旁站、巡视和平行检验等形式，对建设工程实施监理。

"旁站"是指对工程施工中有关地基和结构安全的关键工序和关键施工过程，进行连续不断的监督检查或检验的监理活动，有时甚至要连续跟班监理。

"巡视"指除了关键点的质量控制外，监理工程师还应对施工现场进行面上的巡查监理。

"平行检验"指监理单位对施工单位已经检验的工程应及时进行检验。对于关键性、较大体量的工程实物，采取分段后平行检验的方式，有利于及时发现质量问题，及时采取措施予以纠正。

6. 工程监理单位质量违法行为应承担的法律责任

《建筑法》规定，工程监理单位与建设单位或者建筑施工企业串通、弄虚作假、降低工程质量的，责令改正，处以罚款、降低资质等级或者吊销资质证书；有违法所得的，予以没收；造成损失的，承担连带赔偿责任；构成犯罪的，依法追究刑事责任。

《质量管理条例》规定，工程监理单位有下列行为之一的，责令改正，处50万元以上100万元以下的罚款，降低资质等级或者吊销资质证书；有违法所得的，予以没收；造成损失的，承担连带赔偿责任：

（1）与建设单位或者施工单位串通、弄虚作假、降低工程质量的。

（2）将不合格的建设工程、建筑材料、建筑构配件和设备按照合同签字的。

6.1.4　政府主管部门工程质量监督管理的相关规定

为了确保建设工程质量，保障公共安全，保护人民群众人身和财产安全，政府必须加强建设工程质量的监督管理。因此，《质量管理条例》规定，国家实行建设工程质量监督管理制度。

1. 我国的建设工程质量监督管理制度

《质量管理条例》规定，国务院建设行政主管部门对全国的建设工程质量实施统一监督管理。国务院铁路、交通、水利等有关部门按照国务院规定的职责分工，负责对全国的有关专业建设工程质量的监督管理。

县级以上地方人民政府建设行政主管部门对本行政区域内的建设工程质量实施监督管理。县级以上地方人民政府交通、水利等有关部门在各自的职责范围内，负责对本行政区域内的专业建设工程质量的监督管理。

建设工程质量监督管理具有以下几个特点：第一，权威性，建设工程质量监督管理体现的是国家意志，任何单位和个人从事工程建设活动都应当服从这种监督管理；第二，强制性，建设工程质量监督管理是由国家的强制力来保证的，任何单位和个人不服从这种监督管理都将受到法律的制裁；第三，综合性。建设工程质量监督管理并不局限于某一个阶段或某一个方面，而是贯穿于建设活动的全过程，并适用于建设单位、勘察单位、设计单位、施工单位、工程建设监理单位。

2. 政府监督检查的内容和有权采取的措施

《质量管理条例》规定，国务院建设行政主管部门和国务院铁路、交通、水利等有关部门应当加强对有关建设工程质量的法律、法规和强制性标准执行情况的监督检查。

县级以上人民政府建设行政主管部门或者其他有关部门履行监督检查职责时，有权采取下列措施：

（1）要求被检查的单位提供有关工程质量的文件和资料。

（2）进入被检查单位的施工现场进行检查。

（3）发现有影响工程质量的问题时，责令改正。

有关单位和个人对县级以上人民政府建设行政主管部门和其他部门进行的监督检查应当支持与配合，不得拒绝或者阻碍建设工程质量监督检查人员依法执行职务。

3. 应禁止的滥用权力行为

《质量管理条例》规定，供水、供电、供气、公安消防等部门或者单位不得明示或暗示建设单位、施工单位购买其指定的生产供应单位的建筑材料、建筑构配件和设备。

4. 建设工程质量事故报告制度

《质量管理条例》规定，建设工程发生质量事故，有关单位应当在24小时内向当地建设行政主管部门和其他有关部门报告。对重大质量事故，事故发生地的建设行政主管部门和其他有关部门应按照事故类别和等级向当地人民政府和上级建设行政主管部门及其他有关部门报告。特别重大质量事故的调查程序按照国务院有关规定办理。

5. 有关质量违法行为应承担的法律责任

《质量管理条例》规定，发生重大工程质量事故隐瞒不报、谎报或拖延报告期限的，对直接负责的主管人员和其他责任人员依法给予行政处分。

供水、供电、供气、公安消防等部门或者单位明示或暗示建设单位、施工单位购买其指定的生产供应单位的建筑材料、建筑构配件和设备，责令改正。

国家机关工作人员在建设工程质量监督管理工作中玩忽职守、滥用职权、徇私舞弊，构成犯罪的，依法追究刑事责任；尚不构成犯罪的，依法给予行政处分。

6.2 施工单位的质量责任和义务

施工单位是工程建设的重要责任主体之一。施工阶段是建设工程实物质量的形成阶段，勘察工作质量、设计工作质量均要在这一阶段得以实现。由于施工阶段涉及的责任主体多，生产环节多，时间长，影响质量稳定的因素多，协调管理难度较大，施工阶段的质量责任制度显得尤为重要。

6.2.1　遵守执业资质等级制度的责任

施工单位应当依法取得相应等级的资质证书，并在其资质等级许可的范围内承揽工程。

禁止施工单位超越本单位资质等级许可的业务范围或者以其他施工单位的名义承揽工程。禁止施工单位允许其他单位或者个人以本单位的名义承揽工程。施工单位不得转包或者违法分包工程。

6.2.2　对施工质量负责

《建筑法》规定，建筑施工企业对工程的质量负责。《质量管理条例》进一步规定，施工单位对建筑工程的施工质量负责。施工单位应当建立质量责任制，确定工程项目的项目经理、技术负责人和施工管理负责人。

施工单位的质量责任制，是其质量保证体系的一个重要组成部分，也是项目质量目标得以实现的重要保证。建立质量责任制，主要包括制订质量目标计划，建立考核标准，并层层分解落实到具体的责任单位和责任人，赋予其相应的质量责任和权利。落实责任制，不仅仅是为了保证在出现质量问题时可以追究责任，更重要的是通过层层落实质量责任制这一手段，做到事事有人管、人人有职责，保证工程的施工质量。

6.2.3　总承包单位的质量责任

《建筑法》规定，建设工程实行总承包，工程质量由工程总承包单位负责。总承包单位将建设工程分包给其他单位的，应当对分包工程的质量与分包单位承担连带责任。分包单位应当接受总承包单位的质量管理。

《质量管理条例》规定，建筑工程实行总承包的，总承包单位应当对全部建设工程质量负责；建设工程勘察、设计、施工、设备采购的一项或者多项实行总承包的，总承包单位应当对其承包的建设工程或者采购的设备的质量负责。总承包单位依法将建设工程分包给其他单位的，分包单位应当按照分包合同的约定对其分包工程的质量向总承包单位负责，总承包单位与分包单位对分包工程的质量承担连带责任。

6.2.4　按照工程设计图纸和施工技术标准施工的规定

《建筑法》规定，建筑施工企业必须按照工程设计图纸和施工技术标准施工，不得偷工减料。工程设计的修改由原设计单位负责，建筑施工企业不得擅自修改工程设计。

《质量管理条例》规定，施工单位必须按照工程设计图纸和施工技术标准施工，不得擅自修改工程设计，不得偷工减料。施工单位在施工过程中发现设计文件和图纸有差错的，应当及时提出意见和建议。

这是对施工单位的施工依据及其有义务对设计文件和图纸的差错及时提出意见与建议的规定。

1. 按图施工，遵守标准

按图施工、不擅自修改工程设计，是施工单位保证工程质量的最基本要求。

施工技术标准，也是施工单位在施工中必须遵循的。根据建设部《工程建设国家标准管理办法》规定，国家标准分为强制性标准和推荐性标准。施工单位只有按施工技术标准，特别是强制性标准的要求组织施工，才能保证工程的施工质量。

2. 防止设计文件和图纸出现差错

由于工程项目的设计涉及多个专业，各专业间协调配合比较复杂，设计文件可能会有差错。这些差错通常会在图纸会审或施工过程中被逐步发现。对于设计文件的差错，施工单位在发现后，有义务及时向设计单位提出，以避免造成不必要的损失和质量问题。这是施工单位应具备的起码的职业道德，也是履行合同应尽的最基本的义务。

6.2.5 对建筑材料、设备等进行检验检测的规定

《质量管理条例》规定，施工单位必须按照工程设计要求、施工技术标准和合同约定，对建筑材料、建筑构配件、设备和商品混凝土进行检验，检验应当有书面记录和专人签字；未经检验或者检验不合格的，不得使用。

由于建设工程属于特殊产品，其质量隐蔽性强、终检局限性大，在施工全过程质量控制中必须严格执行法定的检验、检测制度。否则，将给建设工程造成难以逆转的先天性质量隐患，甚至导致质量安全事故。依法对建筑材料、设备等进行检验检测，是施工单位的一项重要法定义务。

1. 建筑材料、建筑构配件、设备和商品混凝土的检验制度

建筑材料、建筑构配件、设备及商品混凝土的检验制度，是施工单位质量保证体系的重要组成部分，是保障建筑工程质量的重要内容。施工单位应当严把两关：一是谨慎选择生产供应厂商；二是实行进场二次检验。

对于未经检验或检验不合格的，不得使用在工程中。否则，将是一种违法行为，要追究批准使用人的责任。此外，对于混凝土构件和商品混凝土的生产厂家，还应当按照《混凝土预制构件和商品混凝土生产企业资质管理规定》的要求检验。如果没有资质或相应资质等级，其提供的产品视为不合格产品。

2. 施工检测的见证取样和送检制度

《质量管理条例》规定，施工人员对涉及结构安全的试块、试件以及有关材料，应当在建设单位或工程监理单位监督下现场取样，并送具有相应资质等级的质量检测单位进行检测。

（1）见证取样和送检。见证取样和送检制度是指在建设监理单位或建设单位见证下，由施工单位的现场试验人员对工程中涉及结构安全的试块、试件和材料在现场取样，并送至具有法定检验检测资格的质量检测单位进行检测的活动。

建设部《房屋建筑工程和市政基础设施工程实行见证取样和送检的规定》中规定，凡涉及结构安全的试块、试件和材料，见证取样和送检的比例不得低于有关技术标准中规定应取样数量的30%。下列试块、试件和材料必须实施见证取样和送检：

①用于承重结构的混凝土试块。

②用于承重结构的钢筋和连接接头试件。

③用于承重结构的混凝土中使用的掺加剂。

④用于承重墙体的砌筑砂浆试块。

⑤用于承重墙的砖和混凝土小型砌块。

⑥用于地下、屋面、厕浴间使用的防水材料。

⑦用于搅拌混凝土和砌筑砂浆的水泥。

⑧国家规定必须实行有见证取样和送检的其他试块、试件和材料。

见证人员应由建设单位或监理单位具备见证员资质的专业技术人员担任，并应由建设单位或监理单位书面通知施工单位、检测单位和负责该项工程的质量监理机构。

在施工过程中，见证人员应按照见证取样和送检计划，对施工现场的取样和送检进行见证，取样人员应在试样或其包装上做出标识。标识应标明工程名称、取样部位、取样日期、样品名称和样品数量，并由见证人员和送检人员签字。见证人员和送检人员应对试样的代表性和真实性负责。

（2）工程质量检测单位的资质和检测规定。建设部《建设工程质量检测管理办法》规定，工程质量检测机构是具有独立法人资格的中介机构。按照其承担的检测业务内容分为专项检测机构资质和见证取样检测机构资质。检测机构未取得相应的资质证书，不得承担《建设工程质量检测管理办法》规定的质量检测业务。

质量检测，由工程项目建设单位委托具有相应资质的检测机构进行。委托方与被委托方应当签订书面合同。

检测机构完成检测业务后，应当及时出具检测报告。检测报告经检测人员签字、检测机构法定代表人或者其授权的签字人签署，并加盖检测机构公章或者检测专用章后方可生效。检测报告经建设单位或者工程监理单位确认后，由施工单位归档。任何单位和个人不得明示或者暗示检测机构出具虚假检测报告，不得篡改或者伪造检测报告。若检测结果利害关系人对检测结果发生争议，由双方共同认可的检测机构复检，复检结果由提出复检方报当地建设主管部门备案。

检测机构应当将检测过程中发现的建设单位、监理单位、施工单位违反有关法律、法规和工程建设强制性标准的情况，以及涉及结构安全检测结果不合格的情况，及时报告工程所在地建设主管部门。检测机构应当建立档案管理制度，并应当单独建立检测结果不合格项目台账。

检测人员不得同时受聘于两个或者两个以上的检测机构。检测机构和检测人员不得推荐或者监制建筑材料、建筑构配件和设备。检测机构不得与行政机关，法律、法规授权的具有管理公共事务职能的组织以及所检测工程项目相关的设计单位、施工单位、监理单位有隶属关系或者其他利害关系。

检测机构应当对其检测数据和检测报告的真实性和准确性负责。检测机构违反法律、法规和工程建设强制性标准，给他人造成损失的，应当依法承担相应的赔偿责任。

6.2.6　施工质量检验和返修的规定

1. 施工质量检验制度

《质量管理条例》规定，施工单位必须建立、健全施工质量的检验制度，严格工序管理，做好隐蔽工程的质量检查和记录。隐蔽工程在隐蔽以前，施工单位应当通知建设单位和建设工程质量监督机构。

施工质量检验通常是指工程施工过程中的工序质量检验，或称为过程检验。有预检及隐蔽工程检验和自检、交接检、专职检、分部工程中间检验等。

（1）严格工序质量检验和管理。施工工序也可以称为过程。各个过程之间横向和纵向的联系形成了过程网络。一项工程的施工，是通过一个庞大的、由许多过程组成的过程网络来实现的，网络上的关键过程都有可能对工程最终的施工质量产生决定性的影响。有的过程不按规定操作，达不到设计文件或标准的要求，就有可能给工程留下隐患，甚至引起整个工程结构失效。例如，焊接节点的破坏，就可能引起桁架破坏，从而导致屋面坍塌；框架结构核心区箍筋不按规定加密，就会影响结构物的抗震能力；等等。所以，施工单位要加强对施工过程的质量控制，特别是要加强对影响结构安全的地基和结构等关键施工过程的质量控制。

完善的检验制度和严格的工序管理是保证工序过程质量的前提，只有过程网络上的所有过程的质量都受到严格的控制，整个工程的质量才能得以保证。

（2）强化隐蔽工程质量检查。隐蔽工程是指在施工过程中，某一道工序所完成的工程实物被后一工序形成的工程实物隐蔽，而且不可以逆向作业的那部分工程。例如，钢筋混凝土工程施工中，钢筋为混凝土所覆盖，前者即是隐蔽工程。

根据《建设工程施工合同文本》中对隐蔽工程验收所做的规定，工程具备隐蔽条件或达到专用条款约定的中间验收部位，施工单位进行自检，并在隐蔽或中间验收前 48 小时以书面形式通知监理工程师验收。通知包括隐蔽和中间验收的内容、验收时间和地点。施工单位准备验收记录，验收不合格，施工单位在监理工程师限定的时间内重新验收。如果工程质量符合标准、规范和设计图纸等的要求，验收 24 小时后，监理工程师不在验收记录上签字，视为已经批准，施工单位可进行隐蔽或继续施工。

质量监督机构接到施工单位隐蔽验收的通知后，可以根据工程的特点和隐蔽部位的重要程度及工程质量监督管理规定的要求，确定是否监督该部位的隐蔽验收。对整个工程所有的隐蔽工程验收活动，工程质量监督机构要保持一定的抽查频率。对工程关键部位的隐蔽工程验收通常应到场，对参加隐蔽工程验收各方的人员资格、验收程序以及工程实物进行监督检查，发现问题及时责成责任方予以纠正。

2. 建设工程的返修

《质量管理条例》规定，施工单位对施工中出现质量问题的建设工程或者竣工验收不合格的建设工程，应当负责返修。

《合同法》规定，因施工单位原因致使工程质量不符合约定的，建设单位有权要求施工单位在合理期限内无偿修理或者返工、改建。

无论是施工过程中出现质量问题的建设工程，还是竣工验收时发现质量问题的工程，施工单位都要负责返修。

对于非施工单位造成质量问题或竣工验收不合格的工程，施工单位也应当负责返修，但是造成的损失及返修费用由责任方承担。

6.2.7　建立、健全职工教育培训制度的规定

《质量管理条例》规定，施工单位应当建立、健全教育培训制度，加强对职工的教育培训；未经教育培训或者考核不合格的人员，不得上岗作业。

施工单位建立、健全教育培训制度，加强对职工的教育培训，是企业重要的基础工作之一，只有全员素质提高，工程质量才能从根本上得到保证。教育培训通常包括各类质量教育和岗位技能培训等。

先培训，后上岗。特别是与质量工作有关的，如总工程师、项目经理、质量体系内审员、质量检查员、施工人员、材料试验及检测人员，关键技术工种如焊工、钢筋工、混凝土工等。规定培训而未经培训或培训考核不合格的、无相应的岗位资格的人员不得上岗工作或作业。

6.2.8　违法行为应承担的法律责任

施工单位质量违法行为应承担的主要法律责任如下：

1. 违反资质管理规定和转包、违法分包造成质量问题应承担的法律责任

《建筑法》规定，建筑施工企业转让、出借资质证书或者以其他方式允许他人以本企业的名义承揽工程的，责令改正，没收违法所得并处罚款，可以责令停业整顿，降低资质等级；情节严重的，吊销资质证书。对因该项承揽工程不符合规定的质量标准造成的损失，建筑施工企业与使用本企业名义的单位或者个人承担连带赔偿责任。

承包单位将承包的工程转包的，或者违反《建筑法》规定进行分包的，责令改正，没收违法所得并处罚款，可以责令停业整顿，降低资质等级；情节严重的，吊销资质证书。对因转包工程或者违法分包的工程不符合规定的质量标准造成的损失，承包单位与接受转包或者分包的单位承担连带赔偿责任。

2. 偷工减料等违法行为应承担的法律责任

《建设工程质量管理条例》规定，施工单位在施工中偷工减料的，使用不合格的建筑材料、建筑构配件和设备的，或者有不按照工程设计图纸或者施工技术标准施工的其他行为的，责令改正，处工程合同价款 2% 以上 4% 以下的罚款；造成建设工程质量不符合规定的质量标准的，负责返工、修理并赔偿因此造成的损失；情节严重的，责令停业整顿，降低资质等级或者吊销资质证书。

3. 检验检测违法行为应承担的法律责任

《质量管理条例》规定，施工单位未对建筑材料、建筑构配件、设备和商品混凝土进行检验，或者未对涉及结构安全的试块、试件以及有关材料取样检测的，责令改正，处 10 万元以上 20 万元以下的罚款；情节严重的，责令停业整顿，降低资质等级或者吊销资质证书；造成损失的，依法承担赔偿责任。

4. 构成犯罪的追究刑事责任

《刑法》第 137 条规定，建设单位、设计单位、施工单位、工程监理单位违反国家规定，降低工程质量标准，造成重大安全事故的，对直接责任人员处 5 年以下有期徒刑或者拘役，并处罚金；后果特别严重的，处 5 年以上 10 年以下有期徒刑并处罚金。

6.3 建设工程竣工验收制度

建设工程项目的竣工验收，是指建设工程依照国家有关法律、法规及工程建设规范、标准的规定完成工程设计文件要求和合同约定的各项内容，准备交付给建设单位使用时，由建设单位或有关主管部门按照国家关于建设工程竣工验收制度的规定，对该工程是否符合设计要求和工程质量标准所进行的检查、考核工作。

工程项目的竣工验收是施工全过程的最后一道程序，也是工程项目管理的最后一项工作。它是建设投资成果转入生产或使用的标志，也是全面考核投资效益、检验设计和施工质量的重要环节。

6.3.1 竣工验收的主体和法定条件

1. 竣工验收的主体

《质量管理条例》规定，建设单位收到建设工程竣工报告后，应当组织设计、施工、工程监理等有关单位进行竣工验收。

对工程进行竣工检查和验收，是建设单位的权利和义务。

建设工程完工后，承包单位应当按照国家竣工验收有关规定，向建设单位提供完整的竣工资料和竣工验收报告，提请建设单位组织竣工验收。建设单位收到竣工验收报告后，应及时组织有设计、施工、工程监理单位参加的竣工验收，检查整个建设项目是否已按设计要求和合同约定全部建设完成，并符合竣工验收条件。

2. 竣工验收应当具备的法定条件

《建筑法》规定，交付竣工验收的建设工程，必须符合国家规定的建设工程质量标准，有完整的工程技术经济资料和经签署的工程保修书，并具备国家规定的其他竣工条件。建设工程竣工验收合格后，方可交付使用；未经验收或验收不合格的，不得交付使用。

《质量管理条例》进一步规定，建设工程竣工验收应当具备下列条件：

（1）完成建设工程设计和合同约定的各项内容。建设工程设计和合同约定的内容，主要是指设计文件所确定的、在承包合同“承包人承揽工程项目一览表”中载明的工作范围，也包括监理工程师签发的变更通知单中所确定的工作内容。承包单位必须按合同约定，按质、按量、按时完成上述工作内容，使工程具有正常的使用功能。

（2）有完整的技术档案和施工管理资料。工程技术档案和施工管理资料是工程竣工验收和质量保证的重要依据之一，主要包括以下内容：

①工程项目竣工报告。

②分项、分部工程和单位工程技术人员名单。

③图纸会审和设计交底记录。

④设计变更通知单，技术变更核实单。

⑤工程质量事故发生后调查和处理资料。

⑥隐蔽验收记录及施工日志。

⑦竣工图。

⑧质量检验评定资料。

⑨合同约定的其他资料。

(3) 有材料、设备、构配件的质量合格证明资料和试验、检验报告。建设工程使用的主要建筑材料、建筑构配件和设备，除具有质量合格证明资料外，其质量要求必须符合国家规定的标准。

(4) 有勘察、设计、施工、工程监理等单位分别签署的质量合格文件。勘察、设计、施工、工程监理等有关单位依据工程设计文件及承包合同所要求的质量标准，对竣工工程进行检查和评定，符合规定的，签署合格文件。

(5) 有施工单位签署的工程质量保修书。施工单位同建设单位签署的工程质量保修书也是交付竣工验收的条件之一。没有经过竣工验收或者经过竣工验收确定为不合格的建设工程，不得交付使用。如果建设单位为提前获得投资效益，在工程未经验收之前投产使用是违法的，由此所发生的质量问题建设单位要承担责任。

6.3.2　竣工验收的程序

根据《建设项目（工程）竣工验收办法》《工程建设监理规定》和《建设工程质量监督管理规定》及其他相关法律规定，建筑工程竣工验收的具体程序如下：

(1) 根据建设项目（工程）的规模大小和复杂程度，整个建设项目（工程）的验收可分为初步验收和竣工验收两个阶段进行。规模较大、较复杂的建设项目（工程）应先进行初步验收，然后进行全部建设项目（工程）的竣工验收。规模较小、较简单的建设项目（工程），可以一次进行全部建设项目（工程）的竣工验收。

(2) 建设项目（工程）在竣工验收之前，由建设单位组织施工、设计及使用等有关单位进行初步验收。初步验收前由施工单位按照国家规定，整理好文件、技术资料，向建设单位提出交工报告。建设单位接到报告后，应及时组织初步验收。

(3) 建设项目（工程）全部完成，经过各单项工程的验收，符合设计要求并具备竣工图表、竣工决算、工程总结等必要文件资料，由建设项目（工程）主管部门或建设单位向负责验收的单位提出竣工验收申请报告。

工程竣工验收合格后，建设单位应及时提出工程竣工验收报告。工程竣工验收报告主要包括工程概况，建设单位执行基本建设程序情况，对工程勘察、设计、施工、监理等方面的评价，工程竣工验收时间、程序、内容和组织形式，工程竣工验收意见等内容。同时，竣工验收报告还应附有施工许可证、施工图设计文件审查意见、验收组人员签署的工程竣工验收意见、必要的质量检测和功能性试验资料、施工单位签署的工程质量保修书等文件。

6.3.3　施工单位应提交的档案资料

《质量管理条例》第 17 条规定，建设单位应当严格按照国家有关档案管理的规定，及时收集、整理建设项目各环节的文件资料，建立、健全建设项目档案，并在建设工程竣工验收后，及时向建设行政主管部门或者其他有关部门移交建设项目档案。

建设工程是百年大计，一般的建筑物设计年限都在50～70年，重要的建筑物设计年限为100年。在建筑物使用期间，会遇到对建筑物的改建、扩建或拆除活动，以及在其周边进行的建设活动，评估对该建筑物可能的不利影响等，都要参考原始的勘察、设计、施工资料。因此，所有的建筑活动都应建立完整的建设项目档案。建设单位作为建设全过程的总负责方，应在合同中明确要求勘察单位、设计单位、施工单位分别提供有关勘察、设计、施工的档案资料，及时收集整理，在工程竣工后及时向有关部门移交建设项目档案。

建设单位应当严格按照《城市建设档案管理规定》，及时收集、认真整理建设项目各环节的文件资料，努力建立、健全建设项目档案，在工程竣工验收后3个月内，向城建档案馆报送一套符合规定的建设工程档案。凡工程建设项目档案不全的，应当限期补充。停建、缓建建设项目的档案，暂由建设单位保管。

对改建、扩建和重要部位维修的工程，建设单位应当组织设计、施工单位据实修改、补充和完善原工程建设项目档案。凡结构和平面布置等改变的，应当重新编制建设项目档案，并在工程项目竣工后3个月内向城建档案馆移交。

6.3.4 竣工验收报告备案的规定

《质量管理条例》第49规定，建设单位应当自建设工程竣工验收合格之日起15日内，将建设工程竣工验收报告和规划、公安消防、环保等部门出具的认可文件或者准许使用文件报建设行政主管部门或其他有关部门备案。建设行政主管部门或者其他有关部门发现建设单位在竣工验收过程中有违反国家有关建设工程质量管理规定行为的，责令停止使用，重新组织竣工验收。

1. 竣工验收备案的时间及提交的文件

建设单位应依据国家有关规定，在工程竣工验收合格后15日内，向县级以上人民政府建设行政主管部门或其他有关部门（以下简称备案机关）备案。

建设单位申请办理竣工验收备案应提交以下材料：

（1）工程竣工验收备案表。

（2）建设工程竣工验收报告，应包括工程报建日期，施工许可证号，施工图设计文件审查意见，勘察、设计、施工、工程监理等单位分别签署的工程验收文件及验收人员签署的竣工验收原始文件等相关资料。

（3）法律、行政法规规定的规划、消防、环保等部门出具的认可文件或者准许使用文件。

（4）施工单位签署的工程质量保修书。

（5）法律、行政法规规定必须提交的其他相关文件，如住宅工程的《住宅工程质量保证书》和《住宅工程使用说明书》。

2. 竣工验收备案文件的签收和处理

备案机关在收到建设单位报送的竣工验收备案文件，验证文件齐全后，应当在竣工验收备案表上签署验收备案意见并签章。工程竣工验收备案表一式两份，一份由建设单位保存，一份留备案机关存档。

工程质量监督机构应在竣工验收之日起5个工作日内，向备案机关提交工程质量监督报告。

备案机关发现建设单位在竣工验收过程中有违反国家有关建设工程质量管理规定行为的，应当在收讫竣工验收备案文件 15 日内责令停止使用，限期整改后重新组织竣工验收。

3. 竣工验收备案违反规定的处罚

建设单位在工程竣工验收合格之日起 15 日内未办理工程竣工验收备案的，备案机关责令限期改正，处 20 万元以上 50 万元以下罚款。

建设单位将备案机关决定重新组织竣工验收的工程，在重新组织竣工验收前擅自使用的，备案机关责令停止使用，处工程合同价款 2% 以上 4% 以下罚款。

建设单位采用虚假文件办理工程竣工验收备案的，工程竣工验收无效，备案机关责令停止使用，重新组织竣工验收，处 20 万元以上 50 万元以下罚款；构成犯罪的，依法追究刑事责任。

6.4　建设工程质量保修制度

建设工程质量保修制度是指建设工程在办理竣工验收手续后，在规定的保修期限内，因勘察、设计、施工、材料等原因造成的质量缺陷，应当由施工承包单位负责维修、返工或更换，由责任单位负责赔偿损失的法律制度。

6.4.1　建设工程质量保修书

《质量管理条例》规定，建设工程承包单位在向建设单位提交工程竣工验收报告时，应当向建设单位出具质量保修书。质量保修书中应当明确建设工程的保修范围、保修期限和保修责任等。建设工程实行质量保修制度对促进承包方加强质量管理，保护用户及消费者的合法权益可起到重要的保障作用。

建设工程质量保修的承诺，应当由承包单位以建设工程质量保修书这一书面形式来体现。建设工程质量保修书是一项保修合同，是承包合同所约定双方权利义务的延续，是施工企业对竣工验收的建设工程承担保修责任的法律文本。在日常生活中，人们购买哪怕是小到几十元甚至几元的商品，商品生产厂家都必须出具质量保修卡。而建设工程造价几十万元、几百万元甚至几亿元，如果没有保修约定，对建设单位有失公平，是不符合权利义务对等的市场经济准则的。

建设工程承包单位在向建设单位提交工程竣工验收报告资料时，应向建设单位出具工程质量保修书。工程质量保修书的主要内容如下：

（1）质量保修范围。《建筑法》第 62 条规定，建设工程的保修范围应包括地基基础工程、主体结构工程、屋面防水工程和其他土建工程，以及电气管线、上下水管线的安装工程，供热、供冷系统等项目。当然，不同类型的建设工程，其保修范围有所不同。

（2）保修期限。《建筑法》第 62 条规定，保修期限应当按照保证建筑物合理寿命年限内正常使用，维护使用者合法权益的原则确定。遵照《建筑法》的规定，《质量管理条例》在第 40 条中对此做出了具体规定。

（3）承诺保修责任。建设工程承包单位向建设单位承诺保修范围、保修期限和具体实施保修的有关规定和措施，如保修的方法、人员和联络办法、答复和处理的时限、不履行保修责任的罚则等。

6.4.2 建设工程质量的最低保修期限

《质量管理条例》第 40 条规定，在正常使用条件下，建设工程的最低保修期限如下：

（1）基础设施工程、房屋建筑的地基基础工程和主体结构工程，为设计文件规定的该工程的合理使用年限。

（2）屋面防水工程、有防水要求的卫生间、房间和外墙面的防渗漏，为 5 年。

（3）供热与供冷系统，为 2 个采暖期、供冷期。

（4）电气管线、给水排水管道、设备安装和装修工程，为 2 年。

其他项目的保修期限由发包方与承包方约定。

建设工程的保修期，自竣工验收合格之日起计算。

6.4.3 工程质量保修的实施

建设工程在保修期内出现的质量缺陷，建设单位或房屋建筑所有人应当向施工单位发出保修通知。如果发生涉及结构安全的质量缺陷，建设单位或房屋建筑所有人还应立即向当地建设行政主管部门报告，并采取安全防范措施。

对于一般的质量缺陷，施工单位在接到保修通知后，应当到现场核查情况，在保修书约定的时间内予以保修；对于涉及结构安全或者严重影响使用功能的紧急抢修事故，施工单位接到保修通知后，应当立即到达现场抢修；对于其他涉及结构安全的无须紧急抢修的质量缺陷，应由原设计单位或者具有相应资质等级的设计单位提出保修方案，施工单位实施保修，原工程质量监督机构负责监督。

保修完成后，由建设单位或者房屋建筑所有人组织验收。涉及结构安全的，应当报当地建设行政主管部门备案。

施工单位不按工程质量保修书约定保修的，建设单位或房屋建筑所有人可以另行委托其他单位保修，由原施工单位承担相应责任。

6.4.4 质量责任的损失赔偿

《质量管理条例》规定，建设工程在保修范围和保修期限内发生质量问题的，施工单位应当履行保修义务，并对造成的损失承担赔偿责任。

1. 保修义务的责任落实与损失赔偿责任的承担

《最高人民法院关于审理建设工程施工合同纠纷案件适用法律问题的解释》规定，因保修人未及时履行保修义务，导致建筑物损毁或造成人身、财产损害的，保修人应当承担赔偿责任。保修人与建设单位或建筑物所有人对建筑物损毁均有过错的，各自承担相应责任。

建设工程保修的质量问题是指保修范围和保修期限内发生的质量问题。保修义务的承担及维修的经济责任的承担应按下述原则处理：

（1）施工单位未按国家有关规范、标准和设计要求施工造成的质量缺陷，由施工单位负责返修并承担经济责任。

（2）由于设计方面的原因造成的质量缺陷，先由施工单位负责维修，其经济责任按有关规定通过建设单位向设计单位索赔。

（3）因建筑材料、构配件和设备质量不合格引起的质量缺陷，先由施工单位负责维修，其经济责任属于施工单位采购的或经其验收同意的，由施工单位承担经济责任；属于建设单位采购的，由建设单位承担经济责任。

（4）因建设单位（含监理单位）错误管理造成的质量缺陷，先由施工单位负责维修，其经济责任由建设单位承担；如属监理单位责任，则由建设单位向监理单位索赔。

（5）因使用单位使用不当造成的损坏问题，先由施工单位负责维修，其经济责任由使用单位自行负责。

（6）因地震、洪水、台风等不可抗力原因造成的损坏问题，先由施工单位负责维修，建设参与各方根据国家具体政策分担经济责任。

2. 建设工程质量保证金

建设部、财政部《建设工程质量保证金管理暂行办法》规定，建设工程质量保证金（保修金）（以下简称保证金）是指发包人与承包人在建设工程承包合同中约定，从应付的工程款中预留，用以保证承包人在缺陷责任期内对建设工程出现的缺陷进行维修的资金。

（1）缺陷责任期的确定。缺陷责任期指承包人按照合同约定承担缺陷修复义务，且发包人预留质量保证金的期限。缺陷责任期一般有 6 个月、12 个月或 24 个月，具体由发、承包双方在合同中约定。

缺陷责任期从工程通过竣（交）工验收之日起计。由于承包人原因导致工程无法按规定期限进行竣（交）工验收的，缺陷责任期从实际通过竣（交）工验收之日起计。由于发包人原因导致工程无法按规定期限进行竣（交）工验收的，在承包人提交竣（交）工验收报告 90 日后，工程自动进入缺陷责任期。

（2）预留保证金的比例。全部或者部分使用政府投资的建设项目，按工程价款结算总额 5% 左右的比例预留保证金。社会投资项目采用预留保证金方式的，预留保证金的比例可以参照执行。

（3）质量保证金的返还。缺陷责任期内，承包人认真履行合同约定的义务。到期后，承包人向发包人申请返还保证金。

发包人在接到承包人返还保证金申请后，应于 14 日内会同承包人按照合同约定的内容进行核实。如无异议，发包人应当在核实后 14 日内将保证金返还给承包人。逾期返还的，从逾期之日起，按照同期银行贷款利率计付利息，并承担违约责任。发包人在接到承包人返还保证金申请后 14 日内不予答复，经催告后 14 日内仍不予答复，视同认可承包人的返还保证金申请。

发包人和承包人对保证金预留、返还以及工程维修质量、费用有争议的，按承包合同约定的争议和纠纷解决程序处理。

6.4.5 违法行为应承担的法律责任

建设工程质量保修违法行为应承担的主要法律责任如下：

《建筑法》规定，建筑施工企业违反《建筑法》的规定，不履行保修义务的，责令改正，可以处以罚款，并对在保修期内因屋顶、墙面渗漏、开裂等质量缺陷造成的损失，承担赔偿责任。

《质量管理条例》规定，施工单位不履行保修义务或者拖延履行保修义务的，责令改正，处10万元以上20万元以下的罚款，并对在保修期内因质量缺陷造成的损失承担赔偿责任。

《建设工程质量保证金管理暂行办法》规定，缺陷责任期内，由承包人原因造成的缺陷，承包人应负责维修并承担鉴定及维修费用。如承包人不维修也不承担费用，发包人可按合同约定扣除保证金，并由承包人承担违约责任。承包人维修并承担相应费用后，不免除对工程的一般损失赔偿责任。

《建筑业企业资质管理规定》规定，建筑业企业申请晋升资质等级或者主项资质以外的资质，在申请之日前1年内有未履行保修义务造成严重后果的情形的，建设行政主管部门不予批准。

本章练习题

1. 建设单位、监理单位的质量责任有哪些？
2. 勘察、设计单位的质量责任有哪些？
3. 施工单位的质量责任有哪些？
4. 施工单位违反资质管理规定和转包、违法分包造成质量问题应承担哪些法律责任？
5. 建设工程竣工验收的主体是什么？竣工验收的法定条件是什么？
6. 简述竣工验收备案的时间与提交的文件。
7. 什么是建设工程的保修期？我国《质量管理条例》规定的建设工程的最低保修期限是多少？

第7章

建设工程施工环境保护与节约能源制度

★学习目标

1. 了解环境保护的基本概念；
2. 了解环境保护的三大政策和八项制度，掌握建设工程的环境影响评价制度和“三同时”制度；
3. 了解环境保护法律体系；
4. 了解节约能源的基本概念；
5. 掌握建设工程施工节约能源的两个方面内容：建筑节能和施工节能。

★案例导入

2001年1月2日，江西省环保局收到举报信，反映奉新县某水泥有限公司违法生产，污染严重，对周围居民造成极大影响。1月2日，省环境监理总队接到省环保局转来的举报信后，1月3日派人和奉新县环保局共赴现场检查。在检查过程中，约见了某水泥有限公司的总经理许某和投诉人，查明：

某水泥有限公司是当地招商企业，由许某等人投资200多万元兴建，2000年5月3日动工，2000年10月23日投产，截止到2001年1月3日未办理环保审批手续，也未办理工商营业执照。

奉新县环保局于2000年5月18日对该公司下达了停止建设通知书。该公司从事水泥半成品加工，从其他厂家购买水泥熟料进行加工，生产42.5级硅酸盐水泥。该公司的主要生产设备是一台直径2.2米的球磨，污染防治措施只有一套简易的布袋除尘装置。

问题：该公司在建设过程中有哪些违法行为？

案例解析：

《建设项目环境保护管理条例》确立了“三同时”制度，即建设项目需要配套建设的环境保护设施，必须与主体工程同时设计、同时施工、同时投产使用。

在本案例中，该公司在建设过程中，没有设计、施工相应的防尘装置，违反了《建设项目环境保护管理条例》中“三同时”制度的规定，依法应当承担法律责任。

7.1 建设工程施工环境保护制度

7.1.1 环境保护概述

环境是影响人类生存和发展的各种天然的和经过人工改造的自然因素的总体，包括大气、水、海洋、土地、矿藏、森林、草原、野生动物、自然古迹、人文遗迹、自然保护区、风景名胜区、城市和乡村等。

环境保护一般是指人类为解决现实或潜在的环境问题，协调人类与环境的关系，保护人类的生存环境、保障经济社会的可持续发展而采取的各种行动的总称。其方法和手段有工程技术的、行政管理的，也有经济的、宣传教育的等。

1983 年召开的第二次全国环境保护会议宣布：“环境保护是我国现代化建设中一项战略任务”，并把“环境保护”确定为基本国策，成为与“计划生育”及“十分珍惜、合理利用土地和保护耕地”并行的三大国策之一。

1989 年 12 月 26 日第七届全国人民代表大会常务委员会第十一次会议通过了《中华人民共和国环境保护法》。《环境保护法》是为保护和改善环境，防治污染和其他公害，保障公众健康，推进生态文明建设，促进经济社会可持续发展制定的国家法律。

建设工程环境保护的意义如下：

（1）建设工程环境保护有利于可持续发展和环境保护。

（2）建设工程环境保护是建筑业企业与国际接轨的保障。

（3）建设工程环境保护是具体实施 ISO 14000 认证的要求。

（4）建设工程环境保护可以节约资源和能源，降低成本。

（5）建设工程环境保护是提高企业竞争能力的有效途径。

7.1.2 建设工程施工环境保护制度概述

随着环境问题的凸显，国务院于 1973 年成立了环保领导小组及其办公室，在全国开始“三废”治理和环保教育，这是我国环境保护工作的开始。经过多年的发展，我国的环境保护政策已经形成了一个完整的体系，主要内容包括三大政策和八项制度。

环境保护三大政策为“预防为主，防治结合”“谁污染，谁治理”“强化环境管理”。

环境保护八项制度为“环境影响评价”“三同时”“排污收费”“环境保护目标责任”“城市环境综合整治定量考核”“排污申请登记与许可证”“限期治理”“集中控制”。

1. 环境保护目标责任制

环境保护目标责任制是通过签订责任书的形式，具体落实地方各级人民政府和有污染的单位对环境质量负责的行政管理制度。这一制度明确了一个区域、一个部门及一个单位环境保护的主要责任者和责任范围，理顺了各级政府和各个部门在环境保护方面的关系，从而使改善环境质量的任务能够得到层层落实。这是我国环境保护体制的一项重大改革。

2. 城市环境综合整治定量考核

城市环境综合整治定量考核，是我国在总结多年来开展城市环境综合整治实践经验的基础上形成的一项重要制度，它是通过定量考核对城市政府在推行城市环境综合整治中的活动予以管理和调整的一项环境监督管理制度。

3. 污染集中控制

污染集中控制是在一个特定的范围内，为保护环境所建立的集中治理设施和所采用的管理措施，是强化环境管理的一项重要手段。污染集中控制，应以改善区域环境质量为目的，依据污染防治规划，按照污染物的性质、种类和所处的地理位置，以集中治理为主，用最小的代价取得最佳效果。

4. 限期治理制度

限期治理制度是指对污染危害严重、群众反映强烈的污染区域采取的限定治理时间、治理内容及治理效果的强制性行政措施。

5. 排污收费制度

排污收费制度是指一切向环境排放污染物的单位和个体生产经营者，按照国家的规定和标准，缴纳一定费用的制度。我国从 1982 年开始全面推行排污收费制度，直到现在，全国（除台湾地区外）各地普遍开展了征收排污费工作。目前，我国征收排污费的项目有污水、废气、固体废物、噪声、放射性废物 5 类 113 项。

6. 环境影响评价制度

环境影响评价制度是指在进行建设活动之前，对建设项目的选址、设计和建成投产使用后可能对周围环境产生的不良影响进行调查、预测和评定，提出防治措施，并按照法定程序进行报批的法律制度。环境影响评价制度应贯彻预防为主的原则，是防止新污染，保护生态环境的一项重要的法律制度。

环境影响评价制度一般包括下述基本内容：①建设方案的具体内容；②建设地点的环境本体状况；③方案实施后对自然环境（包括自然资源）和社会环境将产生哪些不可避免的影响；④防治环境污染和破坏的措施与经济技术可行性论证意见。

7. “三同时”制度

“三同时”制度是指新建、改建、扩建项目、技术改造项目以及区域性开发建设项目的污染防治设施必须与主体工程同时设计、同时施工、同时投产的制度。

凡是通过环境影响评价确认可以开发建设的项目，建设时必须按照“三同时”规定，将环境保护措施落到实处，防止建设项目建成投产使用后产生新的环境问题，在项目建设过程中也要防止环境污染和生态破坏。建设项目的设计、施工、竣工验收等主要环节落实环境保护措施，关键是保证环境保护的投资、设备、材料等与主体工程同时安排，使环境保护要求在基本建设程序的各个阶段得到落实，“三同时”制度分别明确了建设单位、主管部门和环境保护部门的职责，有利于具体管理和监督执法。

建设单位对承担施工任务的单位，除落实“三同时”规定的具体要求外，还要负责提供必需的资料和条件。施工单位应对建设项目的劳动安全卫生设施的工程质量负责，施工严格按照施工图纸和设计要求，确实做到劳动安全卫生设施与主体工程同时施工，同时投入生产和使用，并确保工程质量。

8. 排污申报登记与排污许可证制度

排污申报登记制度是指凡是向环境排放污染物的单位，必须按规定程序向环境保护行政主管部门申报登记所拥有的排污设施、污染物处理设施及正常作业情况下排污的种类、数量和浓度的一项特殊的行政管理制度。排污申报登记是实行排污许可证制度的基础。排污许可证制度，是以改善环境质量为目标，以污染总量控制为基础，规定排污单位许可排放污染物的种类、数量、浓度、方式等的一项新的环境管理制度。我国目前推行的是水污染物排放许可证制度。

7.1.3 建设工程的环境保护法律体系

依据《环境保护法》，我国相继颁布实施了一系列有关环境保护的单行法律，主要如下：

《中华人民共和国环境噪声污染防治法》，1996 年 10 月 29 日第八届全国人民代表大会常务委员会第二十二次会议通过，自 1997 年 3 月 1 日起施行。

《中华人民共和国大气污染防治法》，1987 年 9 月 5 日全国人民代表大会常务委员会通过，2015 年 8 月 29 日第十二届全国人民代表大会常务委员会第十六次会议第三次修订，自 2016 年 1 月 1 日起施行。

《中华人民共和国水污染防治法》，1984 年 5 月 11 日第六届全国人民代表大会常务委员会第五次会议通过，2008 年 2 月 28 日第十届全国人民代表大会常务委员会第三十二次会议第二次修订，自 2008 年 6 月 1 日起施行。

《中华人民共和国固体废物污染环境防治法》，1995 年 10 月 30 日第八届全国人民代表大会常务委员会第十六次会议通过，2016 年 11 月 7 日第十二届全国人民代表大会常务委员会第二十四次会议第四次修订。

这些法律、法规是在建筑工程施工过程中必须遵守的法律准绳。

1. 噪声污染防治

环境噪声是指在工业生产、建筑施工、交通运输和社会生活中所产生的干扰周围生活环境的声音。环境噪声污染则是指产生的环境噪声超过国家规定的环境噪声排放标准，并干扰他人正常生活、工作和学习的现象。

在工程建设领域，环境噪声污染的防治主要包括两个方面：一是施工现场环境噪声污染的防治；二是建设项目环境噪声污染的防治。前者主要解决建设工程施工过程中产生的施工噪声污染问题，后者则解决建设项目建成后使用过程中可能产生的环境噪声污染问题。

（1）施工现场环境噪声污染的防治。施工现场环境噪声是指在建设工程施工过程中产生的干扰周围生活环境的声音。随着城市化进程的不断加快及工程建设的大规模开展，施工现场环境噪声污染问题日益凸显，尤其是在城市人口稠密地区的建设工程施工中产生的噪声污染，不仅影响周围居民的正常生活，而且损害城市的环境形象。施工单位与周围居民因噪声而引发的纠纷也时有发生，群众投诉日渐增多。因此，应当依法加强施工现场环境噪声管理，采取有效措施防治施工现场环境噪声污染。

《建筑施工场界环境噪声排放标准》（GB 12523—2011）规定，建筑施工过程中场界环境噪声不得超过规定的排放限值。建筑施工场界环境噪声排放限值，昼间70 dB（A），夜间55 dB（A）。夜间噪声最大声级超过限值的幅度不得高于15 dB（A）。“昼间”是指6:00至22:00的时段；“夜间”是指22:00至次日6:00的时段。县级以上人民政府为环境噪声污染防治的需要（如考虑时差、作息习惯差异等）而对昼间、夜间的划分另有规定的，应按其规定执行。

（2）建设项目环境噪声污染的防治。城市道桥、铁路（包括轻轨）、工业厂房等，其建成后的使用可能会对周围环境产生噪声污染。因此，建设单位必须在建设前期就规定环境噪声污染的防治措施，并在建设过程中同步建设环境噪声污染防治设施。

建设项目的环境噪声污染防治设施必须与主体工程同时设计、同时施工、同时投产使用。例如，建设经过已有的噪声敏感建筑物集中区域的高速公路和城市高架、轻轨道路，有可能造成环境噪声污染的，应当设置噪声屏障或者采取其他有效的控制环境噪声污染的措施；在已有的城市交通干线的两侧建设噪声敏感建筑物的，建设单位应当按照国家规定间隔一定距离，并采取减轻、避免交通噪声影响的措施等。

建设项目在投入生产或者使用之前，其环境噪声污染防治设施必须经原审批环境影响报告书的环境保护行政主管部门验收；达不到国家规定要求的，该建设项目不得投入生产或使用。

2. 大气污染防治

大气污染通常是指由于人类活动或自然过程引起某些物质进入大气中，呈现出足够的浓度，达到足够时间并因此危害了人体的舒适、健康和福利或环境污染的现象。如果不对大气污染物的排放总量加以控制和防治，将会严重破坏生态系统和人类生存条件。

施工现场大气污染的防治，重点是防治扬尘污染。具体要求如下：

（1）运送土方、垃圾、设备及建筑材料等，不污损场外道路。运输容易散落、飞扬、流漏的物料的车辆，必须采取措施封闭严密，保证车辆清洁。施工现场出口应设置洗车槽。

（2）土方作业阶段，采取洒水、覆盖等措施，达到作业区目测扬尘高度小于1.5米，不扩散到场区外。

（3）结构施工、安装装饰装修阶段，作业区目测扬尘高度小于0.5米。对易产生扬尘的堆放材料应采取覆盖措施；对粉末状材料应封闭存放；场区内可能引起扬尘的材料及建筑垃圾搬运应有降尘措施，如覆盖、洒水等；浇筑混凝土前清理灰尘和垃圾时尽量使用吸尘器，避免使用吹风器等易产生扬尘的设备；机械剔凿作业时可用局部遮挡、掩盖、水淋等防护措施；高层或多层建筑清理垃圾应搭设封闭性临时专用道或采用容器吊运。

（4）施工现场非作业区达到目测无扬尘的要求。对现场易飞扬物质采取有效措施，如洒水、地面硬化、围挡、密网覆盖、封闭等，防止扬尘产生。

（5）构筑物机械拆除前，做好扬尘控制计划。可采用清理积尘、拆除体洒水、设置隔挡等措施。

（6）构筑物爆破拆除前，做好扬尘控制计划。可采用清理积尘、淋湿地面、预湿墙体、屋面敷水袋、楼面蓄水、建筑外设高压喷雾状水系统、搭设防尘排栅和直升机投水弹等综合降尘。选择风力小的天气进行爆破作业。

(7) 在场界四周隔挡高度位置测得的大气总悬浮颗粒物 (TSP) 月平均浓度与城市背景值的差值不大于0.08 毫克/立方米。

3. 水污染防治

水污染是指因某种物质的介入，而导致水体化学、物理、生物或者放射性等方面特性的改变，从而影响水的有效利用，危害人体健康或者破坏生态环境，造成水质恶化的现象。水污染防治包括江河、湖泊、运河、渠道、水库等地表水体以及地下水体的污染防治。

《水污染防治法》对建设工程水污染防治的一般规定：

(1) 禁止向水体排放油类、酸液、碱液或者剧毒废液。禁止在水体清洗装储过油类或者有毒污染物的车辆和容器。

(2) 禁止向水体排放、倾倒放射性固体废物或者含有高放射性和中放射性物质的废水。向水体排放含低放射性物质的废水，应当符合国家有关放射性污染防治的规定和标准。

(3) 向水体排放含热废水，应当采取措施，保证水体的水温符合水环境质量标准。

(4) 禁止向水体排放、倾倒工业废渣、城镇垃圾和其他废弃物。存放可溶性剧毒废渣的场所，应当采取防水、防渗漏、防流失的措施。

(5) 禁止在江河、湖泊、运河、渠道、水库最高水位线以下的滩地和岸坡堆放、存储固体废物和其他污染物。

(6) 禁止利用渗井、渗坑、裂隙和溶洞排放、倾倒含有毒污染物的废水、含病原体的污水和其他废弃物。

(7) 禁止利用无防渗漏措施的沟渠、坑塘等输送或者存储含有毒污染物的废水、含病原体的污水和其他废弃物。

(8) 兴建地下工程设施或者进行地下勘探、采矿等活动，应当采取防护性措施，防止地下水污染。

(9) 人工回灌补给地下水，不得恶化地下水质。

4. 固体废物污染防治

固体废物是指在生产、生活和其他活动中产生的丧失原有利用价值或者虽未丧失原有利用价值但被抛弃或者放弃的固态、半固态和置于容器中的气态的物品、物质以及法律、行政法规规定纳入固体废物管理的物品、物质。

固体废物污染环境是指固体废物在产生、收集、储存、运输、利用、处置的过程中产生的危害环境的现象。

《固体废物污染环境防治法》规定，国家对固体废物污染环境的防治，实行减少固体废物的产生量和危害性、充分合理利用固体废物和无害化处置固体废物的原则，促进清洁生产和循环经济发展。

(1) 一般固体废物污染环境的防治。《固体废物污染环境防治法》规定，产生固体废物的单位和个人，应当采取措施，防止或者减少固体废物对环境的污染。

施工单位不得将建筑垃圾交给个人或者未经核准从事建筑垃圾运输的单位运输。处置建筑垃圾的单位在运输建筑垃圾时，应当随车携带建筑垃圾处置核准文件，按照城市人民政府有关部门规定的运输路线昼间运行，不得丢弃、遗撒建筑垃圾，不得超出核准范围承运建筑垃圾。

（2）施工现场固体废物的减量化和回收再利用。加强建筑垃圾的回收再利用，力争建筑垃圾的再利用和回收率达到 30%，建筑物拆除产生的废弃物的再利用和回收率大于 40%。对于碎石类、土石方类建筑垃圾，可采用地基填埋、铺路等方式提高再利用率，力争再利用率大于 50%。

施工现场生活区设置封闭式垃圾容器，施工场地生活垃圾实行袋装化，及时清运。对建筑垃圾进行分类，并收集到现场封闭式垃圾站，集中运出。

7.2　建设工程施工节约能源制度

7.2.1　节约能源概述

能源是指煤炭、石油、天然气、生物质能和电力、热力以及其他直接或者通过加工、转换而取得有用能的各种资源。节约能源是指加强用能管理，采取技术上可行、经济上合理以及环境和社会可以承受的措施，从能源生产到消费的各个环节降低消耗，减少损失和污染物排放，制止浪费，有效、合理地利用能源。

节约资源是我国的基本国策。国家实施节约与开发并举、将节约放在首位的能源发展战略。

1997 年 11 月 1 日，第八届全国人民代表大会常务委员会第二十八次会议通过《中华人民共和国节约能源法》。2016 年 7 月 2 日，第十二届全国人民代表大会常务委员会第二十一次会议第二次修订。

2008 年 7 月 23 日国务院第十八次常务会议通过《民用建筑节能条例》，自 2008 年 10 月 1 日起施行。

2007 年 9 月 10 日中华人民共和国建设部印发《绿色施工导则》（建质〔2007〕223 号）。

7.2.2　建设工程施工节约能源的法律规定

在工程建设领域，节约能源主要包括建筑节能和施工节能两个方面。

建筑节能解决的是建设项目建成后使用过程中的节约能源问题，是指在保证民用建筑使用功能和室内热环境质量的前提下，降低其使用过程中能源消耗的活动。

施工节能解决的是施工过程中的节约能源问题，是指工程建设中在保证质量、安全等基本要求的前提下，通过科学管理和技术进步，最大限度地节约资源与减少对环境负面影响的施工活动，实现“四节一环保”（节能、节地、节水、节材和环境保护）。

1. 建筑节能

《节约能源法》规定，国家实行固定资产投资项目节能评估和审查制度。不符合强制性节能标准的项目，依法负责项目审批或者核准的机关不得批准或者核准建设；建设单位不得开工建设；已经建成的，不得投入生产、使用。

建筑工程中，建设、设计、施工和监理单位应当遵守建筑节能标准。

（1）施工图审查机构的节能义务。施工图设计文件审查机构应当按照民用建筑节能强制性标准对施工图设计文件进行审查；经审查不符合民用建筑节能强制性标准的，县级以上地方人民政府建设主管部门不得颁发施工许可证。

（2）建设单位的节能义务。建设单位不得明示或者暗示设计单位、施工单位违反民用建筑节能强制性标准进行设计、施工，不得明示或者暗示施工单位使用不符合施工图设计文件要求的墙体材料、保温材料、门窗、采暖制冷系统和照明设备。

按照合同约定由建设单位采购墙体材料、保温材料、门窗、采暖制冷系统和照明设备的，建设单位应当保证其符合施工图设计文件要求。

建设单位组织竣工验收，应当对民用建筑是否符合民用建筑节能强制性标准进行查验；对不符合民用建筑节能强制性标准的，不得出具竣工验收合格报告。

（3）设计单位、施工单位、工程监理单位的节能义务。施工单位应当对进入施工现场的墙体材料、保温材料、门窗、采暖制冷系统和照明设备进行查验；不符合施工图设计文件要求的，不得使用。

工程监理单位发现施工单位不按照民用建筑节能强制性标准施工的，应当要求施工单位改正。施工单位拒不改正的；工程监理单位应当及时报告建设单位，并向有关主管部门报告。

墙体、屋面的保温工程施工时，监理工程师应当按照工程监理规范的要求，采取旁站、巡视和平行检验等形式实施监理。未经监理工程师签字，墙体材料、保温材料、门窗、采暖制冷系统和照明设备不得在建筑上使用或者安装，施工单位不得进行下一道工序的施工。

2. 施工节能

《循环经济促进法》规定，建筑设计、建设、施工等单位应当按照国家有关规定和标准，对其设计、建设、施工的建筑物及构筑物采用节能、节水、节地、节材的技术工艺和小型、轻型、再生产品。有条件的地区，应当充分利用太阳能、地热能、风能等可再生能源。

（1）节材与材料资源利用。《循环经济促进法》规定，国家鼓励利用无毒无害的固体废物生产建筑材料，鼓励使用散装水泥，推广使用预拌混凝土和预拌砂浆。禁止损毁耕地烧砖。在国务院或者省、自治区、直辖市人民政府规定的期限和区域内，禁止生产、销售和使用黏土砖。

《绿色施工导则》进一步规定，图纸会审时，应审核节材与材料资源利用的相关内容，达到材料损耗率比定额损耗率降低30%；根据施工进度、库存情况等合理安排材料的采购、进场时间和批次，减少库存；现场材料堆放有序；储存环境适宜，措施得当；保管制度健全，责任落实；材料运输工具适宜，装卸方法得当，防止损坏和遗撒；根据现场平面布置情况就近卸载，避免和减少二次搬运；采取技术和管理措施提高模板、脚手架等的周转次数；优化安装工程的预留、预埋、管线路径等方案；应就地取材，施工现场500千米以内生产的建筑材料用量占建筑材料总重量的70%以上。

（2）节水与水资源利用。《绿色施工导则》进一步对提高用水效率、非传统水源利用和安全用水做出规定：

①提高用水效率。施工中采用先进的节水施工工艺；施工现场喷洒路面，施工现场供水

管网应根据用水量设计布置，管径合理、管路简捷，采取有效措施减少管网和用水器具的漏损；现场机具、设备、车辆冲洗用水必须设立循环用水装置。

②非传统水源利用。优先采用中水搅拌、中水养护，有条件的地区和工程应收集雨水养护；处于基坑降水阶段的工地，宜优先采用地下水作为混凝土搅拌用水、养护用水、冲洗用水和部分生活用水；现场机具、设备、车辆冲洗，喷洒路面，绿化浇灌等用水，优先采用非传统水源，尽量不使用市政自来水；大型施工现场，尤其是雨量充沛地区的大型施工现场建立雨水收集利用系统，充分收集自然降水用于施工和生活中适宜的部位。

③安全用水。在非传统水源和现场循环再利用水的使用过程中，应制定有效的水质检测与卫生保障措施，确保避免对人体健康、工程质量以及周围环境产生不良影响。

本章练习题

1. 环境影响评价制度的基本内容有哪些？
2. 环境保护的“三同时”制度指的是什么？
3. 环境保护的单行法律有哪些？
4. 建设工程的节约能源包括哪两部分？
5. 建设单位的节能义务有哪些？
6. 施工节能有哪些具体措施？

第 8 章

建设工程纠纷与索赔

★学习目标

1. 了解建设工程纠纷的种类与处理方式；
2. 掌握施工索赔发生的原因；
3. 掌握索赔的分类。

★案例导入

2016 年 4 月，某建筑公司获准在当地修建其自用的综合楼。施工期间，市燃气总公司在 2016 年 5 月巡视发现，该楼房基井内可见燃气次高压主管线管道被占压。当地的区建委于 2016 年 5 月 20 日做出处理决定，责令该建筑公司立即停止施工，由燃气公司将燃气改道工程完成后，经区建委批准方可复工，所需费用由建筑公司承担。同年 6 月，燃气公司按该决定的要求将改道方案送达区建委批准并向建筑公司去函，要求及时支付改道费，以彻底消除隐患。但建筑公司未执行区建委的停工决定，对燃气公司来函不予理睬，继续强行施工，并于 2017 年 4 月将综合楼建成。其间，燃气公司多次派员接洽、制止无效，致使该大楼占高压、次高压燃气管道的严重安全隐患未能排除。据此，该市建委认为建筑公司违反了相关规定，对建筑公司做出处罚：罚款 30 000 元；承担整改经费 70 000 元。

问题：市建委对该公司的处罚是否成立？属于何种处罚？该处罚行为的特征有哪些？

案例解析：

1. 该处罚成立，属于行政处罚。

2. 行政处罚属于行政行为，行政行为的特征如下：

（1）行政行为是执行法律的行为，任何行政行为均须有法律依据，具有从属法律性，没有法律的明确规定或授权，行政主体不得做出任何行政行为。

（2）行政行为具有一定的裁量性，这是由立法技术本身的局限性和行政管理的广泛性、变动性、应变性决定的。

(3) 行政主体在实施行政行为时具有单方意志性，不必与行政相对方协商或征得其同意，即可依法自主做出。即使是在行政合同行为中，在行政合同的缔结、变更、解除与履行等诸多方面，行政主体均具有与民事合同不同的单方意志性。

(4) 行政行为是以国家强制力保障实施的，带有强制性，行政相对方必须服从并配合行政行为。否则，行政主体将予以制裁或强制执行。

(5) 行政行为以无偿为原则，以有偿为例外。只有当特定行政相对人承担了特别公共负担，或者分享了特殊公共利益时，方可为有偿。

8.1　建设工程纠纷的主要类型

法律纠纷是指公民、法人、其他组织之间因人身、财产或其他法律关系所发生的对抗冲突（或争议），主要包括民事纠纷、行政纠纷、刑事纠纷。民事纠纷是平等主体之间的有关人身、财产权的纠纷；行政纠纷是行政机关之间或行政机关同公民、法人和其他组织之间由于行政行为而产生的纠纷；刑事纠纷是因犯罪而产生的纠纷。

建设工程项目通常具有投资大、建设周期长、技术要求高、协作关系复杂和政府监管严格等特点。建设法律关系不是由单一的部门法律规范调整的社会关系，建筑民事法律规范和建筑行政法律规范在调整建筑活动的社会关系中相互作用，综合运用。因此，在建设工程领域里常见的纠纷有民事纠纷和行政纠纷。

8.1.1　建设工程民事纠纷

建设工程民事纠纷是在建设工程活动中平等主体之间的以民事权利义务法律关系为内容的争议。民事纠纷作为法律纠纷的一种，一般来说，是因为违反了民事法律规范而引起的。民事纠纷可分为两类：一类是财产关系方面的民事纠纷，如合同纠纷、损害纠纷等；另一类是人身关系的民事纠纷，如名誉权纠纷、继承权纠纷等。

民事纠纷的特点如下：

(1) 民事纠纷主体之间的法律地位平等。

(2) 民事纠纷的内容是对民事权利义务的争议。

(3) 民事纠纷具有可处分性。这主要是针对有关财产关系的民事纠纷，而有关人身关系的民事纠纷多具有不可处分性。

在建设工程领域，较为普遍和重要的民事纠纷主要是合同纠纷与侵权纠纷。

1. 合同纠纷

合同纠纷是指因合同的生效、解释、履行、变更、终止等行为而引起的合同当事人之间的所有争议。合同纠纷的内容主要表现在争议主体对导致合同法律关系产生、变更与消灭的法律事实以及法律关系内容有着不同的观点和看法。合同纠纷的范围涵盖了一项合同从成立到终止的整个过程。在建设工程领域，合同纠纷主要有工程总承包合同纠纷、工程勘察合同纠纷、工程设计合同纠纷、工程施工合同纠纷、工程监理合同纠纷、工程分包合同纠纷、材料设备采购合同纠纷以及劳动合同纠纷等。

2. 侵权纠纷

侵权纠纷是指一方当事人对另一方侵权而产生的纠纷。在建设工程领域也易发生侵权纠纷，如施工单位在施工过程中未采取相应防范措施造成对他方损害而产生的侵权纠纷，未经许可使用他方专利、工法等造成的知识产权侵权纠纷等。

8.1.2 建设工程行政纠纷

建设工程行政纠纷是建设工程活动中行政机关之间或行政机关同公民、法人和其他组织之间由于行政行为而产生的纠纷，包括行政争议和行政案件。在行政法律关系中，行政机关对公民、法人和其他组织行使行政管理职权，应当依照法律规定；公民、法人和其他组织也应当依法约束自己的行为，做到自觉守法。

1. 行政机关的行政行为特征

（1）行政行为是执行法律的行为，任何行政行为均须有法律依据，具有从属法律性，没有法律的明确规定或授权，行政主体不得做出任何行政行为。

（2）行政行为具有一定的裁量性，这是由立法技术本身的局限性和行政管理的广泛性、变动性、应变性所决定的。

（3）行政主体在实施行政行为时具有单方意志性，不必与行政相对方协商或征得其同意，即可依法自主做出。即使是在行政合同行为中，在行政合同的缔结、变更、解除与履行等诸多方面，行政主体均具有与民事合同不同的单方意志性。

（4）行政行为是以国家强制力保障实施的，带有强制性，行政相对方必须服从并配合行政行为。否则，行政主体将予以制裁或强制执行。

（5）行政行为以无偿为原则，以有偿为例外。只有当特定行政相对人承担了特别公共负担，或者分享了特殊公共利益时，方可为有偿。

2. 易引发纠纷的行政行为

在建设工程领域，行政机关易引发行政纠纷的具体行政行为主要有以下几种：

（1）行政许可。行政许可即行政机关根据公民、法人或者其他组织的申请，经依法审查，准予其从事特定活动的行政管理行为，如施工许可、专业人员执业资格注册、企业资质等级核准、安全生产许可等。行政许可引发的行政纠纷，通常是由行政机关实施行政许可时行政不作为、违反法定程序等所致。

（2）行政处罚。行政处罚即行政机关或者其他行政主体依照法定职权、程序对违法但尚未构成犯罪的相对人给予行政制裁的具体行政行为。常见的行政处罚为警告、罚款、没收违法所得、取消投标资格、责令停止施工、责令停业整顿、降低资质等级、吊销资质证书等。行政处罚导致的行政纠纷，通常是由行政机关实施行政处罚时超越职权、滥用职权、违反法定程序、事实认定错误、适用法律错误等所致。

（3）行政奖励。行政奖励即行政机关依照条件和程序，对为国家、社会和建设事业做出重大贡献的单位和个人，给予物质或精神鼓励的具体行政行为，如表彰建设系统先进集体、劳动模范和先进工作者等。行政奖励引发的行政纠纷，通常是由行政机关实施行政奖励时违反程序、滥用职权、行政不作为等所致。

（4）行政裁决。行政裁决即行政机关或法定授权的组织，依照法律授权，对平等主体之间发生的与行政管理活动密切相关的、特定的民事纠纷争议进行审查，并做出裁决的具体行政行为，如对特定的侵权纠纷、损害赔偿纠纷、权属纠纷、国有资产产权纠纷以及劳动工资、经济补偿纠纷等的裁决。行政裁决引发的行政纠纷，通常是由行政机关实施行政裁决时违反法定程序、事实认定错误、适用法律错误等所致。

8.2　建设工程索赔相关知识

索赔是在合同实施过程中，合同当事人一方因对方违约，或其他过错，或无法防止的外因而受到损失时，要求对方给予赔偿或者补偿的活动。

广义地讲，索赔应当是双向的，既可以是承包人向发包人提出的索赔，也可以是发包人向承包人提出的索赔。一般称后者为反索赔。

8.2.1　施工索赔发生的主要原因

施工索赔发生的主要原因有以下几种：

1. 建设工程的难度和复杂性增大

随着社会的发展，出现了越来越多的新技术、新工艺，发包人对项目建设的质量和功能要求越来越高、越来越完善，因而使设计难度不断增大。另外，施工过程也变得更加复杂。由于设计难度加大，要求设计人员在设计时，使用规范不出差错。尽善尽美是不可能的，因而往往在施工过程中随时发现问题，随时解决问题，需要进行设计变更，这就会导致施工费用的变化。

2. 经济效益的影响

有人说索赔是发包人和承包人之间经济效益“对立”关系的结果，这种认识是不对的，如果双方能够很好地履约或得到了满意的收益，那么都不愿意计较另一方给自己造成的经济损失。反过来讲，假如双方都不能很好地履约或得不到预期的经济效益，那么双方就容易为索赔的事件发生争议。基于这个前提，索赔与建筑业的经济效益低下有关。

3. 项目及管理模式的变化

在建设工程市场中，工程建设项目采用招标投标制，有总承包、专业分包、劳务分包、材料设备供应分包等。这些单位会在整个项目的建设中发生经济方面、技术方面、工作方面的联系和影响。在工程实施过程中，管理上的失误往往是难以避免的。若一方失误，不仅会对自己造成损失，也会连累与此有关的单位。特别是如果处于关键路线上的工期延误，会使整个工程产生连锁反应。对此若不能采取有效措施及时解决，可能会产生一系列重大索赔。

4. 发包人的违约

发包人的违约是造成工程索赔最为直接的因素，主要有以下情况：

（1）发包人未按合同规定交付施工场地。

（2）发包人交付的施工场地没有完全具备施工条件。

（3）发包人未及时提供工地工程地质和地下管网线路资料。

（4）发包人未及时办理施工所需各种证件。

（5）发包人未及时交付水准点与坐标控制点。

（6）发包人未及时进行图纸会审及设计交底。

（7）发包人没有协调好对工地周围建筑物等的保护。

（8）发包人没有提供应提供的材料设备。

（9）发包人拖延合同规定责任。

（10）发包人未按合同规定支付工程款。

（11）发包人要求赶工，一般会引起承包人加大支出，也可导致承包人提出索赔。

（12）发包人提前占用部分永久工程，会给施工造成不利影响。

5. 不可预见因素

不可预见因素是指承包人在开工前，根据发包人所提供的工程地质勘查报告及现场资料，并经过现场调查，都无法发现的地下资源或者人工障碍，如古井、墓坑、断层、溶洞及其他人工构筑物类障碍等。

6. 国家政策、法规的变更

国家政策、法规的变更，通常是指直接影响到工程造价的某些政策及法规。我国正处于改革开放和社会的转型阶段，新的经济法规、建设法规与标准不断出台和完善，对于这些变化因素，双方在签订合同时必须重视。

7. 合同的变更与缺陷

合同变更是索赔的机会，应在合同规定的索赔有效期内完成对它的索赔处理，在合同变更过程中应记录、收集、整理所涉及的各种文件，如图纸、各种计划、技术说明、规范和发包人的变更指令，以作为进一步分析的依据和索赔的证据。

合同缺陷是指所签订的施工合同进入实施阶段才发现的、合同本身存在的（合同签订时没有预料到的）现时已不能再做修改或者补充的问题。

8. 合同中止与解除

实际工作中，任何事物的发展都不可能像人们预先想象的那样完善、顺利。由于国家政策的变化、不可抗力以及承发包双方之外的原因导致工程停建或者缓建的情况时有发生，必然造成合同的中止。另外，在合同履行中，发承包双方在工作合作中不协调、不配合甚至矛盾激化，或承包方严重违约，使合同履行不能再维持下去，这些情况都会导致合同的解除。

8.2.2 施工索赔的分类

工程施工过程中发生索赔所涉及的内容是广泛的，施工索赔分类的方法很多，从不同的角度，有不同的分类方法，具体如下：

（1）按索赔事件所处合同状态分类：正常施工索赔、工程停缓建索赔、解除合同索赔。

（2）按索赔的目的分类：工期延长索赔、费用索赔。

（3）按索赔依据分类：合同内索赔、合同外索赔、道义索赔。

（4）按索赔有关当事人分类：承包人同发包人之间的索赔、总承包人同分包人之间的索赔、承包人同供货商之间的索赔、承包人向保险公司或运输公司索赔。

（5）按索赔业务的性质分类：工程索赔、商务索赔。

（6）按索赔中合同主从关系分类：工程承包合同索赔、工程承包合同索赔可能涉及的其他从属合同的索赔。

（7）按索赔的处理方式分类：单项索赔、总索赔。

（8）按索赔管理策略上的主动性分类：索赔、反索赔。

本章练习题

1. 简述建设工程民事纠纷的概念与特点。
2. 易引发建设工程民事纠纷的行为有哪些？
3. 简述施工索赔的主要原因。
4. 发包人违约的行为有哪些？
5. 索赔按当事人分类有哪几种？

参考文献

［1］全国一级建造师执业资格考试用书编写委员会．建设工程法规及相关知识［M］．北京：中国建筑工业出版社，2017.

［2］陈东佐．建筑法规概论［M］．4 版．北京：中国建筑工业出版社，2013.

［3］陈东佐．建设工程法规［M］．北京：化学工业出版社，2010.

［4］黄安永．建设法规［M］．3 版．南京：东南大学出版社，2017.

［5］李永福．建设工程法规［M］．北京：中国建筑工业出版社，2011.

［6］陈晓明，崔怀祖，栾奕．工程建设法规［M］．2 版．北京：北京理工大学出版社，2013.

［7］生青杰．工程建设法规［M］．2 版．北京：科学出版社，2011.

［8］徐占发．建设法规与案例分析［M］．2 版．北京：机械工业出版社，2011.

［9］高玉兰．建设工程法规［M］．北京：北京大学出版社，2010.

［10］曹林同．建筑法规［M］．哈尔滨：哈尔滨工业大学出版社，2012.